普通话语音训练教程

审订　王　均
　　　刘照雄
编著　宋欣桥

商　务　印　书　馆
2011 年 · 北京

图书在版编目(CIP)数据

普通话语音训练教程/宋欣桥编著. —北京：商务印书馆，2004
ISBN 978-7-100-03953-6

I.普... II.宋... III.普通话-语音-教材 IV.H116

中国版本图书馆 CIP 数据核字(2003)第106030号

PǓTŌNGHUÀ YǓYĪN XÙNLIÀN JIÀOCHÉNG
普通话语音训练教程
审订 王 均
刘照雄
编著 宋欣桥

商务印书馆出版
(北京王府井大街36号 邮政编码 100710)
商务印书馆发行
北京瑞古冠中印刷厂印刷
ISBN 978-7-100-03953-6

2004年2月第1版 开本 850×1168 1/32
2011年8月北京第4次印刷 印张 13⅜
定价：26.00元

目　录

回　　顾

——纪念“中央普通话进修班”开办50年(代序)

“中央普通话进修班”是中华人民共和国教育部、国家语言文字工作委员会专门为全国各地训练普通话教学骨干师资和推广普通话干部的培训基地。50年来，这个班的学员就像推广普通话的火种，撒遍了全国。推广普通话的工作实践证明，举办这个班起到了工作母机的作用，对我国深入持久地开展推广普通话工作发挥了不可估量的作用。

“中央普通话进修班”的前身称作“普通话语音研究班”，是新中国建立以来蓬勃开展推广普通话工作的产物。1955年10月，我国语言文字工作召开了两个重要的会议，一个是全国文字改革会议，一个是现代汉语规范问题学术会议。这两个会议作出决议：要求各地教育行政部门有计划地分批调训各级学校语文教师学习普通话，同时完成汉语方言初步普查的计划。普通话语音研究班就是从1955年年底开始筹备的。1956年2月6日，国务院发布的《关于推广普通话的指示》，明确指示“教育部应该经常举办普通话语音研究班，训练各地中学和师范学校的语文教师和教育行政干部，各机关、团体、部队也应该派适当的干部参加受训。”这个指示发布10天之后，2月16日，教育部、中国科学院语言研究所联合举办的第一期普通话语音研究班开学了。班主任由当时的教育部副部长叶圣陶先生担任，汪达之先生任副班主任。由于吴（玉章）老的协助，暂借中国人民大学和附设中学的校舍，第一期得以顺利开办。从第二期开始增加许多名额，当时的北京市教育部门拨给一栋楼房作为校舍，地处北京市东北郊土城（元朝北京城墙遗址）西边的和平里榆路村。校址约上万平方米，可以容纳300人左右接受培训。

当时前三期的普通话语音研究班有两项任务：一是为各省、市、自治区培养推广普通话教学和工作骨干；二是为全国汉语方言调查培养专业队伍。这个班的行政人员由教育部委派，教学人员有当时任教育部普通话教学指导处副处长的徐世荣先生，其他教学人员是由语言研究所德高望重的丁声树先生带领下的方言研究人员担任。开设的课程有“普通话语音”课由徐世荣先生担任；“语音学”课由周殿福先生担任；“方言调查”课、“汉语音韵学”课由丁声树先生、李荣先生担任。除主讲教师大课授课外，“普通话语音”课和“语音学”课还设有辅导课。考虑到学员虽然大多数是教师，但一般都没有教学普通话语音的经验，建立了“试教”制度。（从第四期开始，将“方言调查”课、“汉语音韵学”课、“语音学”课改为“语音常识及方言概况”课。）

当时学员在普通话语音研究班要学习四个半月，看来时间不算短，可是对于那时各地学员的基础来说，一方面要学习语音理论知识和方言调查方法，还要达到能说比较标准的普通话的程度，必须经过艰苦的努力才能实现，时间还是挺紧张的。第一期的一位学员方音很重，他提出决心要用“铁脸、铁嘴、铁意志”来学习普通话。此后这种“三铁精神”期期相传，成为普通话语音研究班攻克语言关的传统作风。

为了加强该班的领导，从1959年9月第八期普通话语音研究班开始，由教育部、中国文字改革委员会、中国科学院语言研究所三家联合举办，行政领导由中国文字改革委员会负责。到1960年上半年，共举办了九期，培训了1666名学员。

1979年2月和10月中华人民共和国教育部、中国文字改革委员会、中国社会科学院语言研究所又恢复举办两期“普通话研究班”，共培训88名学员。1980年8月28日中国文字改革委员会、中华人民共和国教育部向国务院报告，将普通话推广工作以及专职机构和普通话师资培训班的人员编制划归教育部。教育部在当年10月举办第一期中央普通话进修班。“中央普通话进修班”名称沿用至今。这个班以培训师范院校、教师进修学校的教师为主，也包括中小学教师等其他教学人员，到1999年共举办27期，培训1100多名学员。为了加强对推普干部的训练，1983年9月教育部、中国文字改革委员会联合举办第一期中央推广普通话专（兼）职干部训练班，到1994年共举办9期，培训391名学员。1979年至1983年期间，徐世荣先生曾继续主讲“普通话语音”课。从1986年以后，刘照雄先生受国家语委的指派，主管这个班并主讲“普通语言学及国际音标”课；在刘先生指导下，宋欣桥、魏丹开始分工合作讲授“普通话语音”课。在这两门主要课程外，结合新时期语言文字工作的需要，还安排了两个系列讲座：一个是“现代汉字和文字学”，由傅永和先生主讲；另一个是“方言与音韵学”，由厉兵先生主讲。从 1997 年第 25 期开始还增设了由宋欣桥主讲的“普通话教学方法”课。在此期间，凡是当时主持国家语委工作的主要领导，先后有仲哲明先生、许嘉璐先生都亲自主持这个班的开学典礼，并就当前的语言文字工作方针政策作专题报告。进修班先后请到了吕叔湘、王力、张志公、周有光、陈原、王均、林焘、胡明扬、周殿福、陈章太、曹先擢、李行健、刘连元等知名语言学家作学术报告或讲座。

1985 年 12 月国务院决定将中国文字改革委员会改名为国家语言文字工作委员会。1986 年 1 月 6 日国家教育委员会（原教育部）和国家语言文字工作委员会在北京召开全国语言文字工作会议，确定了新时期国家语言文字工作的方针政策，其中大力推广和积极普及普通话是新时期的首要任务。为了加强社会推普工作，于 1986 年 11 月、1987 年 5 月由国家语言文字工作委员会、城乡建设环境保护部、商业部委托上海市语言文字工作委员会举办两期“社会推普干部训练班”，培训学员 60 名。1987 年 7 月至 9 月，国家语言文字工作委员会在福建（先期在泰宁，后期在厦门）举办一期“普通话语音与方言调查培训班”，培训学员 30 名。1994 年中央机构编制委员会同意国家语言文字工作委员会成立普通话培训测试中心，刘照雄先生担任第一任主任。该中心在继续举办“中央普通话进修班”的同时，为了贯彻落实国家语言文字工作委员会、国家教育委员会（现为教育部）、广播电影电视部（现为广播电影电视总局）《关于开展普通话水平测试的决定》，在 1994 年 12 月举办了第一期国家级普通话水平测试员资格考核培训班，到 2003

年共举办 36 期，培训 3572 名国家级测试员。香港、澳门回归祖国的前后，港澳教师学习普通话形成热潮，国家语委普通话培训测试中心积极开办港澳普通话教师培训班，至今有 1500 多名教师在北京接受了培训测试。

50 年代，普通话语音研究班使用的教材是讲授该课程的先生亲自编写的，大多是油印本。当时正式出版的普通话教材中徐世荣先生编著的系列教材颇丰。这些教材深入浅出，具有许多独到之处，在普通话教育教学方面做出突出贡献。其中《普通话语音知识》《普通话正音手册》等影响很大，多次再版。在徐先生主持下，普通话语音研究班还编写了《普通话轻声词汇编》(1964 年 商务印书馆)一书。丁声树先生撰文、李荣先生制表的《汉语音韵讲义》是专门为帮助普通话语音研究班学员“通过今音掌握古音系统”的，言简意赅极具价值。这份讲义的油印本流传 25 年后，于 1981 年在《方言》第 4 期杂志上全文刊载，后由上海教育出版社正式出版。周殿福先生在为中央普通话进修班开设专题讲座的讲稿的基础上，也出版了《国际音标自学手册》(1985 年 商务印书馆)。为了加强教材建设，时任普通话推广司司长的刘照雄先生亲自布置，首先编印了厉兵先生的《方言与音韵学》(1987 年)供内部教学使用。接着，刘先生在《汉语拼音报》(现名《语言文字报》)连载《语音分析和发音练习》(1991 年)共 10 讲，作为“普通语言学及国际音标”课的辅助材料。《普通话语音训练教程》是中央普通话进修班教材建设的重点项目，1991 年开始筹划，并列入了国家语委普通话推广司 1992 年的工作计划。本书编者参考了徐世荣先生编著的《普通话语音知识》的体系，结合编者在教学中积累的经验和体会，注意参考语言学界的有关研究成果，努力吸取各种普通话教材的编写经验。本书的编写大纲由王均先生、刘照雄先生审阅。刘照雄先生还逐章逐句审阅了书稿，并亲自动笔修改有关章节。王均先生在原版序中指出，“本书无论在基础知识的介绍，还是在语音的分析描写方面，都提供了比较全面、丰富、细致、准确的材料。”“这本书在科学性方面，是经得起考验的。”本教程于1993年正式出版。1992年，在刘照雄先生主持下，以当时普通话推广司的业务人员为基本力量，延聘全国语言学和方言学知名学者共同合作，研制《普通话水平测试大纲》。历时两年，于1994年10月正式出版。这个项目不仅是国家语委的重点研究课题，同时也被列为(93BYY010)国家社会科学基金项目。

中央普通话进修班为各地不断输送教学和推广普通话的新生力量。1980年举办了第一期中央普通话进修班之后，教育部于1981年1月下发了《关于举办普通话训练班的通知》。《通知》明确指出，中央普通话进修班“培养出来的学员是推广普通话的骨干力量，各地应该重视这批力量，充分调动他们的积极性，发挥他们的业务专长，为各地培训推广普通话师资做出贡献”。通知中还强调，“各省、市、自治区应当根据当地情况，利用中央普通话进修班历次培训的学员，以及当地高等学校中文系的力量，普遍举办普通话训练班，为各地培训师资骨干，地、县也要采取各种形式积极培训师资。”充分发挥中央普通话进修班学员在各地的作用，成为各地教育部门重视推广普通话工作的具体体现。1982年召开的全国学校推广普通话工作会议进一步强调，“要做好推广普通话工作必须抓好师资培训”，“教育部举办的中央普通话进修班将长期办下去”。

中央普通话进修班的学员在接受培训期间，认真学习国家语言文字方针政策，明确了推广普通话、为汉语规范化做贡献的历史使命。“师资就是动力”（徐世荣 1981）。学员返回各地后，为了在各地开展推广普通话工作，无论碰到什么困难，都坚持不懈，无怨无悔，义无反顾地无私奉献。凡是接受过培训的学员们，都自豪地称自己是推广普通话的“黄埔”学员，大家把 50 年代的学员称为“老黄埔”，把新时期的学员称为“新黄埔”。他们中的许多人成为现代汉语、汉语方言、语言研究方面的知名学者，更多的人成为当地教学和推广普通话的中坚分子。

国家通用语言文字法正式发布实施了。普通话已经成为我国法定的国家通用语言。推广普通话的历史证明，培训师资是推广普通话的关键。纵观 50 年全国推广普通话的历程，中央普通话进修班和它的前身普通话语音研究班为我国推广普通话工作培养了一大批优秀骨干人才，他们的辛勤劳动推动着普通话在全国的普及和提高。

编　者

2003 年 6 月

编写说明

一、本书为国家语言文字工作委员会中央普通话进修班使用的教材。中央普通话进修班为各省、市、自治区培训普通话教学示范师资。本教材适合各级各类师范院校、教师进修院校的教师、学生以及广大中小学教师学习普通话语音，提高普通话水平之用。

二、本教材注重普通话语音基础知识讲授与语音训练的结合。力求基础知识简明准确，语音训练的目的性、针对性强，语音训练兼顾对各方言区的覆盖面，并为普通话语音训练提供较丰富实用的材料。为了适合现任教师和未来教师（在校师范生）教学普通话语音的需要，编入普通话语音教学法的内容，包括分析发音的主要难点，介绍正音的要领，以及练习材料的使用方法。并结合常用字、常用词的语音训练，讲解普通话声母、韵母、声调等的教法。

三、本教材共十五讲。从第三讲至第十四讲每讲后安排“语音训练”的内容。发音练习材料按不同类型编组。

本书一般采用汉语拼音标音。为了更加准确细致地描写语音，必要时采用国际音标，均加方括号[ ]。

所附的各类正音字表里的字，均选自部颁《现代汉语常用字表》（3500 个常用字）。※号前为 2500 个常用字范围内的字，※号后为 1000 个次常用字范围内的字。用①②③④○分别表示普通话声调的阴平、阳平、上声、去声、轻声。

为了准确地表示普通话发音的唇形、舌位，本书的单元音、辅音发音图示均采用《普通话发音图谱》(1963 周殿福 吴宗济编著)，并进行了个别调整。书中不一一标明。

第一讲　普通话与学习普通话

一、普通话的形成

1. 汉语和汉语方言

汉语是我国的主要语言，也是世界上使用人数最多的语言，并且是世界上最发展的语言之一。

汉语是汉族的语言。用“汉语”来指称汉族的语言最早见于《世说新语》。（参见《汉藏语概论》马学良著，1991.11，北京大学出版社）

我国幅员辽阔，人口众多。全国各地都有说汉语的居民。由于山川阻隔和社会历史原因，远在上古时期汉语就有了方言的分歧。在一个时期内，我国语言学界把现代汉语划分为七大方言区。最近，我国学者将现代汉语划分为十大方言区，参见1988年由香港朗文出版公司出版的《中国语言地图集》。该地图集划分汉语方言最多分为五个层次：大区—区—片—小片—点，其中“区”“片”“点”是最基本的。区底下一般分若干片，片有时分为若干小片。有些区可以总括为一个大区。“点”指调查点。为了帮助学员了解汉语方言的概况，以下列出汉语方言十大方言区的“区”和“片”的划分：

（一）官话大区 66223（为使用人数估算，以万为单位，下同）

东北官话区 8200

1 吉沈片　2 哈阜片　3 黑松片

北京官话区 1802

1 京师片　2 怀承片　3 朝峰片　4 石克片

冀鲁官话区 8363

1 保唐片　2 石济片　3 沧惠片

胶辽官话区 2883

1 青州片　2 连登片　3 盖桓片

中原官话区 16941

1 郑曹片　2 蔡鲁片　3 洛徐片　4 信蚌片

5 汾河片　6 关中片　7 秦陇片　8 陇中片

9 南疆片

兰银官话区 1173

1 金城片　2 银吴片　3 河西片　4 塔密片

西南官话区 20000

1 成渝片　2 滇西片　3 黔北片　4 昆贵片

5 灌赤片　6 鄂北片　7 武天片　8 岑江片

9 黔南片　10 湘南片　11 桂柳片　12 常鹤片

江淮官话区 6725

1 洪巢片　2 泰如片　3 黄孝片

（未分区的官话，使用人口约 136 万人）

（二）晋语区 4570

1 并州片　2 吕梁片　3 上党片　4 五台片

5 大包片　6 张呼片　7 邯新片　8 志延片

（三）吴语区 6975

1 太湖片　2 台州片　3 瓯江片　4 婺州片

5 处衢片　6 宣州片

（四）徽语区 312

1 绩歙片　2 休黟片　3 祁德片　4 严州片　5 旌占片

（五）赣语区 3127

1 昌靖片　2 宜浏片　3 吉茶片　4 抚广片

5 鹰弋片　6 大通片　7 耒资片　8 洞绥片　9 怀岳片

（六）湘语区 3085

1 长益片　2 娄邵片　3 吉溆片

（七）闽语区 5507

闽南区　1 泉漳片　2 大田片　3 潮汕片

莆仙区

闽东区　1 侯官片　2 福宁片

闽北区

闽中区

琼文区　1 府城片　2 文昌片　3 万宁片

4 崖县片　5 昌感片

雷州区

邵将区

（八）粤语区 4021

1 广府片　2 邕浔片　3 高阳片　4 四邑片

5 勾漏片　6 吴化片　7 钦廉片

（九）平话区 200

（十）客家话区 3500

1 粤台片　2 粤中片　3 惠州片　4 粤北片

5 汀州片　6 宁龙片　7 于桂片　8 铜鼓片

此外，有的汉语方言（使用人数约 206 万）只能确定其不属于官话，有待调查研究。例如：畲话（即畲族说的汉语，有别于“畲语”）、海南儋县话、湖南乡话、广东绍州土话等。

各大方言区在语音系统上存在较大的差异，在词汇上也存在一定的分歧。因此，各大方言区甚至某些大方言区内部的方言片之间的居民用各自的地方话相互交际，都会存在一定的困难。但是，各方言的语音差异都有一定的对应关系。

2. 什么是普通话

普通话是我国规范的现代汉民族共同语，是我国的国家通用语言。它的含义是：以北京语音为标准音，以北方话为基础方言，以典范的现代白话文著作为语法规范。

“普通话”一词最早见于书面是在 1906 年朱文雄的《江苏新字母》一书中。他给“普通话”下的定义是“各省通行之话”。此后，鲁迅、瞿秋白、黎锦熙、陈望道等也先后在他们的著作和文章中提到过“普通话”。不过，那时所说的“普通话”还不是严格的学术用语，而是指与文言和方言土语相对的各省之间的通用语，即所谓的“蓝青官话”，它以北方话为基础，但还没有严格的规范和标准。

1955 年 10 月先后召开的全国文字改革会议和现代汉语规范问题学术会议，明确把汉民族共同语称为“普通话”，并把普通话的含义表述为“以北方话为基础方言，以北京语音为标准音。”1956

年国务院发布的《关于推广普通话的指示》中把“普通话”的含义调整补充为“以北京语音为标准音，以北方话为基础方言，以典范的现代白话文著作为语法规范的普通话”。从此“普通话”成为有明确含义的术语。普通话的“普通”二字是“普遍通行”“共通”的意思，并不是“平常普通”“普普通通”的意思。

普通话是汉民族共同语，但不是有了“普通话”这个词才有汉民族共同语。汉民族共同语的形成已经经历了相当长的时期。它的共同口语开始形成，难以指明确定的年代，但不会晚于14世纪。宋元以来的白话文学使白话取得了书面语言的地位。元代的“中原音韵”通过戏曲推广了北方话的语音。明清两代的所谓“官话”随着政治的力量和白话文传播到各地。辛亥革命特别是五四运动以后，反对文言文，提倡白话文，迅速促进了汉民族共同语的推广。“官话”这个名称逐步被“国语”代替，同时也称为“普通话”，这在历史上曾经标志着汉民族共同语的一个发展阶段。1955年以后，我国确定用“普通话”指称汉民族共同语，替代“国语”“官话”的名称，是考虑到语言的群众性，考虑到汉语应当同少数民族语言平等。

二、推广普通话工作

新中国建立以后，国家历来重视推广普通话工作，把推广普通话作为我国长期的重要的一项语言政策。周恩来总理曾指出：“我国汉民族的语言还存在着很严重的方言分歧。…… 对于我国人民的政治、经济、文化生活都带来了不利的影响。……人们就越来越感觉到使用一种共同语言的迫切需要。因此，在我国汉族人

民中努力推广以北京语音为标准音的普通话就是一项重要的政治任务”。(见《当前文字改革的任务》1958)

在1955年10月,当时的教育部和中国文字改革委员会联合召开的全国文字改革会议上,在推广普通话方面明确了“普通话”的含义和推广普通话的方针、政策、步骤。同月,紧接着中国科学院召开了现代汉语规范问题学术会议,罗常培、吕叔湘作了《现代汉语规范化问题》的重要报告。1956年2月6日,国务院发布《关于推广普通话的指示》,调整补充了“普通话”的含义,要求“在文化教育系统和人民生活各方面推广这种普通话。”“从1956年秋季起,除少数民族地区外,在全国小学和中等学校的语文课内一律开始教学普通话”。同时对解放军部队、共青团,广播、电影、话剧、戏曲人员,报刊、通讯、出版部门,铁路、交通、邮电部门,外交人员等都提出了具体要求。同年3月12日,中央推广普通话工作委员会成立。当时,教育部、高教部、解放军总政治部、全国总工会、铁道部、广播事业局、文化部、共青团中央、交通部等相继发出有关推广普通话的指示或通知,使全国推广普通话工作蓬蓬勃勃地开展起来。1958年2月,第一届全国人民代表大会第五次会议批准通过了《汉语拼音方案》,为教学和推广普通话提供了有效的工具。

推广普通话是我国现代化建设的迫切需要。1986年在北京召开了全国语言文字工作会议,国家确定了新时期语言文字工作的方针、政策。大力推广和积极普及普通话是新时期语言文字工作的首要任务。1982年中华人民共和国宪法总纲第十九条明确规定“国家推广全国通用的普通话”,推广普通话确立了法律依据。在 2000 年 10 月 31 日，全国人民代表大会常务委员会第十八次会议通过《中华人民共和国国家通用语言文字法》，这是我国第一部语言文字方面的专项法律。它体现了国家的语言文字方针、政策，第一次以法律的形式明确了普通话和规范汉字作为国家通用语言文字的地位。这项法律对全面提高国民素质、发展科学文化、提高经济和社会信息化水平、增进各地区各民族之间的交流与沟通，增进中华民族凝聚力均具有重要意义。

“大力推行，积极普及，逐步提高”是新时期推广普通话工作方针。推广和普及普通话，要以学校为基础，以各级师范院校和中小学校为重点，才能保证全社会逐步普及普通话。会讲普通话是合格教师的必备条件，能使用普通话进行教育、教学是对教师工作的基本要求，从这个意义上讲，普通话的确是教师的职业语言。国家要求现任教师和未来教师都应努力学习普通话，达到能讲标准的或比较标准的普通话的水平，并且义不容辞地承担起推广和教学普通话的任务。

三、普通话水平测试

普通话水平测试是中华人民共和国国家级考试。

我国语言工作者早在十几年前就开始研制普通话水平测试。到 1994 年 10 月国家语言文字工作委员会、国家教育委员会（现为教育部）、广播电影电视部（现为广播电视电影总局）发布《关于开展普通话水平测试的决定》。以此为标志，普通话水平测试成为推广普通话工作逐步走向科学化、规范化、制度化的里程碑。2000

年10月,普通话水平测试正式写入《中华人民共和国国家通用语言文字法》。该法律第十九条明确规定:“凡以普通话作为工作语言的岗位,其工作人员应当具备说普通话的能力。以普通话作为工作语言的播音员、节目主持人和影视话剧演员、教师、国家机关工作人员的普通话水平,应当分别达到国家规定的等级标准;对尚未达到国家规定的普通话等级标准的,分别进行培训。”第二十四条还明确规定:“国务院语言文字工作部门颁布普通话等级标准”。普通话水平测试成为列入国家法律的名副其实的国家级考试。

1988年底,国家语言文字工作委员会成立“普通话水平测试等级标准”课题组,历时三年,该标准于1991年通过专家论证。1997年由国家语言文字工作委员会正式颁布《普通话水平测试等级标准(试行)》。该标准把普通话水平划分为三个级别:一级可称为标准的普通话;二级可称为比较标准的普通话;三级可称为一般水平的普通话。每个级别内划分为甲乙两个等次。每个等级与测试所获得的相应成绩(分数)对比如下:

一级甲等:97分～100分

一级乙等:92分～96.9分

二级甲等:87分～91.9分

二级乙等:80分～86.9分

三级甲等:70分～79.9分

三级乙等:60分～69.9分

现行的普通话水平测试是依据国家语言文字工作委员会颁布的《普通话水平测试大纲》。测试内容共分为五个部分:1.单音节字词;2.双音节词语;3.选择判断;4.朗读;5.说话。

四、普通话语音教学

学习普通话必须兼顾语音、语法、词汇三个方面。如果语音比较正确,而用了方言中特殊的语法、特殊的词语,那么别人仍然不能了解。不过语法、词汇上的学习可以通过书面进行,而语音的学习必须专注地通过口、耳的训练。

汉语方言的分歧突出地表现在语音方面,不但各大方言区的语音系统差别很大,就是一个地区、一个方言内部也常在语音方面有明显的差异。普通话是在北方话的基础上建立起来的,它跟汉语其他方言在语法和词汇方面的差异是有限的。因此,方言区的人学习普通话完全不同于学习一种陌生的语言。但是,突出的语音差异是造成交际困难的主要原因。学习普通话要学习语法、词汇,而更重要的是掌握普通话语音系统和普通话的口头表达方式,以适应口头交际的需要。因此,我们首先应该在语言交际活动中大力推广以北京语音为标准的标准音。

学习普通话语音包括发音和正音两个部分。

发音是一种口耳技能的训练。要求掌握普通话的语音系统,即掌握普通话的声母、韵母、声调、音节以及轻声、儿化、变调等正确发音。要学好普通话语音应该充分利用汉语拼音这个有效的正音工具,同时学习必要的语音知识。

发音准确是语音学习最基本的要求。如果发音错误,又没有及时发现和纠正,反复练习这些错误的发音是徒劳无益的。

我们要通过有效的语音训练方法,使语音达到相当准确的程度。这必须下一番苦功夫,不能幻想通过一次两次的练习就可以轻而易举地达到。少年儿童在学习普通话时,有的音发不准;有些成年人学习普通话会受方言影响;对有的音,比如鼻音(n)与边音(l),前鼻尾音韵母与后鼻尾音韵母之间的区分就是不敏感,这可能跟他们的听音、分辨音的能力有关。要首先引导他们提高语音的分辨力,然后指导他们掌握正确的发音。在发音准确的基础上,还要通过反复练习,达到完全熟练的程度,这都是发音训练的重要环节。发音准确还是个最低的要求,只有通过继续反复训练,养成了普通话的发音习惯才达到了发音训练的较高要求。最熟练的标志是不假思索,脱口而出,又完全符合普通话的语音标准。

正音是指掌握汉字、词语普通话的标准读音,纠正受方言影响产生的偏离普通话的语音习惯,这属于一种记忆的训练。方音同普通话语音的差异不是漫无规律的,了解了这些规律就不必一个字音一个字音地死记,而可以一批一批地去记。当然正音训练不仅体现在字和词语上,还要通过朗读、会话的训练逐步运用到实际口头语言中。未经事先准备的即席发言可以真实地检测普通话语音水平的高低。

思考题:

1)什么是普通话?推广和普及普通话有什么重要的意义?作为教师和未来教师在推广普通话方面应该做些什么?

2)为什么普通话教学中特别重视语音教学?

3）找出你学习普通话存在的主要问题，并从发音和正音两个方面分析，制定一个学习计划，选择适合自己情况的练习材料进行训练。

第二讲　语音概说

一、语音和语音学

有声语言是人类社会特有的，是社会成员之间交流思想、传递信息的最有效的交际工具，是人类社会赖以生存和发展的必要条件。使用有声语言进行交际也是人类区别于其他动物的最重要的标志。语音作为语言的声音形式是语言的物质外壳，成为语义信息的载体。语音是最直接的记录思维活动的符号体系。

语音是说话人和听话人进行交际时的一种极其复杂的过程。我们可以把这个过程简单的归纳为三个阶段：发音——传递——感知。第一阶段是说话人将决定要说的内容变为语言形式，即大脑指令发音器官发音，是由心理现象转换成生理现象的过程。第二阶段是说话人产生的言语声波，通过空气在说话人和听话人之间传播。这时说话人同时也是自己言语的听话人。这种语音的传递过程是物理现象。第三阶段是听话人通过听觉器官使大脑感知，是由生理现象转换为心理现象的过程。从有声语言的交际过程可以看出，语音具有生理、物理、心理的特性。

语音学是研究语音的产生、变化以及变化规律的学问。从发音器官发音的生理特性研究语音的产生过程，称作“发音语音学”，也可以称为“生理语音学”。从物理声学的特性研究语音的传递过程，称作“声学语音学”。从生理和心理的特性研究语音的听觉和理解的过程，称作“感知语音学”，也称为“听觉语音学”。普通话语音教学最主要的任务是让学生掌握普通话语音的发音原理，讲授的语音知识基本属于发音语音学的范畴。

语音的生理、物理、心理的特性，属于语音的自然属性。语音是语言交际工具的声音形式，不能只作为纯粹的自然物质看待。它如果不同一定的语义相联系，也不能成其为语音。语音和意义的联系是由于人们长期的语言实践约定的、规定的，这种音义的结合关系体现了语音还有很重要的社会属性。语音的社会属性是从语言的交际功能出发，注重语音的民族特征和地方特征，研究语音的系统性。这种研究称为“音系学”。

二、语音的物理基础

声音是由物体振动引起的。语音也是一种声音，它是由人的发音器官发出来的，携带着言语信息的声波。每个声波都可以包含振幅、周期、频率这三个物理量。振动的幅度叫做“振幅”，是指物体的振动过程离开静止位置最大的位移。振动的周期指物体离开静止位置来回运动一次所需的时间。如果不断重复前一个周期的相同波形，便形成周期波。如果声波没有相同的波形的重复，就是非周期波。振动的频率指一秒钟里振动的次数。频率单位是赫兹(Hz)，简称“赫”，代表“次/秒”。

语音是具有物理属性的，可以从音高、音强、音长、音色四个要素来分析。

音高——指声波频率，即每秒钟振动的次数的多少。在一定范围内，振动频率高，声音就高，振动频率低，声音就低。人的听觉可以感知到 20Hz～20000Hz 之间的声波。振动频率低于 20Hz 称为“次声”，不能引起听觉，高于 20000Hz 称为“超声”，则会引起痛觉。

语音的音高决定于声带的长短、松紧、厚薄。男性声带长、厚、松，因此比儿童和女性低一个八度左右。同一个人改变音高，需要把声带拉紧或放松。汉语的声调主要表现为音高的变化。

音强——是指声波振幅的大小。振幅大，声音就强；振幅小，声音就弱。如男性比女性低一个八度左右，而声音却往往比女性洪亮，就反映了音高与音强的不同。人耳对声音强度的感觉叫做“响度”。响度与音强有密切关系，但两者又不等同。实验证明，听觉并不是对任何一点音强的变化都有反应。人耳只能感受一定范围内的音强变化。例如客观上音强增大 10 倍，而主观上听觉响度只不过是原来的 2 倍。又如普通话轻声音节听感上较轻，而实际客观上音强并不那么弱。计算声音强度的单位叫做分贝（dB）。人耳能忍受的最大的声音强度是 130 分贝。

音长——指声波振动持续时间的长短，也称为“时长”。计算音长通常以毫秒（ms）为单位。从语言学的角度，音长也有重要的意义。如普通话轻声音节的主要特征之一就是音长比较短。

音色——也称作“音质”，指声音的特色和本质。我们听到的语音，不是指包含一个频率的纯音，而是一个包含几个纯音的复音，其中振动频率最低、振幅最大的那个成分发出的音叫做“基音”，其余成分叫做“陪音”。复音的波形是由纯音叠加在一起形成的（见右图）。音色的不同决定于基音之外还有数量不同的陪音，而陪音的振幅大小、频率高低又是各不相同。音色是语音最重要的要素。如元音中 a 和 i 的不同，就是音色的不同。

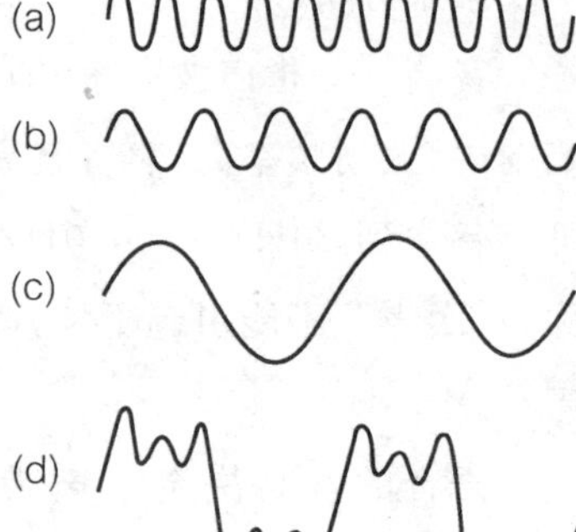

(a)、(b)和(c)是不同频率的正弦分量。(a)的频率是(c)的五倍，(b)的频率是(c)的三倍，(d)是(a)、(b)和(c)的非正弦总合。

复合波的构成

三、语音的生理基础

语音是人类通过发音器官振动和调节产生的声音。从生理上了解语音的产生，对语音教学是最直接有效的途径。

声音由物体的振动引起，而产生振动需要有动力。产生语音的动力是人类呼吸的气流，而肺是产生动力的基地。由这种动力引起振动的物体叫做“声源”。语音的声源主要来自声带，也有来自发音器官可以构成阻碍和摩擦的唇、齿、舌、腭。声带处在甲状软骨、环状软骨、杓状软骨构成的喉头里面（见喉的构造图），它的前端连结在甲状软骨的内侧，后面分别延伸到杓状软骨前端。声带的形状并不像带子，而是像两片唇形的肌肉，呈白色，边缘较薄，在气流的振动下像旗子那样飘动。

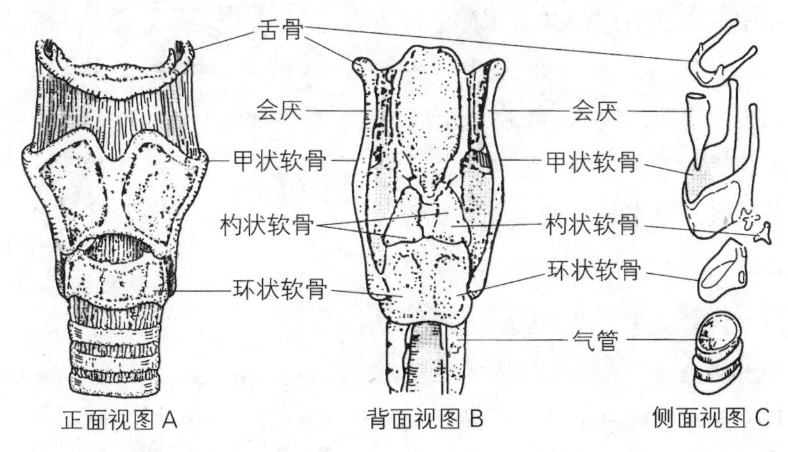

喉的构造

未经过发音器官调节的称为“原始声波”。这种原始声波像是微弱的蜂鸣，它必须通过声腔的调节和共鸣才能成为人耳能听到的语音。人类的声腔包括口腔、鼻腔、咽腔三个部分。肺部的气流首先到达声带和小舌之间的咽腔。咽腔和口腔一样是可以调节的声腔，它形状和大小的改变对语音的音色有影响。鼻腔处在咽腔的上端。如果口腔某一部分封闭，同时软腭下降，打开鼻腔通路，气流从鼻腔中透出，就形成鼻音。鼻腔的形状是固定的，不能变化调节。不同的鼻音是靠口腔内不同部位的闭塞形成的。

口腔是声腔最重要的部分。由于可以活动的发音器官都集中在口腔，一切复杂的发音过程也都集中在口腔里进行。舌头是口腔中最积极、最活跃的发音器官。舌头可以分为舌尖、舌叶、舌面。舌面又可以分为舌面前、舌面中、舌面后(又称“舌根”)。舌头可以变化不同的形状,是由于舌肌调节动作的结果。口腔的上部为上腭,它把口腔和鼻腔隔开。上腭分为硬腭和软腭两部分(见发音器官图)。硬腭是固定不动的,而软腭可以活动、升降,软腭上升使鼻腔通路关闭,软腭下降使鼻腔通路打开,形成了口音和鼻音以及鼻化音(口鼻音)的差别。上齿后方与硬腭的最前端之间是上齿龈(上牙床)。唇位于口腔的最前端,分为上唇和下唇。唇和齿是从外部可以直接观察到的发音器官。

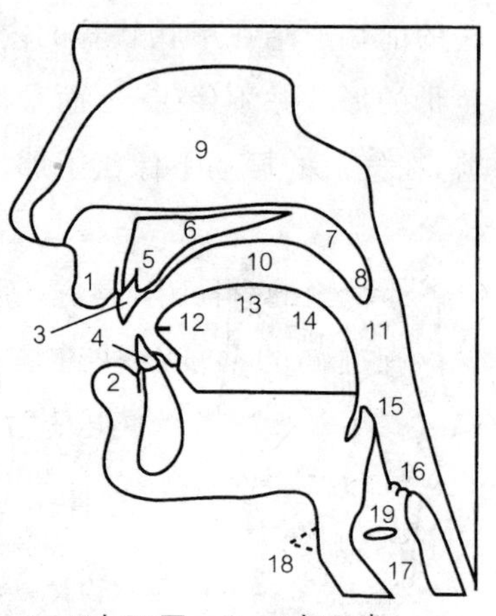

1、2上下唇;3、4上下齿;5齿龈;6硬腭;7软腭;8小舌;9鼻腔;10口腔;11咽腔;12舌尖;13前舌面;14后舌面;15会厌软骨;16食道;17气管;18喉头,外表是喉结;19声带

发音器官图

四、语音知觉的心理基础

对语音的知觉和识别是有声语言交际的重要过程。我们知道,儿童听懂了话以后,才能学会说话。聋哑人无法学会说话,大多是因为听不见声音造成的。因此,语音分辨能力先于发音能力,而一旦掌握了发音能力,又会对语音分辨能力产生积极的影响。

人类的听觉系统包括人耳和大脑的听觉中心的神经网络。

人耳是非常灵敏的听觉器官，包括外耳、中耳、内耳。外耳由最外面的耳廓、耳道、鼓膜构成。耳廓就是我们从外面看到的头部两侧的“耳朵”，具有一定的声音定向的功能。耳道是个长约2.5厘米略带弯曲的管子，由外廓通向鼓膜，可以使接受的声音共振放大，同时起保护鼓膜的作用。鼓膜是接受声音的膜片，起重要的传导的作用。（见上图）

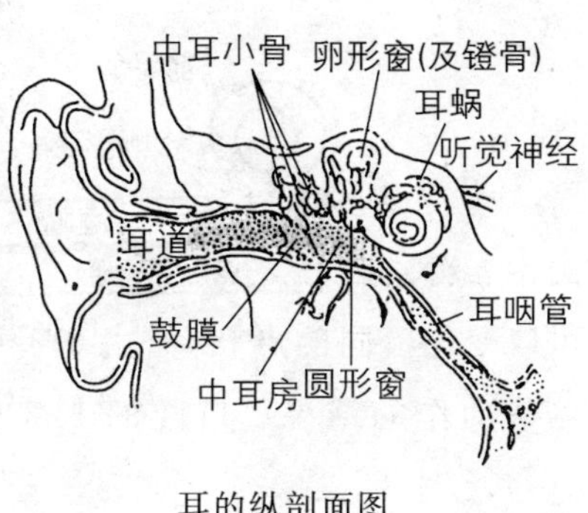

耳的纵剖面图

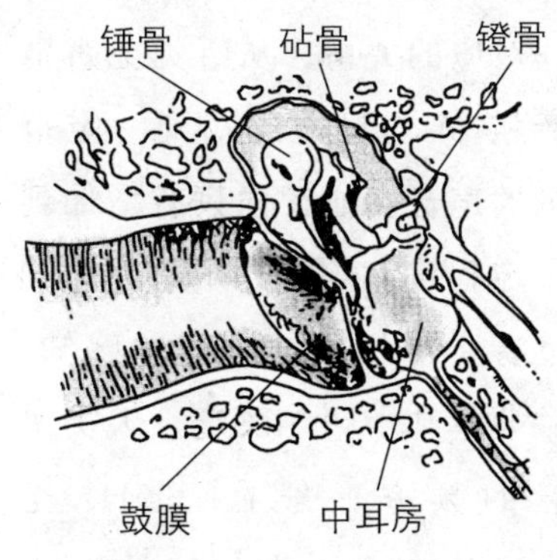

中耳是个约两立方厘米的小骨腔，里面由三块听小骨：一块像锤子，叫“锤骨”；一块像铁砧，叫“砧骨”；一块像马镫，叫“镫骨”。（见左图）鼓膜的机械运动通过锤骨传到砧骨，砧骨与镫骨相连，形成一个机械链，将声音振动的压力继续提高，传导到内耳，还可以保护内耳不受特别强烈声音的伤害。

内耳最主要的器官是耳蜗。耳蜗像个蜗牛的外壳，实际是一条卷起来的管子，里面充满很黏的淋巴液。耳蜗隔膜外面包有前庭膜和基底膜。基底膜附着无数微小的毛细胞，组成一个细胞集合体，叫“柯替氏器官”。柯替氏器官直接和听觉神经相连，由听觉神经传到大脑的知觉中枢，引起声音的感觉。（见28页图）

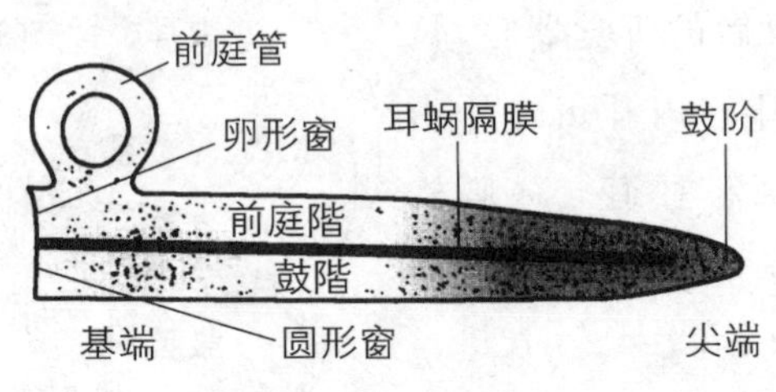

展开的耳蜗的纵剖面

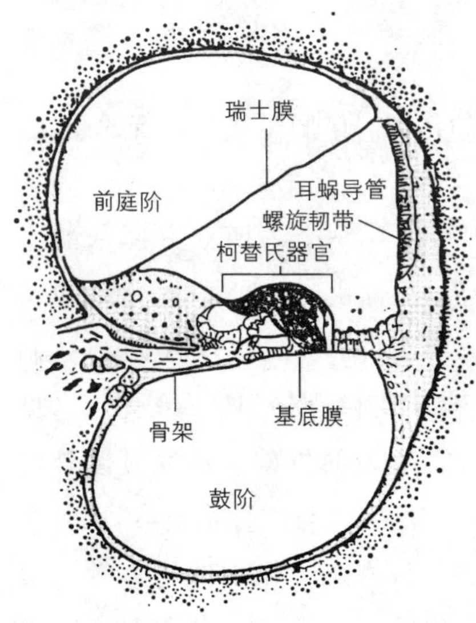

耳蜗的横剖面

语音的知觉是主观听觉的心理现象(主观心理量)对客观的物理现象(客观物理量)的声音的反应,而这两者并不是一一对应的关系。从听觉上辨别音强,人耳只能感知到一定范围的声音。如音强只有增加到一定程度,才能使听觉上的响度有所增加。对音高的感知,并非单纯由频率决定。人类语音的频率一般在 500Hz 至 4000Hz 之间。在此范围内,人耳对频率低的语音感觉比较敏感,而随着频率的增加人耳的反应却越来越迟钝。对音长的感知,实验证明,音长的变化要达到原来音长的 1/3,才能引起听觉反应。

人的听觉感受并不是孤立的,常常同对话的环境,说话人的态度、姿势、口型等相联系,影响到人的判断。由于对话的环境和前后内容的联系,听话人产生一种心理期待,可以具有一定的抗干扰性和抗噪声性。

如果人们长期只习惯听、说一种语言或方言，那么他对语音的感知就会相对固定。当人们去感知一种不熟悉的语音，就容易从自己熟悉的语音出发去感知。学习另一种语言或方言的语音，就要通过反复刺激听觉器官，建立新的感知范畴。因此，语音教学中听音和辨音的训练是十分重要的。

人们思维和说话的时候，在大脑的神经系统中会出现语音的意象。说话时人们始终在监听自己的语音，是一种听觉反馈。由于语音的分辨能力先于发音能力，发音的准确常常依赖于听音的准确，明确这一点对于指导语音教学有重要的意义。

五、语音的基本概念

音节、音素、元音、辅音是普通语言学的概念。音节是最容易察觉到的语音的自然单位。从音节出发，人为地分析出最小的语音单位是音素。语音音素又可以分为元音和辅音两大类。元音音素可以独立构成音节，在音节中总是处于重要地位。而多数辅音要和元音结合在一起构成音节。

声母、韵母、声调是汉字字音结构的概念。声母是汉字字音结构的起始部分，韵母是声母后面的部分。声调则贯穿整个字音，是字音结构不可缺少的部分。这一点与音节结构不同。音节结构由元音或元音和辅音构成，汉语音节结构也可以说是由声母、韵母两部分构成。

“辅音”和“声母”不同。声母除零声母外是由辅音充当。而辅音可以充当声母，也可以作韵尾，在一些语言和方言里还可以自成音节。普通话中鼻辅音 n，既可以作声母，又可以作韵尾。鼻辅音 ng 不作声母，只作韵尾。

“元音”和“韵母”不同。元音可以作韵母（单元音即单韵母，复合元音即复韵母）。而韵母除由元音充当外，还可以由元音和辅音构成韵母。普通话有两个鼻辅音韵尾 -n 、 -ng。在一些语言或方言里，辅音不仅是韵尾，有的还可以作韵母。例如：厦门话口语中的“撞”读作［tŋ̍］，“霜”读作［sŋ̍］，“黄”读作［hŋ̍］。其中的［ŋ̍］称作鼻韵（鼻韵是鼻辅音作韵母，而鼻韵母是鼻辅音作韵尾），列入韵母表。

音系、音位是音系学的概念。音系是语音系统的简称。从语言的社会功能出发，不是把语音仅看成是物理或生理的差别，而把语音归纳为数目有限的有辨义作用的语音单位叫做“音位”。

附：汉语拼音与本书所用国际音标符号对照表

（一）声母

汉语拼音	国际音标	汉语拼音	国际音标
b	［p］	l	［l］
p	［p‘］	g	［k］
m	［m］	k	［k‘］
f	［f］	h	［x］
d	［t］	j	［tɕ］
t	［t‘］	q	［tɕ‘］
n	［n］	x	［ɕ］

汉语拼音	国际音标	汉语拼音	国际音标
zh	[tʂ]	z	[ts]
ch	[tʂ‘]	c	[ts‘]
sh	[ʂ]	s	[s]
r	[ʐ]	零声母	[Ø]

（二）韵母

汉语拼音	国际音标	汉语拼音	国际音标
a	[A]	iou	[iəʊ]
o	[o̞]	uai	[uaɪ]
e	[ɤ]	uei	[ueɪ]
ê	[E]	an	[an]
i	[i]	en	[ən]
u	[u]	in	[in]
ü	[y]	ün	[yn]
er	[ər]	ang	[ɑŋ]
-i(前)	[ɿ]	eng	[ɤŋ]
-i(后)	[ʅ]	ing	[iŋ]
ai	[aɪ]	ong	[ʊŋ]
ei	[eɪ]	ian	[iæn]
ao	[ɑʊ]	uan	[uan]
ou	[əʊ]	üan	[yæn]
ia	[iA]	uen	[uən]
ie	[iE]	iang	[iɑŋ]
ua	[uA]	uang	[uɑŋ]
uo	[uo̞]	ueng	[uɤŋ]
üe	[yE]	iong	[iʊŋ]
iao	[iɑʊ]		

（三）声调

调类名称	汉语拼音声调符号	五度标记法
阴平声	ˉ	˥ 55
阳平声	ˊ	˧˥ 35
上　声	ˇ	˨˩˦ 214
去　声	ˋ	˥˩ 51

思考题：

1）语音的四要素是什么？“高声说话”和“大声说话”是否完全相同？为什么？

2）画一个发音器官图，并标出唇、齿、舌、腭以及口腔、鼻腔、咽腔的位置。

3）从自己学习和教学普通话的亲身经历出发，体会语音感知和发音能力形成的过程。

第三讲　汉语拼音方案

汉语拼音方案是一套拼写以北京语音为标准音的普通话的拼音字母和拼音方式，它是中华人民共和国法定的拼音方案，是世界文献工作中拼写有关中国的专门名词和词语的国际标准。它的制订是中国人民文化生活中的一件大事。

一、方案制订经过

1949 年中华人民共和国建立之初，就开始进行有关制订汉语拼音方案的工作。1954 年 12 月，国务院设立中国文字改革委员会，对拼音方案进行了更全面的系统的研究工作。1955 年 10 月，在全国文字改革会议上，分发几种方案草稿，征求意见。1956 年 2 月，中国文字改革委员会发表《汉语拼音方案（草案）》，提请政协全国委员会和政协各省、市、自治区委员会讨论，公开向全国各方面征求意见。同年 10 月，国务院设立汉语拼音方案审订委员会加以审议，提出“汉语拼音修正草案”，11 月 1 日，由国务院全体会议第六十次会议通过，提请全国人民代表大会讨论决定。1958 年 2 月 11 日，第一届全国人民代表大会第五次会议通过“关于《汉语拼音方案》的决议”，指出“汉语拼音方案作为帮助学习汉字和推广普通话的工具,应该首先在师范、中、小学进行教学,积累教学经验"。1958 年秋季,全国小学的语文课开始教学汉语拼音。

二、方案制订原则

汉语拼音方案主要是根据以下三个基本原则制订的:

1. 语音标准——拼写以北京语音为标准音的普通话。

拼音方案一定要以一个地方的现实存在的语音系统作为语音标准。约一千年来,北京一直是全国政治、经济、文化的中心。从元代的"中原之音"、明代的"中原雅音"、清代的"官音"、辛亥革命后的"国音",大体上都是北京语音系统。以北京语音为标准音是汉语历史发展的必然结果。作为语音标准指的是北京语音的语音系统(可以简称为"音系"),不包括北京话中特别缺乏共同性的土语成分。历史证明,人为拼凑的语音是不可能作为语音标准而广泛普及的。

2. 音节结构——采用"音素化"的音节结构。

音节采用"音素化"的拼写法,指的是把音节分析成最小的语音单位——音素,使字母数减少到最少限度,而拼写的灵活性提高到最大限度。普通话语音系统可以分析出 32 个典型音素,用 26 个音素化的拉丁字母就可以拼写出普通话 400 个音节。例如:a、i、n 这三个字母就可以拼写出 a、ai、an、na、ni、nai、nan、nian 等音节。

3. 字母形式——采用国际通用的拉丁字母。

拉丁字母是很古老的文字符号。它是历史上书写拉丁文的字母,因此称作“拉丁字母”。它是古罗马帝国使用的文字的字母形式,又可以称作“罗马字母”。

拉丁字母是现在世界最通用的字母,使用的国家和地区已超过100个。它不是哪个国家的专有字母,而是国际通用的字母符号,也是现代科学中必须用到的符号。拉丁字母笔画简单,构形比较清楚,在阅读和书写上都很方便。用它来给汉字注音已有近400年的历史。采用拉丁字母是总结了从1892年以来我国人民创制拼音字母的丰富经验的结果。

三、方案内容简述

汉语拼音方案共分为五个部分:

1. 字母表

列出26个拉丁字母,其中字母v“只用来拼写外来语、少数民族语言和方言”。

字母表规定了字母的顺序、名称、体式。

字母顺序 汉语拼音方案字母表采用国际通用的拉丁字母排列顺序,即:abcdefghijklmnopqrstuvwxyz。掌握了这个排列顺序对使用工具书和编制索引、资料卡片、名单等都很有用处。

字母名称 规定字母名称是为了称说字母的方便,我们称为“字母名称音”。确定汉语拼音字母名称音的原则是以汉语的特点为依据,又符合拉丁字母一般的命名方法。

每个字母代表的音值称作“本音”。汉语拼音字母名称的本音都是汉语语音中所有的。5个元音字母(a、o、e、i、u)

以本音作为名称。辅音字母发音不响亮，必须附加一个元音构成名称。

辅音字母附加元音 ê 的有 14 个，其中前附加的有：f(êf) l(êl) m(êm) s(ês)，后附加的有：b(bê) c(cê) d(dê) g(gê) k(kê) n(nê) p(pê) t(tê) v(vê) z(zê)。附加元音 a 的有 4 个：其中前附加的有：r(ar)，后附加的有：h(ha) w(wa) y(ya)。其余 3 个字母的名称音分别是：j(jie) q(qiu) x(xi)。

按字母表的顺序读字母名称音，可以分成四句，每句押韵，便于记忆。下面是用汉语拼音注音的字母名称音：

a	bê	cê	dê,	e	êf	gê;
ha	i	jie	kê,	êl	êm	nê;
o	pê	qiu,	ar	ês	tê;	
u	vê	wa,	xi	ya	zê。	

字母体式　采用传统的拉丁字母的体式，共有四种：印刷体、手写体、大写、小写。这四种体式各有各的用处：印刷体主要是为了阅读清楚；手写体主要是为了书写迅速，方案规定“字母的手写体依照拉丁字母的一般书写习惯”。小写是一般用的字母，大写是特殊用的字母，如用于句子开头、专有名词的开头等。我国小学语文教学中用的是一种“单线体”，它笔画粗细均匀，不加装饰线，便于拼音的初等教育。

附：汉语拼音字母体式表（略）

2. 声母表

列出 21 个辅音声母，它的顺序是按照辅音的发音部位和发音方法排列的：

		①		②	③	④	
第一行	双唇音、齿唇音	b	p	m	f		发音部位由前到后
第二行	舌尖中音	d	t	n		l	
第三行	舌面后音	g	k	(ng)	h		
第四行	舌面前音	j ⑤	q		x		发音部位由后到前
第五行	舌尖后音	zh	ch		sh	r	
第六行	舌尖前音	z	c		s		
		不送气音 清音	送气音 清音	浊音	清音	浊音	

横行是按发音部位排列的：第一行是双唇音、齿唇音（也称作“唇齿音”），第二行是舌尖中音，第三行是舌面后音（也称作“舌根音”）（辅音 ng 不是声母，只作韵尾，故放在括号中），第四行是舌面前音，第五行是舌尖后音（翘舌音），第六行是舌尖前音（平舌音）。前三行的发音部位是由前到后，后三行则是由后向前。竖行是按发音方法排列的（参见列表）：①塞音 ②鼻音 ③擦音 ④边音 ⑤塞擦音。第一竖行是不送气音，第二竖行是送气音。第一、二、四竖行为清音，第三、五竖行为浊音。

声母表只规定了声母的音值，并未规定声母名称。拼音下面标注了注音字母和汉字。由于汉字没有单独表示辅音音素的字，对照的汉字只取这个汉字字音开头的辅音，不包括它的元音。例如："玻、坡、摸、佛"只取这四个字音"bo、po、mo、fo"中的"b、p、m、f"，不包括它们后面的元音 o。

声母表中 zh、ch、sh 是用双字母表示一个声母。方案规定："在给汉字注音的时候，为了使拼式简短，zh ch sh 可以省作 ẑ ĉ ŝ"。

3. 韵母表

韵母表共列有 39 个韵母。表格内列出 35 个，表格外有 4 个。

表格内横行按 a 行、i 行、u 行、ü 行排列。竖行按单韵母、复韵母、鼻韵母排列：

	i	u	ü
a	ia	ua	
o		uo	
e	ie		üe
ai		uai	
ei		uei	
ao	iao		
ou	iou		
an	ian	uan	üan
en	in	uen	ün
ang	iang	uang	
eng	ing	ueng	
ong	iong		

表格外附注中还有 4 个韵母：ê、er、-i(前)、-i(后)。它们虽放在表格外，仍是韵母表中的正式韵母。(-i(前)和-i(后)也可以合并

为一个舌尖韵母-i，韵母总数就是 38 个了）

韵母表还规定了以下的拼写规则：

1）y 、 w 的使用

拼写音节的时候，如果 i 行、u 行、ü 行的韵母前面没有辅音声母，即成为零声母音节的时候，为了避免音节界限的混淆，改换或添加隔音字母 y 、 w。

改换 y 的有：i 行 ia-ya ie-ye iao-yao iou-you ian-yan iang-yang iong-yong。

添加 y 的有：i 行 i-yi in-yin ing-ying；ü 行 ü-yu üe-yue üan-yuan ün-yun。注意：拼写时，在 i 上标调要去掉 i 上面的点。添加 y 后 ü 行的韵母要去掉 ü 上两点。

改换 w 的有：u 行 ua-wa uo-wo uai-wai uei-wei uan-wan uen-wen uang-wang ueng-weng。

添加 w 的有：u 行 u-wu。

2）ü 行韵母两点的省略

ü 行韵母当前拼声母 j 、 q 、 x 的时候，要省略 ü 的两点。例如：jū（居）quē（缺）xuān（宣）。零声母音节，韵母前添加 y 的时候，也要省略 ü 的两点（参见 1）。只有声母 n 、 l 后面的 ü，保留 ü 的两点。实际拼写上，普通话 ü 带点的只有 nü 、 lü 、 nüe 、 lüe 4 个音节。

3）iou 、 uei 、 uen 的省写

iou 、 uei 、 uen 前拼辅音声母的时候，要省略中间的 o 或 e，写作 iu 、 ui 、 un。例如：niú（牛）guī（规）lùn（论）。这种省写，在实际语音中也是有根据的。iou 、 uei 、 uen 是基本形式，而实

际拼写中一般不出现。注意:iou、uei 省写作 iu、ui 后,声调符号要标在后一个字母上,如:niú guī。

4) 儿化音节的拼写

儿化音节的拼写形式,就是在被儿化的音节末尾加上字母 r,表示儿化音节,读作儿化韵。例如:花儿 huār,玩儿 wánr,虫儿 chóngr。

5) 方案规定"在给汉字注音的时候,为了使拼式简短,ng 可以省作"ŋ"。

4. 声调符号

方案采用符号标调法。阴平、阳平、上声、去声四个声调分别用符号 ˉ ˊ ˇ ˋ 标记,与这四个声调的实际调形相合,便于教学。轻声不标调。方案规定"声调标在主要母音(即主要元音)上"。注意:韵母省写形式 iu、ui 和主要元音 i 的标调(参见上条"韵母表")。

5. 隔音符号

隔音符号是为了拼音"分词连写"设计的。当多音节词连写的时候,ɑ、o、e 开头的音节连接在其他音节后面,容易发生音节界限混淆,要用隔音符号"'"隔开。例如:皮袄 pí'ǎo 海鸥 hǎi'ōu 企鹅 qǐ'é。凡是 ɑ、o、e 开头的音节连接在其他音节后面的时候,就要用隔音符号隔开,这是正规的写法。如果音节界限不发生相混,隔音符号当然可以省略,但这只是一种变通,不是正规的写法,也不便于掌握和拼音教学。

思考题:

1) 为什么说制订汉语拼音方案是经过极其慎重的步骤和程

序的？

2）制订汉语拼音方案的原则是什么？

3）为什么说汉语拼音方案的制订是“中国人民文化生活中的一件大事”？从现代生活和科技的发展方面，列举重要事例说明这个问题。

拼音练习

1. 背诵字母表，掌握字母名称音，参见语音训练（一）。默写字母表，掌握大写和小写字母的写法。

2. 按字母表的字母顺序（音序）排列下面几组音节：

lan tian yin ou ai zhang pen zuo hun

feifa（非法） fanu（发怒） fang'ai（妨碍）

fabiao（发表） fanzui（犯罪）

lian lüe lun la lu long lü luo（参见《新华字典》或《现代汉语词典》的音节表，注意带有 ü 和 üe 音节的位置）

3. 默写声母表，要按顺序写，注意 zh、ch、sh 在 z、c、s 之前。

4. 按“行”默写韵母表。

5. 按拼写规则给下列字、词注音（用小写字母，按词连写）：

以 翁 用 无 压 望 英

问 瓦 业 阳 完 我 音

要 尾 严 外 由

军乐 冤屈 略语 均匀 纪律

预选　女婿　学院　疟疾　剧院
流水　归队　轮流　困倦　求婚
亲爱　爸爸　萝卜　金鱼儿　进攻
骄傲　一点儿　纪念　木偶　小熊儿

6. 拼音改错：

quong(穷)　xa(下)　wui(委)
jou(救)　sing(兴)　kuei(亏)
lue(略)　yng(英)　yuan(原)
dan'gan(胆敢)　shuzhier(树枝儿)
yan'u(厌恶)　xiaokuar(小筐儿)

语音训练(一)

汉语拼音字母名称音发音练习

字母名称音其中元音字母读"本音",没有另定名称。辅音字母都在前面或后面附加了元音(详见前文)。为了字母名称音声调上的一致，我们一律用普通话阴平调(第一声)读字母名称音。

按照顺序读 26 个字母名称音,可以分成四行,行末字母押韵,很像读一首诗歌,即：

a　b　c　d,　e　f　g;
h　i　j　k,　l　m　n;
o　p　q,　r　s　t;
u　v　w,　x　y　z.

发音难点及纠正、训练的方法：

1. 辅音字母附加的元音 ê

21 个辅音字母中附加元音 ê 的有 14 个。发好 ê 这个音对掌握字母名称音是重要的。ê 就是单韵母 ê，在普通话里除叹词“诶”外，单用的机会并不多。它还出现在 ie、üe（其中 e 即 ê，由于它只出现在这两个韵母中，是有条件的，不会与 e 相混，因此省略了 ê 上的 ˆ ）中。发音中受方音影响，容易出现下面的偏差：

1）元音舌位偏高，开口度太小，发成前半高不圆唇元音［e］，个别的甚至接近元音 i。这个问题南方方言区的人容易出现，如江浙人。

发音的时候，注意把舌位适当降低，开口度加大。也可以参考下面的训练方法。

2）元音舌位偏低，开口度比前半低不圆唇元音［ɛ］的开口度还大，成了［æ］。北方方言区的人容易出现这个问题。可以采用所谓“析出法”训练。用韵母 ie（或者音节 ye，汉字“椰”、“夜”等）引导；从 i 出发，当舌位滑动到 ê 时适当延长，保持住舌位和唇形，稍停之后再继续发音便得到 ê 这个音。注意要用阴平调（第一声）或阳平调（第二声）训练。这种方法对纠正舌位太低，开口度大的偏差有明显效果。

3）把单元音 ê 读作复合元音 ei 或 ai。对此要在找准舌位的同时，特别注意舌位不能移动。

2. r 字母的名称音

r 字母的名称音是 ar，即在辅音字母 r“本音”前加上元音 a。r

字母的“本音”则是如同”儿化”的卷舌色彩。r 的字母名称音实际就是 ɑ 带有卷舌动作,或说成是 ɑ 的“儿化”，宽式标音为[ar]，严式标音为[ɐr]。(参见 1982 年 8 月 17 日国家标准局、中国文字改革委员会联合发出的国标［1982]339 号文件）有的书上从注音字母“丫儿”出发，认为 r 的字母名称读作“ɑ'er”,这是不够准确的。

“ɑr”中 ɑ 的发音受卷舌动作的影响实际比发一个单韵母 ɑ［A]的元音舌位要稍高。南方方言区的人要注意体会卷舌动作。

3. l 字母的名称音

l 的字母名称音是 l 字母“本音”前加元音 ê［E]。发音容易出现两种问题：

1）把本音 l 发成辅音声母 r 或与 r 字母名称音 ɑr 相近。纠正的方法:先练习辅音字母 l 的“本音”(参考声母 l 的语音训练)。注意一定要将舌尖抵在上齿龈(上牙床)上,不要使舌尖离开,让气流从舌头两边透出,直到这个名称音发完。同时注意前附加的元音开口度不要太大。

2）有人受外语影响读音近似“êlu”。要把“本音”后面所带的元音 u 去掉。

4. 受方音影响出现的问题

元音字母 e 的舌位靠前；o 出现动程等。辅音字母 j 、q 、x 读如 zie 、ciu 、si。辅音字母 n 、l“本音”相混等。要在后面的声母、韵母中逐步解决。

第四讲　声母(一)

一、什么是声母

声母就是汉字字音结构的起始部分。普通话有 22 个声母,其中 21 个是由辅音充当声母,此外还包括一个零声母。零声母也是一种声母(见第五讲)。

声母绝大多数由辅音充当。辅音的主要特征(与元音比较)是:(1)气流在发音器官中(主要指口腔)受到一定程度的阻碍或阻塞;(2)气流较强;(3)发音器官参与节制气流的部分肌肉紧张。

二、声母的分类

我们可以根据充当声母的辅音的发音部位和发音方法给声母分类。

1. 按发音部位分类

发音部位——指发辅音时,参与节制气流的发音器官的部位。辅音发音时在发音器官形成的阻碍,一般是两个部分接触或接近(形成间隙)构成的。普通话有 22 个辅音,其中 21 个可以作声母

（舌面后鼻音 ng 只作韵尾，不作声母；而舌尖中鼻音 n 既可以作声母，又可以作韵尾）。普通话的辅音声母可以按发音部位分为三大类，细分为七个部位。

1）唇音 以下唇为主动器官，普通话又细分为两个发音部位：

双唇音：上唇和下唇闭合构成阻碍。普通话有 3 个：b 、p 、m。

齿唇音（也称作“唇齿音”）：下唇和上齿靠拢构成阻碍。普通话只有 1 个 f。

2）舌尖音 以舌尖为主动器官，普通话又细分为三个发音部位：

舌尖前音：舌尖向上门齿背接触或接近构成阻碍。普通话有 3 个：z 、c 、s。

舌尖中音：舌尖和上齿龈（即上牙床）接触构成阻碍。普通话有 4 个：d 、t 、n 、l。

舌尖后音：舌尖向硬腭的最前端接触或接近构成阻碍。普通话有 4 个：zh 、ch 、sh 、r。

（针对汉语方言中舌尖前音和舌尖后音相混的情况，一般教学通俗的把前者叫做“平舌音”，把后者叫做“翘舌音”）

3）舌面音 以舌面为主动器官，普通话又细分为两个发音部位：

舌面前音：舌面前部向硬腭前部接触或接近构成阻碍。普通话有 3 个：j 、q 、x。

舌面后音（也称作“舌根音”）：舌根向硬腭和软腭的交界处接触或接近构成阻碍。普通话声母有 3 个：g 、k 、h。（普通话辅音韵尾 ng 也同属这个发音部位。不过，它的发音部位稍有不同，是舌根和软腭接触。)

2. 按发音方法分类

发音方法——指发辅音时,构成阻碍和克服阻碍的方式。辅音构成阻碍的方式:一类是发音器官闭塞形成阻碍。如:塞音、塞擦音、鼻音。另一类是发音器官主动部分向被动部分接近,形成适度的间隙,迫使气流摩擦经过。如:擦音、边音、半元音(无擦通音)。其他语言还有另一大类——闪颤辅音,普通话语音系统中没有这类辅音。

辅音还可以分为鼻音和口音两大类。发鼻音时,在口腔一定的部位阻塞,同时软腭下降,声带振动,气流从鼻腔中透出成声。而口音发音时软腭上升,阻塞鼻腔通路,气流从口腔中透出成声。普通话的鼻辅音有3个,其中m、n作声母,ng作韵尾,n也可以作韵尾。普通话其余的辅音全都是口音。

对辅音形成阻碍的发音过程,可以细分为三个阶段:成阻——阻碍的形成;持阻——阻碍的持续;除阻——阻碍的解除。

普通话辅音声母的发音方法有以下五种:

1)塞音　成阻时发音部位完全形成闭塞;持阻时,气流积蓄在阻碍的部位之后;除阻时受阻部位突然解除阻塞,使积蓄的气流透出,爆发破裂成声。因此也叫“爆发音”“破裂音”。塞音一发即逝,也叫“暂音”或“促音”,其他辅音的持阻阶段可以延长叫“久音”。普通话有6个塞音:b、p、d、t、g、k。

2)鼻音　成阻时发音部位完全闭塞,封闭口腔通路;持阻时,软腭下垂,打开鼻腔通路,声带颤动,气流到达口腔和鼻腔,气流在口腔受到阻碍,由鼻腔透出成声;除阻时口腔阻碍解除。鼻音是鼻腔和口腔的双重共鸣形成的。鼻腔是不可调节的发音器官。不同音质的鼻音是由于发音时在口腔的不同部位阻塞,造成不同的口腔共鸣状态而形成的。普通话有3个鼻音:m、n、ng,其中只有m、n作辅音声母。

3)擦音　成阻时发音部位之间接近,形成适度的间隙;持阻时,气流从窄缝中间摩擦成声;除阻时发音结束。普通话有6个擦音:f、h、x、sh、s、r。

4)边音　普通话只有一个舌尖中的边音:l。舌尖和上齿龈(上牙床)稍后的部位接触,使口腔中间的通道阻塞;持阻时声带颤动,气流从舌头两边与上腭两侧、两颊内侧形成的夹缝中通过,透出成声;除阻时发音结束。

5)塞擦音　是以"塞音"开始,以"擦音"结束。由于塞擦音的"塞"和"擦"是同部位的,"塞音"的除阻阶段和"擦音"的成阻阶段融为一体,两者结合得很紧密。我们把它看成一个声母。普通话有6个塞擦音:j、q、zh、ch、z、c。

普通话的辅音声母还包括"送气音"与"不送气音"、"清音"与"浊音"的区别。

普通话只有塞音和塞擦音区分送气音和不送气音。

送气音——这类辅音发音时气流送出比较快和持久,由于除阻后声门大开,流速较快,在声门以及声门以上的某个狭窄部位造成摩擦,形成"送气音"。普通话送气的塞音p、t、k,发音除阻后紧接一个位置略前的"喉门擦音"[h]。普通话送气的塞擦音j、zh、z,发音除阻后如果后面紧接一个开口度大的元音(开元音),一般带有"喉门擦音",如果紧接一个开口度小的元音(闭元音),或者接一个部位相近的元音，如 qi[tɕʻi] ci [tsʻɿ] chi [tʂʻʅ],就会使同部位的擦音延长一些。为了教学的方便,送气音一律描写为[ʻ]。普通话有 6 个送气音:p 、t 、k 、q 、ch 、c。

不送气音——指发音时,没有送气音特征,又同送气音形成对立的音(普通话限于塞音和塞擦音)。普通话有 6 个不送气音: b 、d 、g 、j 、zh 、z。

“清音”和“浊音”是指发音时声带是否振颤。颤动声带的音叫“浊音”,不颤动声带的音叫“清音”。普通话有 5 个浊辅音:m 、n 、l 、r 、ng,其中只有 4 个浊辅音作声母:m 、n 、l 、r。普通话除了 5 个浊辅音外,其余都是清音,它们是: b 、p 、f 、d 、t 、g 、k 、h 、j 、q 、x 、zh 、ch 、sh 、z 、c 、s。理论上,每个清辅音都可以配上一个浊辅音。但普通话除 sh—r 被认为是一对清浊相配的辅音外,没有其他清辅音与浊辅音的相配,特别是塞音和塞擦音没有这种对立。因此,普通话不必过于强调清浊的区别。

三、声母的发音

让我们逐一学习普通话的 21 个辅音声母。

b [p] 双唇不送气清塞音

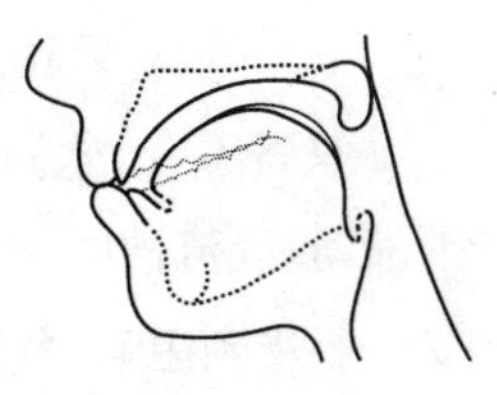

双唇闭合,不太紧,同时软腭上升,关闭鼻腔通路;气流到达双唇后蓄气;凭借积蓄在口腔中的气流突然打开双唇成声。

发音例词：

b-b 把柄 bǎbǐng　百般 bǎibān　摆布 bǎibù　败笔 bàibǐ
斑白 bānbái　颁布 bānbù　搬兵 bānbīng　板报 bǎnbào
版本 bǎnběn　半百 bànbǎi　褒贬 bāobiǎn　包办 bāobàn
宝贝 bǎobèi　保镖 bǎobiāo　报表 bàobiǎo　暴病 bàobìng
抱病 bàobìng　卑鄙 bēibǐ　北边 běibiān　步兵 bùbīng
不必 bùbì　补白 bǔbái　病变 bìngbiàn　禀报 bǐngbào
兵变 bīngbiàn　冰雹 bīngbáo　表白 biǎobái　标榜 biāobǎng
标本 biāoběn　辩白 biànbái　辩驳 biànbó　臂膀 bìbǎng
弊病 bìbìng　碧波 bìbō　鄙薄 bǐbó　本部 běnbù
辨别 biànbié　奔波 bēnbō　壁报 bìbào

p［pʻ］双唇送气清塞音

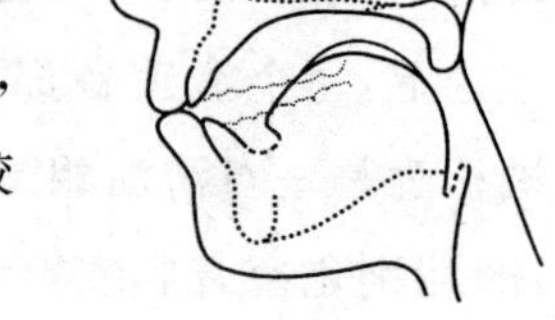

成阻和持阻阶段与 b 相同。除阻时，声门（声带开合处）大开，从肺部呼出一股较强气流成声。

发音例词：

p-p 排炮 páipào　澎湃 péngpài　批判 pīpàn　批评 pīpíng
劈啪 pīpā　匹配 pǐpèi　偏僻 piānpì　偏旁 piānpáng
琵琶 pípá　瓢泼 piáopō　拼盘 pīnpán　品评 pǐnpíng
乒乓 pīngpāng　评判 píngpàn

m［m］双唇鼻音

双唇闭合，软腭下垂，打开鼻腔通路；声带颤动，气流同时到达口腔和鼻腔，在口腔的双唇后受到阻碍，气流从鼻腔透出成声。

发音例词：

m-m 麻木 mámù　骂名 màmíng　埋没 máimò　买卖 mǎimai
麦苗 màimiáo　卖命 màimìng　满面 mǎnmiàn　满目 mǎnmù
谩骂 mànmà　盲目 mángmù　冒名 màomíng　冒昧 màomèi
眉目 méimù　眉毛 méimao　美满 měimǎn　美貌 měimào
美妙 měimiào　美名 měimíng　门面 ménmiàn　蒙昧 méngmèi
梦寐 mèngmèi　牧民 mùmín　木棉 mùmián　木马 mùmǎ
磨灭 mómiè　命名 mìngmíng　命脉 mìngmài　名目 míngmù
明媚 míngmèi　渺茫 miǎománg　描摹 miáomó　苗木 miáomù
面目 miànmù　面貌 miànmào　密码 mìmǎ　密谋 mìmóu
秘密 mìmì　米面 mǐmiàn　弥漫 mímàn　迷茫 mímáng
迷漫 mímàn

f [f] 齿唇清擦音

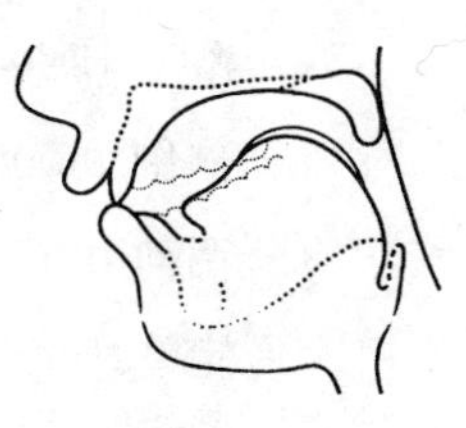

下唇向上门齿靠拢，形成间隙；软腭上升，关闭鼻腔通路；使气流从齿唇缝的间隙摩擦通过而成声。

发音例词：

f-f 发放 fāfàng　发奋 fāfèn　发福 fāfú　翻覆 fānfù
繁复 fánfù　反复 fǎnfù　犯法 fànfǎ　方法 fāngfǎ
防范 fángfàn　防风 fángfēng　防腐 fángfǔ　仿佛 fǎngfú
非法 fēifǎ　非凡 fēifán　肺腑 fèifǔ　分发 fēnfā
粪肥 fènféi　奋发 fènfā　丰富 fēngfù　蜂房 fēngfáng
夫妇 fūfù　福分 fúfèn　伏法 fúfǎ　复方 fùfāng

d [t] 舌尖中不送气清塞音

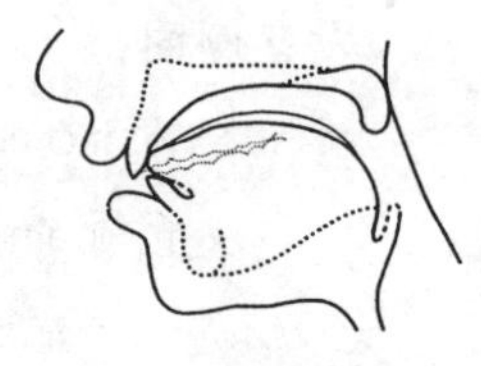

舌尖抵住上齿龈，形成阻塞；软腭上升，关闭鼻腔通路；气流到达口腔后蓄气，突然解除阻塞成声。

发音例词：

d-d 搭档 dādàng 达到 dádào 答对 dáduì 大地 dàdì
打倒 dǎdǎo 打动 dǎdòng 打赌 dǎdǔ 大胆 dàdǎn
大度 dàdù 带动 dàidòng 单调 dāndiào 单独 dāndú
担待 dāndài 担当 dāndāng 当初 dāngchū 当代 dāngdài
当地 dāngdì 荡涤 dàngdí 导弹 dǎodàn 捣蛋 dǎodàn
到达 dàodá 道德 dàodé 到底 dàodǐ 得当 dédàng
得到 dédào 等待 děngdài 滴答 dīdā 低档 dīdàng
敌对 díduì 抵挡 dǐdǎng 地点 dìdiǎn 地段 dìduàn
颠倒 diāndǎo 点滴 diǎndī 电灯 diàndēng 调度 diàodù
调动 diàodòng 叮当 dīngdāng 丁冬 dīngdōng 顶点 dǐngdiǎn
定单 dìngdān 丢掉 diūdiào 动荡 dòngdàng 动工 dònggōng
兜底 dōudǐ 斗胆 dǒudǎn 抖动 dǒudòng 独到 dúdào
独断 dúduàn 断定 duàndìng 对待 duìdài 对调 duìdiào

t [t'] 舌尖中送气清塞音

成阻、持阻阶段与 d 相同。除阻阶段声门大开，从肺部呼出一股较强的气流成声。

发音例词：

t-t 塌台 tātái 抬头 táitóu 贪图 tāntú 痰桶 tántǒng
谈天 tántiān 谈吐 tántǔ 坦途 tǎntú 探讨 tàntǎo

探听 tàntīng	逃脱 táotuō	淘汰 táotài	疼痛 téngtòng
梯田 tītián	体态 tǐtài	体贴 tǐtiē	剃头 tìtóu
天体 tiāntǐ	天堂 tiāntáng	甜头 tiántou	调停 tiáotíng
跳台 tiàotái	贴题 tiētí	铁塔 tiětǎ	铁蹄 tiětí
厅堂 tīngtáng	听筒 tīngtǒng	通途 tōngtú	通体 tōngtǐ
头疼 tóuténg	头天 tóutiān	吐痰 tǔtán	团体 tuántǐ
推托 tuītuō	吞吐 tūntǔ	脱逃 tuōtáo	妥帖 tuǒtiē

n [n] 舌尖中鼻音

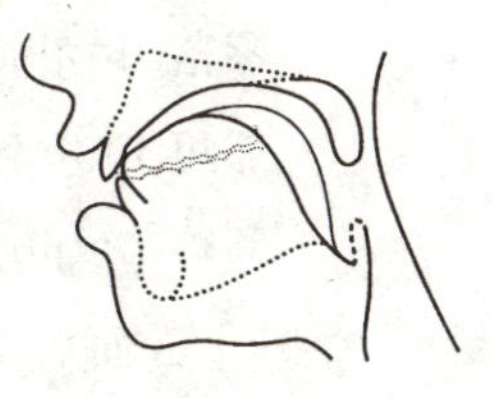

舌尖抵住上齿龈，形成阻塞；软腭下垂，打开鼻腔通路；声带颤动，气流同时到达口腔和鼻腔，在口腔受到阻碍，气流从鼻腔透出成声。

发音例词：

n-n	奶牛 nǎiniú	男女 nánnǚ	恼怒 nǎonù	能耐 néngnai
	泥泞 nínìng	农奴 nóngnú	牛奶 niúnǎi	

l [l] 舌尖中边音

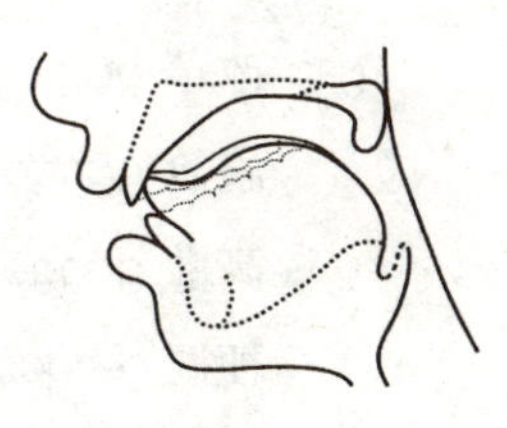

舌尖抵住上齿龈的后部，阻塞气流从口腔中路通过的通道；软腭上升，关闭鼻腔通路；声带颤动；气流到达口腔后从舌头跟两颊内侧形成的空隙通过而成声。

发音例词：

l-l	拉力 lālì	蜡疗 làliáo	来历 láilì	来路 láilù
	劳累 láolèi	劳力 láolì	老路 lǎolù	磊落 lěiluò
	理疗 lǐliáo	利率 lìlǜ	利落 lìluo	历来 lìlái

料理 liàolǐ　流利 liúlì　琉璃 liúlí　流露 liúlù
流落 liúluò　辘轳 lùlú　驴骡 lǘluó　履历 lǚlì
罗列 luóliè　裸露 luǒlù　拉练 lāliàn　拉拢 lālǒng
来临 láilín　牢笼 láolóng　老练 lǎoliàn　勒令 lèlìng
凛冽 lǐnliè　理论 lǐlùn　立论 lìlùn　莅临 lìlín
力量 lìliang　流浪 liúlàng　留恋 liúliàn　流连 liúlián
露脸 lòuliǎn　沦落 lúnluò　轮流 lúnliú　论理 lùnlǐ
伦理 lúnlǐ　蓝缕 lánlǚ　拦路 lánlù　联络 liánluò
零落 língluò　连累 liánlěi　量力 liànglì　林立 línlì
邻里 línlǐ　凌乱 língluàn　伶俐 línglì　领路 lǐnglù
领略 lǐnglüè

g [k] 舌面后不送气清塞音

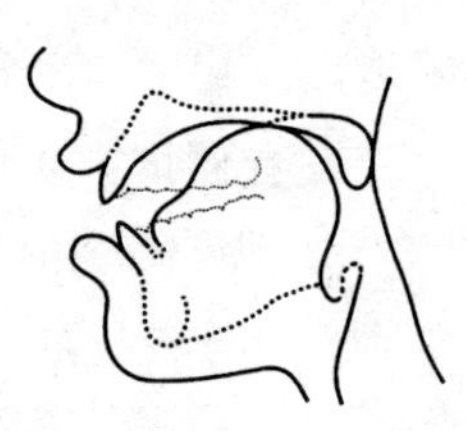

舌面后部隆起抵住硬腭和软腭交界处，形成阻塞；软腭上升，关闭鼻腔通路；气流在形成阻塞的部位后积蓄；突然解除阻塞而成声。

发音例词：

g-g 改革 gǎigé　改观 gǎiguān　改过 gǎiguò　干果 gānguǒ
尴尬 gāngà　感官 gǎnguān　感光 gǎnguāng　杠杆 gànggǎn
高歌 gāogē　高贵 gāoguì　搞鬼 gǎoguǐ　更改 gēnggǎi
梗概 gěnggài　功过 gōngguò　公告 gōnggào　公共 gōnggòng
巩固 gǒnggù　古怪 gǔguài　骨干 gǔgàn　骨骼 gǔgé
雇工 gùgōng　故宫 Gùgōng　瓜葛 guāgé　挂钩 guàgōu
拐棍 guǎigùn　观感 guāngǎn　观光 guānguāng
灌溉 guàngài　光顾 guānggù　广告 guǎnggào

规格 guīgé　归功 guīgōng　归公 guīgōng

鬼怪 guǐguài　桂冠 guìguān　国歌 guógē

果敢 guǒgǎn　过关 guòguān

k [kʻ] 舌面后送气清塞音

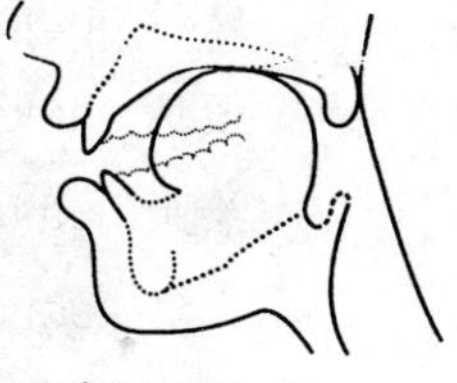

成阻、持阻阶段与 g 相同。除阻阶段声门大开，从肺部呼出一股较强气流成声。

发音例词：

k-k 开课 kāikè　开口 kāikǒu　开阔 kāikuò

坎坷 kǎnkě　慷慨 kāngkǎi　苛刻 kēkè

可口 kěkǒu　刻苦 kèkǔ　空旷 kōngkuàng

苦口 kǔkǒu　夸口 kuākǒu　宽阔 kuānkuò

亏空 kuīkong　困苦 kùnkǔ

h [x] 舌面后清擦音

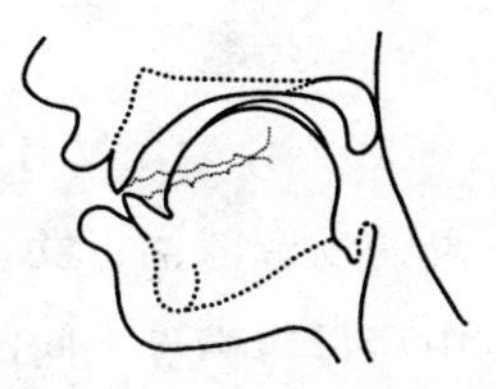

舌面后部隆起接近硬腭和软腭的交界处，形成间隙；软腭上升，关闭鼻腔通路；使气流从形成的间隙摩擦通过而成声。

发音例词：

h-h 海涵 hǎihán　憨厚 hānhòu　含混 hánhùn　含糊 hánhu

喊话 hǎnhuà　航海 hánghǎi　行话 hánghuà　豪华 háohuá

好汉 hǎohàn　好话 hǎohuà　浩瀚 hàohàn　合乎 héhū

合伙 héhuǒ　和好 héhǎo　和缓 héhuǎn　黑话 hēihuà

横祸 hènghuò　红火 hónghuǒ　后患 hòuhuàn　后悔 hòuhuǐ

呼喊 hūhǎn　呼号 hūháo　呼唤 hūhuàn　胡话 húhuà

护航 hùháng　互惠 hùhuì　花卉 huāhuì　化合 huàhé

怀恨 huáihèn	欢呼 huānhū	还魂 huánhún	缓和 huǎnhé
幻化 huànhuà	黄花 huánghuā	黄昏 huánghūn	皇后 huánghòu
惶惑 huánghuò	谎话 huǎnghuà	挥霍 huīhuò	挥毫 huīháo
徽号 huīhào	回合 huíhé	回话 huíhuà	悔恨 huǐhèn
毁坏 huǐhuài	会合 huìhé	汇合 huìhé	回话 huíhuà
绘画 huìhuà	昏花 hūnhuā	浑厚 húnhòu	混合 hùnhé
火红 huǒhóng	火候 huǒhou	火花 huǒhuā	祸害 huòhai

（ng[ŋ] 舌面后鼻音

舌面后部隆起和软腭接触，形成阻塞；声带颤动，软腭下垂，打开鼻腔通路；气流经咽腔直接从鼻腔透出成声。

ng 在普通话里不作声母，但它是个辅音，列在此处一并学习。）

思考题：

1）什么是发音部位？什么是发音方法？熟记普通话每个声母的发音部位、发音方法，并注意相同发音部位、相同发音方法中声母与声母之间的细微差别。

2）鼻音 m 、n 、ng 都是软腭下降，气流从鼻腔中透出成声，为什么形成不同的辅音？

3）塞音和塞擦音发音过程中有哪些不同？

语音训练(二)

声母发音练习

1. 送气音的发音训练

普通话辅音声母中，塞音（b,p;d,t;g,k）和塞擦音(j,q;zh,

ch;z,c)分送气不送气。海南、广西、湖南和闽南部分地区的人发送气音有困难。

普通话送气音声母(p,t,k,q,ch,c)发音训练要寻找突破口，先体会到其中一个送气音,其他送气音就容易发了。如:训练送气音 p 的发音，可以模仿吹蜡烛的吐气方法。这是每个人都容易体会到的,是个有效的方法。训练送气音 c 的发音,可以模仿车胎漏气的声音。可以借助带有送气音的象声词来体会,如：劈啪(p-p)、扑通(p-t)、喀嚓(k-ch)、噌(ceng)等；模仿锣镲的敲击、撞击的声音：堂(t)、哐(k)、嚓(c)、锵(q)。或者模仿火车开动时的放气声:qica,qica,……。

第 1 组（听辨）

pa	ta	ka	qia	cha	ca
po	te	ke	qi	chi	ci
pan	tai	kang	que	chang	can
pin	tun	kuang	quan	chen	cong

第 2 组

p-p	劈啪 pīpā	批评 pīpíng	匹配 pǐpèi	偏旁 piānpáng
	澎湃 péngpài	乒乓 pīngpāng	评判 píngpàn	琵琶 pípá
	婆婆 pópo	批判 pīpàn		
t-t	贪图 tāntú	抬头 táitóu	探讨 tàntǎo	体贴 tǐtiē
	团体 tuántǐ	天堂 tiāntáng	谈吐 tántǔ	逃脱 táotuō
	梯田 tītián	淘汰 táotài		
k-k	开口 kāikǒu	刻苦 kèkǔ	坎坷 kǎnkě	慷慨 kāngkǎi
	旷课 kuàngkè	可靠 kěkào	开阔 kāikuò	宽阔 kuānkuò

困苦 kùnkǔ　夸口 kuākǒu

q-q 齐全 qíquán　气球 qìqiú　弃权 qìquán

欠缺 qiànquē　乔迁 qiáoqiān　亲切 qīnqiè

情趣 qíngqù　恰巧 qiàqiǎo　牵强 qiānqiǎng

轻巧 qīngqiǎo

ch-ch 长处 chángchù　出差 chūchāi　超产 chāochǎn

初创 chūchuàng　传抄 chuánchāo　车床 chēchuáng

穿插 chuānchā　驰骋 chíchěng　乘车 chéngchē

出场 chūchǎng

c-c 从此 cóngcǐ　猜测 cāicè　残存 cáncún　仓促 cāngcù

催促 cuīcù　粗糙 cūcāo　草丛 cǎocóng　苍翠 cāngcuì

摧残 cuīcán　措辞 cuòcí

2. 送气音与不送气音的区分

我们在发音中可以体会到，送气音比不送气的气流要强而持久。不送气音在持阻阶段气流到达口腔，遇到阻碍后，积蓄气流。除阻时只凭停蓄在口腔中的气流发出破裂音。而发送气音，不只靠在持阻阶段积蓄的气流发出破裂音，还在除阻的同时，声门大开，从肺部呼出较强的气流，并伴有声门擦音[h]或声门以上发音过程构成的狭窄部位的摩擦。我们可以做个小试验体会送气与不送气的区别，找一张纸条夹在一只手的食指和中指之间，放在上唇前，对比塞音 b-p，d-t，g-k 的发音，当发不送气音 b，d，g 时，纸条微动或几乎感觉不到在动；而发送气音 p，t，k 时，纸条被明显吹动。

塞音、塞擦音中带有颤动声带的“浊音”声母的江浙（吴语）、湖南(老湘语)等地的人,常将一部分普通话读送气音的字读作不送气的“浊音”声母。练习发音的时候,气流要加强,控制声带不颤动,并能区分送气与不送气。

山西、陕西部分地区有送气音与不送气音的区别,但一部分不送气的字读作送气的字(多为古浊音声母字),如:“跪”读如 kui(晋中),“步”读如 pu(西安),“读”读如 tu(晋南)。

送气音和不送气音对比的音节有 103 对。pou 、 dei 、 zhei 、 diu 、 zhua 没有对比的音节。

第 3 组

ba—pa　bai—pai　bei—pei　bao—pao

ban—pan　ben—pen　bang—pang

beng—peng　da—ta　de—te　dai—tai

dao—tao　dou—tou　dan—tan

dang—tang　deng—teng　ga—ka

ge—ke　gai—kai　gao—kao　gou—kou

gan—kan　gen—ken　gang—kang

geng—keng　zha—cha　zhe—che　zhi—chi

zhai—chai　zhao—chao　zhou—chou

zhan—chan　zhen—chen　zhang—chang

zheng—cheng　za—ca　ze—ce　zi—ci

zai—cai　zao—cao　zou—cou　zan—can

zen—cen　zang—cang　zeng—ceng

bi—pi　bie—pie　biao—piao　bian—pian

bin—pin bing—ping di—ti die—tie

diao—tiao dian—tian ding—ting

ji—qi jia—qia jie—qie jiao—qiao

jiu—qiu jian—qian jin—qin

jiang—qiang jing—qing bu—pu bo—po

du—tu duo—tuo dui—tui duan—tuan

dun—tun dong—tong gu—ku gua—kua

guo—kuo guai—kuai gui—kui

guan—kuan gun—kun guang—kuang

gong—kong zhu—chu zhuo—chuo

zhuai—chuai zhui—chui zhuan—chuan

zhun—chun zhuang—zhuang zhong—chong

zu—cu zuo—cuo zui—cui zuan—cuan

zun—cun zong—cong ju—qu jue—que

juan—quan jun—qun jiong—qiong

第 4 组

八 bā — 趴 pā	白 bái — 排 pái
被 bèi — 佩 pèi	抱 bào — 炮 pào
办 bàn — 判 pàn	奔 bēn — 喷 pēn
棒 bàng — 胖 pàng	蹦 bèng — 碰 pèng
大 dà — 踏 tà	德 dé — 特 tè
带 dài — 太 tài	导 dǎo — 讨 tǎo
斗 dòu — 透 tòu	单 dān — 贪 tān
当 dāng — 汤 tāng	灯 dēng — 腾 téng

嘎 gǎ — 卡 kǎ

改 gǎi — 凯 kǎi

够 gòu — 扣 kòu

根 gēn — 肯 kěn

更 gēng — 坑 kēng

这 zhè — 彻 chè

摘 zhāi — 拆 chāi

周 zhōu — 抽 chōu

振 zhèn — 趁 chèn

争 zhēng — 撑 chēng

字 zì — 次 cì

早 zǎo — 草 cǎo

咱 zán — 残 cán

脏 zāng — 仓 cāng

比 bǐ — 匹 pǐ

标 biāo — 漂 piāo

宾 bīn — 拼 pīn

记 jì — 气 qì

界 jiè — 窃 qiè

锦 jǐn — 寝 qǐn

精 jīng — 清 qīng

波 bō — 坡 pō

多 duō — 拖 tuō

端 duān — 团 tuán

哥 gē — 科 kē

搞 gǎo — 考 kǎo

干 gàn — 看 kàn

刚 gāng — 康 kāng

扎 zhā — 插 chā

只 zhī — 吃 chī

找 zhǎo — 炒 chǎo

占 zhàn — 搀 chān

张 zhāng — 昌 chāng

杂 zá — 擦 cā

在 zài — 菜 cài

揍 zòu — 凑 còu

怎 zěn — 岑 cén

增 zēng — 层 céng

别 bié — 撇 piē

边 biān — 偏 piān

兵 bīng — 平 píng

加 jiā — 恰 qià

教 jiāo — 桥 qiáo

讲 jiǎng — 抢 qiǎng

不 bù — 铺 pù

读 dú — 图 tú

堆 duī — 推 tuī

吨 dūn — 吞 tūn

东 dōng — 通 tōng　　古 gǔ — 苦 kǔ
刮 guā — 夸 kuā　　过 guò — 扩 kuò
怪 guài — 快 kuài　　规 guī — 亏 kuī
关 guān — 宽 kuān　　棍 gùn — 困 kùn
光 guāng — 筐 kuāng　　工 gōng — 空 kōng
主 zhǔ — 础 chǔ　　桌 zhuō — 戳 chuō
追 zhuī — 吹 chuī　　专 zhuān — 穿 chuān
准 zhǔn — 蠢 chǔn　　装 zhuāng — 窗 chuāng
中 zhōng — 充 chōng　　租 zū — 粗 cū
做 zuò — 错 cuò　　最 zuì — 脆 cuì
钻 zuàn — 窜 cuàn　　尊 zūn — 存 cún
宗 zōng — 葱 cōng　　距 jù — 去 qù
决 jué — 瘸 qué　　捐 juān — 圈 quān
军 jūn — 群 qún　　炯 jiǒng — 穷 qióng

第 5 组

b-p	补票 bǔpiào	编排 biānpái	包赔 bāopéi
	爆破 bàopò	背叛 bèipàn	奔跑 bēnpǎo
p-b	旁边 pángbiān	排版 páibǎn	配备 pèibèi
	皮包 píbāo	跑步 pǎobù	赔本 péiběn
d-t	冬天 dōngtiān	大体 dàtǐ	带头 dàitóu
	代替 dàitì	动态 dòngtài	短途 duǎntú
t-d	台灯 táidēng	态度 tàidu	土地 tǔdì
	推动 tuīdòng	特点 tèdiǎn	停顿 tíngdùn
g-k	顾客 gùkè	概括 gàikuò	观看 guānkàn

	赶快 gǎnkuài	广阔 guǎngkuò	高空 gāokōng
k-g	开关 kāiguān	宽广 kuānguǎng	考古 kǎogǔ
	客观 kèguān	苦功 kǔgōng	口供 kǒugòng
j-q	机器 jīqì	尽情 jìnqíng	急切 jíqiè
	技巧 jìqiǎo	精确 jīngquè	健全 jiànquán
q-j	期间 qījiān	奇迹 qíjì	全局 quánjú
	抢救 qiǎngjiù	请假 qǐngjià	前进 qiánjìn
zh-ch	展出 zhǎnchū	支持 zhīchí	忠诚 zhōngchéng
	正常 zhèngcháng	职称 zhíchēng	争吵 zhēngchǎo
ch-zh	成长 chéngzhǎng	处置 chǔzhì	城镇 chéngzhèn
	超重 chāozhòng	车站 chēzhàn	纯正 chúnzhèng
z-c	早操 zǎocāo	紫菜 zǐcài	自从 zìcóng
	座次 zuòcì	佐餐 zuǒcān	宗祠 zōngcí
c-z	存在 cúnzài	村子 cūnzi	操作 cāozuò
	错字 cuòzì	词组 cízǔ	辞藻 cízǎo

附：送气音字字表

p-

pa　①趴 ②扒爬※耙 ④怕※帕

pai　①拍 ②排牌※徘 ③迫(～击炮)排(～子车)
④派※湃

pan　①番(～禺,县名)攀※潘 ②胖(心广体～)盘
④判盼叛※畔

pang　①乓膀(～肿) ②旁膀(～胱)※庞磅(～礴)螃

④胖

pao　①抛泡(眼～) ②炮(～制)袍※刨咆 ③跑

④泡炮

pei　①※胚 ②陪培赔 ③佩配※沛

pen　①喷 ②盆 ④喷(～香)

peng　②朋棚蓬膨※彭硼澎篷 ③捧 ④碰

pi　①批披劈※坯 ②皮疲脾※啤枇 ③匹否(～极泰来)劈(～叉) ④辟僻※屁譬

pian　①片(～子)扁(一叶～舟)偏篇※翩②便(～宜)

④片骗

piao　①漂(～浮)飘 ②朴※瓢 ③漂(～白) ④票漂

pie　①撇 ③撇(～捺)

pin　①拼 ②贫※频 ③品 ④※聘

ping　①乒 ②平评苹凭瓶萍※冯(暴虎～河)坪屏

po　①朴(～刀)※颇②婆繁(姓)④朴(～树)迫破魄

pou　①剖

pu　①仆(前～后继)扑铺(～床)②仆(～人)葡※菩脯蒲

③朴普谱 ④铺堡(十里～)暴(一～十寒)※瀑

t-

ta　①他它她塌 ③塔 ④踏

tai　②台抬 ④太态泰

tan　①贪摊滩 ②坛谈弹痰 ③坦毯 ④叹炭探

tang　①汤趟(～水) ②唐堂塘膛糖 ③倘躺 ④烫趟

tao　①叨(～光)涛掏淘 ②逃桃陶萄淘 ③讨 ④套

te ④特

teng ②疼腾

ti ①梯踢 ②提题蹄 ③体 ④剃惕替

tian ①天添 ②田甜填

tiao ①挑 ②条调 ③挑(～动) ④跳

tie ①帖(妥～)贴 ③帖(请～) ④帖(字～)

ting ①厅听 ②亭庭停蜓 ③挺艇

tong ①通 ②同桐铜童 ③统桶筒 ④同(胡～)通(打了三～鼓)痛

tou ①偷 ②头投 ④透

tu ①秃突 ②图徒途涂屠 ③土吐(～痰) ④吐(呕～)兔

tuan ②团

tui ①推 ③腿 ④退

tun ①吞 ②屯

tuo ①托拖脱 ②驼 ③妥

k-

ka ③卡

kai ①开 ③凯慨

kan ①刊看(～守)堪 ③砍 ④看

kang ①康糠 ②扛 ④抗炕

kao ③考烤 ④靠

ke ①科棵颗 ②壳咳 ③可渴④可(～汗)克刻客课

ken ③肯垦恳

keng ①坑

kong ①空 ③孔恐 ④空(～白)控

kou ③口 ④扣寇

ku ①枯哭 ③苦 ④库裤酷

kua ①夸 ③垮 ④挎跨

kuai ④会(～计)块快

kuan ①宽 ③款

kuang ①筐 ②狂 ④旷况矿框

kui ①亏 ②葵 ④愧

kun ①昆 ③捆 ④困

kuo ④扩括阔

q-

qi ①七妻戚期欺漆 ②齐其奇骑棋旗 ③乞岂企启起 ④气弃汽砌器

qia ③卡(关～) ④洽恰

qian ①千迁牵铅谦签 ②前钱钳潜 ③浅遣④欠纤歉

qiang ①枪腔 ②强墙 ③抢强(～迫)

qiao ①悄雀(～子)锹敲 ②乔侨桥瞧 ③巧悄(～然无声) ④壳(地～)

qie ①切 ②茄 ③且 ④切(～记)窃

qin ①侵亲 ②芹琴禽勤

qing ①青顷轻倾清蜻 ②情晴 ③请 ④庆亲(～家)

qiong ②穷

qiu ①丘龟(～兹,古代西域国名)秋 ②仇(姓)求球

qu ①区曲(～直)驱屈趋 ②渠 ③曲(歌～)取 ④去趣

quan　①圈 ②权全泉拳 ③犬 ④劝券

que　①缺 ④却雀确鹊

qun　②裙群

ch-

cha　①叉(交～)差(～别)插 ②叉(木板～住了)茶查察 ③叉(～腿) ④叉(劈～)岔差(～不多)

chai　①拆差(出～)

chan　②单(～于,匈奴君主的称号)馋缠 ③产铲④颤

chang　①昌 ②长场(～院)肠尝常偿 ③厂场敞 ④畅倡唱

chao　①抄吵(～～)钞超 ②朝潮 ③吵炒

che　①车 ③扯 ④彻撤

chen　②臣尘辰沉陈晨 ④衬称(～心)趁

cheng　①称(名～)撑 ②成呈诚承城乘盛程惩 ④秤

chi　①吃 ②池驰迟持匙(羹～) ③尺齿耻 ④斥赤翅

chong　①冲充 ②虫种(姓)重崇 ④冲(～床)

chou　①抽 ②仇绸酬稠愁筹 ③丑 ④臭

chu　①出初 ②除厨锄 ③处(～理)础储楚 ④处(到～)畜(牲～)触

chuan　①川穿 ②传船 ③喘 ④串

chuang①创(～伤)疮窗②床 ③闯 ④创(～造)

chui　①吹炊 ②垂锤

chun　①春 ②纯唇 ③蠢

c-

ca　①擦

cai　①猜 ②才材财裁 ③采彩睬踩 ④菜

can　①参餐 ②残蚕惭 ③惨 ④灿

cang　①仓苍舱 ②藏

cao　①操 ②槽 ③草

ce　④册厕侧测策

ceng　②层曾

ci　①差(参～) ②词辞慈磁 ③此 ④次刺

cong　①匆葱聪 ②从丛

cou　④凑

cu　①粗 ④促醋

cuan　④窜

cui　①催摧 ④脆翠

cun　①村 ②存 ④寸

cuo　④错

3. 齿唇音 f 的发音训练

福建、广东潮州、海南文昌、湖南双峰以及湖北的沔阳、巴东等地的方言里没有齿唇音 f(属中古轻唇声母)。普通话读 f 声母的字,在闽方言口语(白读)中一般读作双唇塞音[p][p‘],而在书面语(文读)中一般读作擦音[x]或[h]。虽然这些方言没有 f 声母,但单独学习它的本音并不十分困难。江西南昌、湖南长沙方言中齿唇音 f,齿唇作用不明显,带有双唇摩擦,音值接近双唇清擦音[φ]。

学习普通话 f 声母特别注意上唇不要参与发音,发音时舌根不要抬高。除音节 fu 、 fo 外，双唇不要拢圆，发音时自然展唇。

第 6 组

fa fan fang fei fen

feng fou fu fo

发 fā 翻 fān 方 fāng 非 fēi 分 fēn

风 fēng 否 fǒu 复 fù 佛 fó

第 7 组

f-f 发奋 fāfèn 反复 fǎnfù 方法 fāngfǎ 芬芳 fēnfāng

丰富 fēngfù 夫妇 fūfù 吩咐 fēnfù 肺腑 fèifǔ

非凡 fēifán 放风 fàngfēng 仿佛 fǎngfú 非法 fēifǎ

f 声母字可以利用汉字声旁记忆。

f 声母代表字的类推：

伐 fá — 阀 fá 筏 fá

凡 fán — 帆 fān 矾 fán

反 fǎn — 返 fǎn 饭 fàn 贩 fàn

方 fāng — 坊 fáng 芳 fāng 防 fáng 妨 fáng

房 fáng 肪 fáng 仿 fǎng 访 fǎng

纺 fǎng 放 fàng

非 fēi — 菲 fēi 啡 fēi 诽 fěi 匪 fěi

分 fēn — 芬 fēn 吩 fēn 纷 fēn 氛 fēn 粉 fěn

份 fèn 忿 fèn

峰 fēng — 锋 fēng 蜂 fēng

风 fēng — 枫 fēng 疯 fēng 讽 fěng

夫 fū — 肤 fū 麸 fū 芙 fú 扶 fú

付 fù — 符 fú　府 fǔ　俯 fǔ　腐 fǔ　附 fù　咐 fù

甫 fǔ — 敷 fú　辅 fǔ　脯 fǔ　傅 fù　缚 fù

佛 fú — 拂 fú　沸 fèi　费 fèi

复 fù — 腹 fù　覆 fù

福 fú — 幅 fú　辐 fú　蝠 fú　副 fù　富 fù

利用汉字声旁判断读音：

1）声旁读 b 的字：

肥 féi　肺 fèi（声旁读 bei）否 fǒu　愤 fèn　赴 fù

2）声旁与读 b 、p 的字有关：

反 fǎn（板 bǎn）— 返 fǎn　饭 fàn　贩 fàn

方 fāng（旁 páng）— 放 fàng　纺 fǎng　访 fǎng

仿 fǎng　房 fáng　肪 fáng

妨 fáng　坊 fáng

非 fēi（悲 bēi　排 pái）— 诽 fěi　啡 fēi　菲 fēi　匪 fěi

分 fēn（扮 bàn　盆 pén）— 份 fèn　粉 fěn　忿 fèn

氛 fēn　纷 fēn　吩 fēn

甫 fǔ（捕 bǔ）— 辅 fǔ　脯 fǔ

（逼 bī）— 富 fù　副 fù　蝠 fú　辐 fú　幅 fú　福 fú

（博 bó）— 缚 fù　敷 fú

附：齿唇音 f 声母字字表（3500 常用字以内）

fa　①发 ②乏伐罚阀※筏 ③法 ④发（理～）

fan　①帆番翻 ②凡烦繁※矾樊 ③反返 ④犯饭泛范贩

fang　①方坊芳 ②防坊妨房※肪 ③仿访纺 ④放

fei　①飞非※菲啡②肥③匪※诽菲④肺废沸※吠

fen　①分芬吩纷※氛②坟※焚③粉④分份奋粪愤※忿

feng　①丰风封疯峰※枫②逢缝※冯③讽④凤奉缝

fo　②佛

fou　③否

fu　①夫肤※麸孵敷②伏扶佛服俘浮符幅福※凫芙拂袱辐蝠③抚斧府俯辅腐※甫脯④父付负妇附咐服赴复副傅富腹覆※赋缚

4. 舌面后音 h 的发音训练

汉语方言中大都有舌面后清擦音声母 h[x]或近似于这个音的音。受方言影响出现的主要问题是发音部位靠后,如讲吴语的人;甚至发成喉部的擦音,如讲闽语的人。纠正的时候,防止舌头过于后缩,舌面后部隆得太高。由于擦音的部位比塞音难掌握,可以先体会同部位的 g、k,然后配上元音 e 构成音节进行引导,利于体会 h 的发音部位。词语的练习选用前一个音节声母是 g 、k 的音节引导。如果前面的音节的韵尾是 -ng 更利于纠正发音(※前面的词语)。

第 8 组 ge—he ke—he ge—ha ke—ha

g-h	刚好 gānghǎo	钢花 gānghuā	共和 gònghé
	更换 gēnghuàn	公海 gōnghǎi	公函 gōnghán
	工会 gōnghuì	光滑 guānghuá	光辉 guānghuī
※	改行 gǎiháng	改换 gǎihuàn	改悔 gǎihuǐ
	干旱 gānhàn	干活 gànhuó	干货 gānhuò
	感化 gǎnhuà	高呼 gāohū	高喊 gāohǎn

隔阂 géhé　　篝火 gōuhuǒ　　勾画 gōuhuà
沟壑 gōuhè　　古话 gǔhuà　　怪话 guàihuà
官话 guānhuà　　关怀 guānhuái　　规划 guīhuà
归还 guīhuán　　鬼话 guǐhuà　　国画 guóhuà
过后 guòhòu

k-h　抗旱 kànghàn　　坑害 kēnghài　　空话 kōnghuà
狂欢 kuánghuān　※看护 kānhù　　开航 kāiháng
开花 kāihuā　　开会 kāihuì　　考核 kǎohé
可恨 kěhèn　　刻画 kèhuà　　口号 kǒuhào
枯黄 kūhuáng　　苦海 kǔhǎi　　快活 kuàihuó
宽厚 kuānhòu

h 声母字可以利用汉字声旁记忆。

h (hu-)声母代表字类推：

户 hù — 护 hù　沪 hù
胡 hú — 糊 hú　湖 hú　葫 hú　蝴 hú
化 huà — 花 huā　哗 huā　华 huá　桦 huà　货 huò
换 huàn — 涣 huàn　焕 huàn　唤 huàn　痪 huàn
皇 huáng — 凰 huáng　惶 huáng　煌 huáng　蝗 huáng
荒 huāng — 慌 huāng　谎 huǎng
晃 huǎng — 恍 huǎng　幌 huǎng
回 huí — 茴 huí　蛔 huí　徊 huái
挥 huī — 辉 huī　浑 hún
悔 huǐ — 诲 huì　晦 huì
红 hóng — 虹 hóng　鸿 hóng

洪 hóng — 哄 hǒng　烘 hōng

利用汉字声旁判断 h 声母字：

1）声旁读 g 的字：

划 huá　滑 huá　猾 huá　槐 huái　哄 hǒng　烘 hōng

红 hóng　虹 hóng　鸿 hóng　狐 hú　晃 huàng　恍 huǎng

幌 huǎng 溃(～脓)huì

2）声旁读 k 的字：

混 hùn　馄 hún

3）声旁读 j 的字：

浑 hún　荤 hūn　挥 huī　辉 huī

4）声旁与读 k 的字有关：

灰 huī（盔 kuī）— 恢 huī

会 huì（脍 kuài）— 绘 huì

5）声旁是以 i 、u 、ü 开头的字：

i- — 贿 huì

u- — 讳 huì　煌 huáng　凰 huáng　蝗 huáng　惶 huáng

ü- — 缓 huǎn　魂 hún

5. 齿唇音 f 与舌面后音 h (hu-) 的区分

普通话声母 f 和 h 发音方法相同，都是擦音，只是发音部位不同。f 是由下唇内缘和上齿接近，而 h 是舌面后同软腭与硬腭的交界处接近。发 f 的时候，舌面后不要抬高，同时唇形不要拢圆。发音 h 的时候则要避免齿唇部位的接触。方言中除闽方言没有 f 声母外，其他方言主要是 h 声母字混入 f 声母字。

f-h(hu-) 对比的音节有 8 对(方言中把 huai 读作 fai，普通话没有 fai 这个音节)。

第 9 组 fu—hu fa—hua fo—huo

fei—hui fan—huan fen—hun

fang—huang feng—hong

服 fú — 湖 hú　发 fā — 花 huā　佛 fó — 活 huó

非 fēi — 挥 huī　范 fàn — 换 huàn

方 fāng — 慌 huāng　风 fēng — 轰 hōng

第 10 组

f-h(hu-)	发话 fāhuà	发狠 fāhěn	发慌 fāhuāng
	发挥 fāhuī	发火 fāhuǒ	反悔 fǎnhuǐ
	繁华 fánhuá	返回 fǎnhuí	饭盒 fànhé
	防洪 fánghóng	防护 fánghù	放火 fànghuǒ
	废话 fèihuà	分毫 fēnháo	分化 fēnhuà
	粉红 fěnhóng	丰厚 fēnghòu	风华 fēnghuá
	缝合 fénghé	奉还 fènghuán	凤凰 fènghuáng
	腐化 fǔhuà	浮华 fúhuá	伏法 fúfǎ
	符合 fúhé	富豪 fùháo	复合 fùhé
	复活 fùhuó	附和 fùhè	附会 fùhuì
h(hu-)-f	豪放 háofàng	豪富 háofù	毫发 háofà
	耗费 hàofèi	号房 hàofáng	浩繁 hàofán
	河防 héfáng	何妨 héfáng	合法 héfǎ
	和风 héfēng	横幅 héngfú	洪峰 hóngfēng
	洪福 hóngfú	后方 hòufāng	花房 huāfáng

花费 huāfèi　花粉 huāfěn　话锋 huàfēng
画幅 huàfú　划分 huàfēn　化肥 huàféi
荒废 huāngfèi　黄蜂 huángfēng　挥发 huīfā
恢复 huīfù　回复 huífù　会费 huìfèi
混纺 hùnfǎng　伙夫 huǒfū

第 11 组

浮水 fúshuǐ — 湖水 húshuǐ
航空 hángkōng — 防空 fángkōng
花费 huāfèi — 花卉 huāhuì
幅度 fúdù — 弧度 húdù
华丽 huálì — 乏力 fálì
犯病 fànbìng — 患病 huànbìng
公费 gōngfèi — 工会 gōnghuì
分钱 fēnqián — 婚前 hūnqián
烘箱 hōngxiāng — 风箱 fēngxiāng
船夫 chuánfū — 传呼 chuánhū
富丽 fùlì — 互利 hùlì
发展 fāzhǎn — 花展 huāzhǎn

6. 舌尖中鼻音 n 的发音训练

在武汉、成都、长沙等地的方言里，n 、l 可以自由变读；这些地方的人在初学普通话时，发 n 常常不是纯粹的鼻音，听起来带有 l 的色彩。这是因为他们发 n 的时候，口腔没有完全封闭，有气流从舌头一侧或两侧透出。纠正的方法：可以先体会 n 的本音。舌尖抵住上齿龈，这是着力点，同时舌的两侧跟上腭的两侧形成弧形闭合；软腭下降，气流只能从鼻腔透出；声带振动。n 发音时可以延长，发准本音之后，便可以利用下面的词语进行训练。

第 12 组 n—na　n—ne　n—ni　n—nu

n—nü　an—na　en—ne　yin—ni

第 13 组

-n～n- 搬弄 bānnòng　本能 běnnéng　电钮 diànniǔ

断奶 duànnǎi　繁难 fánnán　愤怒 fènnù

观念 guānniàn　艰难 jiānnán　今年 jīnnián

判逆 pànnì　前年 qiánnián　亲昵 qīnnì

神女 shénnǚ　新年 xīnnián　信念 xìnniàn

忍耐 rěnnài

这组训练材料选用前一个音节的韵尾是 -n 的词语，可以利用"顺同化"的原理，促使发准后面一个音节开头鼻音声母 n。这组材料反复训练过后，在巩固的基础上再选用其他带 n 声母的音节训练。

n 声母字可以利用汉字声旁记忆。

n 声母代表字的类推：

那 nà — 哪 nǎ　娜 nà　挪 nuó

内 nèi — 纳 nà　呐 nà　钠 nà

尼 ní — 泥 ní　呢 ní　昵 nì

宁 níng — 拧 nǐng　狞 níng　柠 níng　泞 nìng

扭 niǔ — 纽 niǔ　钮 niǔ

奴 nú — 努 nǔ　怒 nù

农 nóng — 浓 nóng 脓 nóng

利用汉字声旁判断 n 声母字：

1）声旁读卷舌 er 的字：

你 nǐ 腻 nì 聂 niè 镊 niè 您 nín

懦 nuò 糯 nuò 耐 nài

2）声旁读 r 的字：

匿 nì 诺 nuò 溺 nì

3）声旁与读 r 的字有关：

乃 nǎi（仍 réng）— 奶 nǎi

内 nèi（芮 ruì）— 纳 nà 呐 nà 钠 nà

4）声旁读 zh 、ch 、sh 的字：

zh — 粘 nián 碾 niǎn

ch — 钮 niǔ 纽 niǔ 扭 niǔ

sh — 奈 nài 尿 niào

5）声旁是以 i 开头的字：

挠 náo 拟 nǐ 蔫 niān 凝 níng 拗 niù

7. 边音 l 的发音训练

普通话声母只有一个舌尖中的边音。它发音时，舌尖抵住上齿龈，但舌的前半部下凹，舌的两侧跟上腭两侧保持适度的距离；软腭上升，封闭了鼻腔通路，声带振动；气流从舌的两侧跟两颊的内侧形成的间隙通过，从口腔里透出。受方言影响，有些地区的人学习普通话初期，边音声母 l 的发音容易带有鼻化音色彩，这主要是由于软腭提升不够，有气息从鼻腔残漏。纠正的方法有两个：一个是如果发音人能发准确单元音 a,不带鼻化。可以在声母 l 的前后各加一个 a, l 被夹在中间反复读 ala,用这个方法促使软腭提升。另一个是在带 l 声母的音节前加上 ga 、 ge 或 ka 、 ke 等音节,借助舌面后音声母 g 、 k,也可以帮助体会软腭的提升动作。

第 14 组 a—la　a—le　a—lai
a—lao　a—lei　a—lou
ga—la　ga—le　ga—lai
ga—lao　ga—lei　ga—lou
ge—la　ge—le　ge—lai
ge—lao　ge—lei　ge—lou

在有些方言里,如说合肥话、扬州话的人在学习普通话时,在开口呼、合口呼韵母前,可以发准声母 l,而在齐齿呼、撮口呼前容易发成鼻音。对此,可以将齐齿呼、撮口呼的音节夹在中间进行训练。

第 15 组 la—la—li—la　la—la—lia—la
la—la—lie—la　la—la—liao—la
la—la—liu—la　la—la—lü—la
la—la—lüe—la

只要其中有一个音节发音比较准确了,就可以参照上面的方法,用这个音节引导发音。但是,当音节中声母 l 的发音还不准确的时候,要避免用韵尾是鼻音的音节训练。下面一组的材料就是属于这类情况,要放到巩固提高时进行训练。

第 16 组 la—la—lan—la　la—la—lang—la
la—la—leng—la　la—la—lian—la
la—la—lin—la　la—la—liang—la

la—la—ling—la

下面的词语练习要根据练习人的实际情况选择。

第 17 组

拉力 lālì　　蜡疗 làliáo　　来历 láilì　　来路 láilù

劳累 láolèi　　劳力 láolì　　劳碌 láolù　　老路 lǎolù

磊落 lěiluò　　冷落 lěngluò　　理疗 lǐliáo　　利率 lìlǜ

利落 lìluo　　料理 liàolǐ　　流利 liúlì　　流露 liúlù

流落 liúluò　　辘轳 lùlú　　罗列 luóliè　　裸露 luǒlù

第 18 组

拉拢 lālǒng　　来临 láilín　　牢笼 láolóng　　老练 lǎoliàn

勒令 lèlìng　　理论 lǐlùn　　力量 lìliang　　流浪 liúlàng

流量 liúliàng　　留恋 liúliàn

第 19 组

拉链 lāliàn　　拦路 lánlù　　蓝缕 lánlǚ　　朗朗 lǎnglǎng

联络 liánluò　　连累 liánlèi　　量力 liànglì　　林立 línlì

凌乱 língluàn　　零落 língluò　　玲珑 línglóng　　伶俐 línglì

领路 lǐnglù　　笼络 lǒngluò　　沦落 lúnluò　　轮流 lúnliú

伦理 lúnlǐ

第 19 组的词语音节搭配对学习声母 l 比较困难，不要安排在初学阶段，放到巩固提高时候训练。

l 声母字可以利用汉字声旁记忆。

l 声母代表字的类推：

腊 là — 蜡 là　猎 liè

辣 là — 喇 lǎ　癞 lài　懒 lǎn

兰 lán — 拦 lán　栏 lán　烂 làn

览 lǎn — 揽 lǎn　缆 lǎn　榄 lǎn

蓝 lán — 篮 lán　滥 làn

劳 láo — 捞 lāo　唠 láo　涝 lào

雷 léi — 擂 lèi　蕾 lěi

累 lèi — 骡 luó　螺 luó

力 lì — 荔 lì　劣 liè　勒 lè　肋 lèi

历 lì — 沥 lì　雳 lì

立 lì — 粒 lì　拉 lā　啦 lā

里 lǐ — 哩 lǐ　厘 lí　狸 lí　理 lǐ　鲤 lǐ　量 liàng

利 lì — 梨 lí　犁 lí　俐 lì　莉 lì　痢 lì

离 lí — 漓 lí　篱 lí　璃 lí

瞭 liáo — 疗 liáo　辽 liáo

菱 líng — 陵 líng　棱 léng　凌 líng

令 lìng — 伶 líng　玲 líng　铃 líng　蛉 líng　翎 líng
　　零 líng
　　龄 líng　岭 lǐng　领 lǐng　冷 lěng

列 liè — 咧 liě　烈 liè　裂 liè　例 lì

连 lián — 莲 lián　链 liàn

两 liǎng — 俩 liǎ　辆 liàng

良 liáng — 粮 liáng　郎 láng　廊 láng　狼 láng
　　琅 láng　榔 láng　朗 lǎng　浪 làng

凉 liáng — 谅 liàng　晾 liàng　掠 lüè

燎 liáo — 撩 liāo　僚 liáo　嘹 liáo　潦 liáo　缭 liáo

镣 liào

林 lín — 淋 lín　琳 lín　婪 lán

流 liú — 琉 liú　硫 liú

留 liú — 溜 liū　榴 liú　瘤 liú　馏 liù

娄 lóu — 搂 lǒu　楼 lóu　篓 lǒu　屡 lǚ　缕 lǚ

龙 lóng — 咙 lóng　胧 lóng　聋 lóng　笼 lóng　垄 lǒng

卢 lú — 庐 lú　芦 lú　炉 lú　颅 lú　驴 lǘ

录 lù — 碌 lù　绿 lǜ　氯 lǜ

吕 lǚ — 侣 lǚ　铝 lǚ

仑 lún — 抡 lūn　伦 lún　沦 lún　论 lùn　轮 lún

罗 luó — 逻 luó　萝 luó　锣 luó　箩 luó

洛 luò — 落 luò　络 luò　骆 luò　烙 lào　酪 lào　略 lüè

赂 luò

利用汉字声旁判断 l 声母字：

1）声旁读 g 的字：

络 luò　烙 lào　酪 lào　裸 luǒ　骆 luò　洛 luò　落 luò

2）声旁读 h 的字：

芦 lú　炉 lú　庐 lú　颅 lú　驴 lǘ　虑 lǜ　虏 lǔ

3）声旁读 j 的字：

蓝 lán　篮 lán　滥 làn　澜 lán　廉 lián　镰 lián

凉 liáng　谅 liàng　晾 liàng

4）声旁读 q 的字：

脸（“佥”读 qiān）liǎn　敛 liàn

5）声旁读 x 的字：

腊 là　蜡 là　猎 liè

8. 鼻音 n 和边音 l 的区分

n-l 对比的音节有 22 对。lou、lia、lun、nen 没有对比的音节(nou"耨"是文言所用的音节)。

第 20 组

na—la　ne—le　nai—lai　nei—lei

nao—lao　nan—lan　nang—lang

neng—leng　ni—li　nie—lie

niao—liao　niu—liu　nian—lian

nin—lin　niang—liang　ning—ling

nu—lu　nuan—luan　nong—long

nü—lü　nüe—lüe

第 21 组

拿 ná — 拉 lā　奈 nài — 赖 lài

内 nèi — 类 lèi　脑 nǎo — 老 lǎo

南 nán — 兰 lán　囊 náng — 郎 láng

能 néng — 棱 léng　你 nǐ — 里 lǐ

捏 niē — 列 liè　鸟 niǎo — 辽 liáo

牛 niú — 流 liú　年 nián — 连 lián

您 nín — 林 lín　娘 niáng — 良 liáng

宁 níng — 零 líng　奴 nú — 卢 lú

诺 nuò — 落 luò　暖 nuǎn — 卵 luǎn

农 nóng — 龙 lóng　女 nǚ — 旅 lǚ

虐 nüè — 略 lüè

第 22 组

n-l	哪里 nǎlǐ	纳凉 nàliáng	奶酪 nǎilào
	耐劳 nàiláo	脑力 nǎolì	内涝 nèilào
	内陆 nèilù	内乱 nèiluàn	能力 nénglì
	能量 néngliàng	泥疗 níliáo	逆流 nìliú
	年历 niánlì	年龄 niánlíng	年轮 niánlún
	凝练 nínglìàn	农历 nónglì	农林 nónglín
	努力 nǔlì	女郎 nǚláng	暖流 nuǎnliú
l-n	来年 láinián	烂泥 lànní	老娘 lǎoniáng
	累年 lěinián	冷暖 lěngnuǎn	历年 lìnián
	连年 liánnián	两难 liǎngnán	林农 línnóng
	流脑 liúnǎo	留念 liúniàn	遛鸟 liùniǎo
	落难 luònàn		

注意:要先安排 n 、l 单独的训练,对比练习应放到分别训练之后。

第五讲　声母(二)

四、声母的发音(续前)

j [tɕ] 舌面前不送气清塞擦音

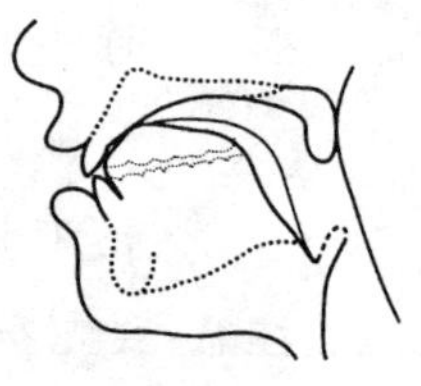

舌尖抵住下门齿背,使前舌面贴紧前硬腭,软腭上升,关闭鼻腔通路。在阻塞的部位后面积蓄气流,突然解除阻塞时,在原形成闭塞的部位之间保持适度的间隙,使气流从间隙透出而成声。

发音例词:

j-j 激进 jījìn　积极 jījí　击剑 jījiàn　机警 jījǐng
集结 jíjié　即将 jíjiāng　寂静 jìjìng　计较 jìjiào
寄居 jìjū　季节 jìjié　家教 jiājiào　家景 jiājǐng
家具 jiājù　家眷 jiājuàn　夹击 jiājī　佳节 jiājié
加紧 jiājǐn　加剧 jiājù　嘉奖 jiājiǎng　嫁接 jiàjiē
间架 jiānjià　坚决 jiānjué　艰巨 jiānjù　间接 jiànjiē
检举 jiǎnjǔ　见机 jiànjī　建交 jiànjiāo　健将 jiànjiàng
将军 jiāngjūn　将近 jiāngjìn　将就 jiāngjiu　僵局 jiāngjú
奖金 jiǎngjīn　讲解 jiǎngjiě　讲究 jiǎngjiu　讲课 jiǎngkè

交际 jiāojì	交接 jiāojiē	交卷 jiāojuàn	胶卷 jiāojuǎn
焦距 jiāojù	矫健 jiǎojiàn	矫捷 jiǎojié	脚尖 jiǎojiān
教具 jiàojù	接见 jiējiàn	接近 jiējìn	阶级 jiējí
洁净 jiéjìng	结交 jiéjiāo	结晶 jiéjīng	结局 jiéjú
节俭 jiéjiǎn	捷径 jiéjìng	竭尽 jiéjìn	解决 jiějué
借鉴 jièjiàn	金橘 jīnjú	紧急 jǐnjí	进军 jìnjūn
近郊 jìnjiāo	近景 jìnjǐng	京剧 jīngjù	精简 jīngjiǎn
经济 jīngjì	经久 jīngjiǔ	警句 jǐngjù	警觉 jǐngjué
境界 jìngjiè	竞技 jìngjì	究竟 jiūjìng	酒精 jiǔjīng
就近 jiùjìn	救济 jiùjì	拘谨 jūjǐn	居家 jūjiā
举荐 jǔjiàn	聚集 jùjí	绝迹 juéjì	军舰 jūnjiàn

q [tɕʻ] 舌面前送气清塞擦音

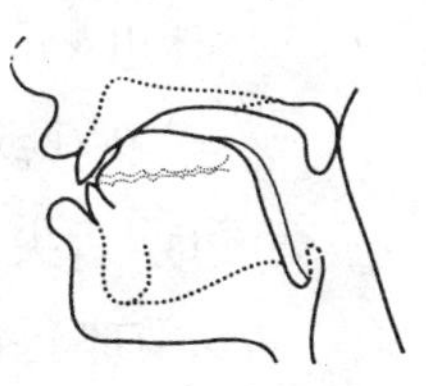

成阻阶段与 j 相同。与 j 不同的是当前舌面与前硬腭分离并形成适度间隙的时候，声门开启，气流压力增强，擦的阶段用较强气流发出。

发音例词：

q-q	漆器 qīqì	七窍 qīqiào	凄切 qīqiè	齐全 qíquán
	骑墙 qíqiáng	祈求 qíqiú	弃权 qìquán	气枪 qìqiāng
	气球 qìqiú	恰巧 qiàqiǎo	牵强 qiānqiáng	千秋 qiānqiū
	前驱 qiánqū	欠缺 qiànquē	抢亲 qiǎngqīn	窃取 qièqǔ
	亲戚 qīnqi	亲切 qīnqiè	清漆 qīngqī	轻巧 qīngqiǎo
	情趣 qíngqù	请求 qǐngqiú	求全 qiúquán	取巧 qǔqiǎo
	全球 quánqiú	缺欠 quēqiàn	缺勤 quēqín	确切 quèqiè

x [ɕ] 舌面前清擦音

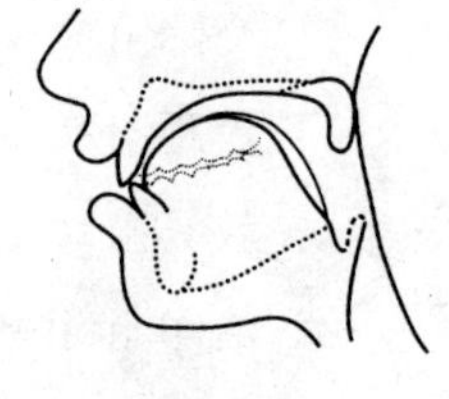

舌尖抵住下齿背，使前舌面接近硬腭前部，形成适度的间隙，气流从空隙摩擦通过。

发音例词：

x-x 嬉笑 xīxiào　习性 xíxìng　喜讯 xǐxùn　细心 xìxīn
狭小 xiáxiǎo　下乡 xiàxiāng　下旬 xiàxún　鲜血 xiānxuè
纤细 xiānxì　闲心 xiánxīn　显现 xiǎnxiàn　险些 xiǎnxiē
现象 xiànxiàng　现行 xiànxíng　相信 xiāngxìn　乡下 xiāngxia
详细 xiángxì　想象 xiǎngxiàng　象形 xiàngxíng　消息 xiāoxi
小学 xiǎoxué　歇息 xiēxi　心胸 xīnxiōng　新鲜 xīnxiān
新型 xīnxíng　信箱 xìnxiāng　信心 xìnxīn　兴修 xīngxiū
行凶 xíngxiōng　行星 xíngxīng　凶险 xiōngxiǎn　雄心 xióngxīn
休想 xiūxiǎng　虚心 xūxīn　喧嚣 xuānxiāo　选修 xuǎnxiū
学习 xuéxí　学校 xuéxiào　血型 xuèxíng　循序 xúnxù

zh [tʂ] 舌尖后不送气清塞擦音

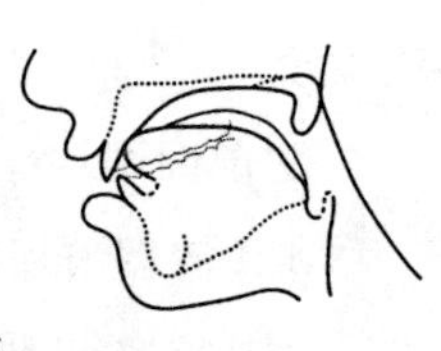

舌头前部上举，舌尖抵住硬腭最前端，同时软腭上升，关闭鼻腔通路。在形成阻塞的部位后积蓄气流，突然解除阻塞时，在原形成闭塞的部位之间保持适度的距离，使气流从间隙透出而成声。

发音例词：

zh-zh 扎针 zhāzhēn　债主 zhàizhǔ
站住 zhànzhù　战争 zhànzhēng
长者 zhǎngzhě　招展 zhāozhǎn
招致 zhāozhì　昭彰 zhāozhāng

折中 zhézhōng　　折纸 zhézhǐ
真正 zhēnzhèng　　真挚 zhēnzhì
珍重 zhēnzhòng　　珍珠 zhēnzhū
诊治 zhěnzhì　　针织 zhēnzhī
争执 zhēngzhí　　证章 zhèngzhāng
政治 zhèngzhì　　支柱 zhīzhù
执照 zhízhào　　执政 zhízhèng
纸张 zhǐzhāng　　指正 zhǐzhèng
制止 zhìzhǐ　　忠贞 zhōngzhēn
终止 zhōngzhǐ　　种植 zhòngzhí
周转 zhōuzhuǎn　　蜘蛛 zhīzhū
主张 zhǔzhāng　　注重 zhùzhòng
住宅 zhùzhái　　住址 zhùzhǐ
助长 zhùzhǎng　　专职 zhuānzhí
专政 zhuānzhèng　　转折 zhuǎnzhé

ch [tʂʻ] 舌尖后送气清塞擦音

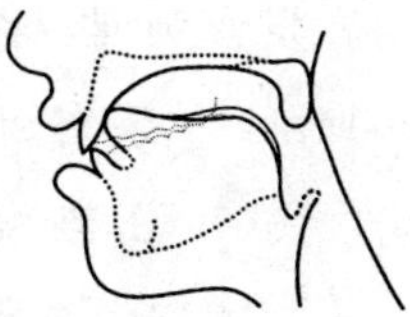

成阻阶段与 zh 相同。与 zh 不同的，是在突然解除阻塞时，声门开启，气流压力增强，擦的阶段用较强气流发出。

发音例词：

ch-ch 叉车 chāchē　　查抄 cháchāo
拆穿 chāichuān　　铲除 chǎnchú
长处 chángchu　　长城 Chángchéng
超产 chāochǎn　　超出 chāochū

车床 chēchuáng　　成虫 chéngchóng
城池 chéngchí　　惩处 chéngchǔ
踟蹰 chíchú　　驰骋 chíchěng
充斥 chōngchì　　重唱 chóngchàng
抽查 chōuchá　　踌躇 chóuchú
愁肠 chóucháng　　臭虫 chòuchóng
初创 chūchuàng　　出差 chūchāi
出产 chūchǎn　　出场 chūchǎng
出处 chūchù　　橱窗 chúchuāng
除尘 chúchén　　穿插 chuānchā
传抄 chuánchāo　　唇齿 chúnchǐ
戳穿 chuōchuān

sh [ʂ] 舌尖后清擦音

舌头前部上举，接近硬腭最前端，形成适度的间隙；同时软腭上升，关闭鼻腔通路；使气流从间隙摩擦通过而成声。

发音例词：

sh-sh 杀伤 shāshāng　　山水 shānshuǐ
山势 shānshì　　闪身 shǎnshēn
闪烁 shǎnshuò　　膳食 shànshí
伤神 shāngshén　　赏识 shǎngshí
上身 shàngshēn　　上升 shàngshēng
上声 shǎngshēng　　上述 shàngshù
烧伤 shāoshāng　　少数 shǎoshù

舍身 shěshēn　设施 shèshī
射手 shèshǒu　深山 shēnshān
身受 shēnshòu　身世 shēnshì
神圣 shénshèng　声势 shēngshì
生疏 shēngshū　省事 shěngshì
施舍 shīshě　尸首 shīshǒu
时事 shíshì　事实 shìshí
誓师 shìshī　收拾 shōushi
首饰 shǒushi　手势 shǒushì
手术 shǒushù　受伤 shòushāng
舒适 shūshì　书生 shūshēng
熟睡 shúshuì　述说 shùshuō
甩手 shuǎishǒu　双声 shuāngshēng
水手 shuǐshǒu　税收 shuìshōu
顺手 shùnshǒu　说书 shuōshū
硕士 shuòshì

r [ʐ] 舌尖后浊擦音

舌头前部上举，接近硬腭最前端，形成适度间隙；同时软腭上升，关闭鼻腔通路；声带颤动，气流从间隙中摩擦通过。

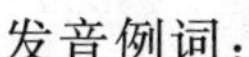

发音例词：

r-r 嚷嚷 rāngrang　忍让 rěnràng　忍辱 rěnrǔ　人人 rénrén
仍然 réngrán　容忍 róngrěn　荣辱 róngrǔ　柔软 róuruǎn
柔弱 róuruò　濡染 rúrǎn　如若 rúruò　软弱 ruǎnruò

闰日 rùnrì

z［ts］舌尖前不送气清塞擦音

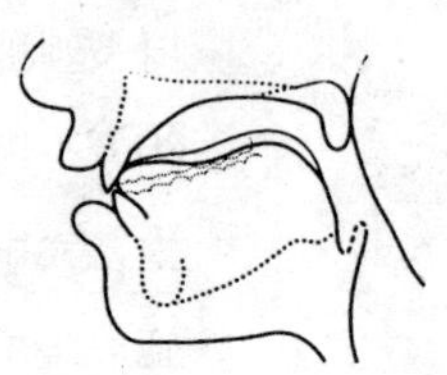

舌尖抵住上门齿背形成阻塞，在阻塞的部位后积蓄气流；同时软腭上升，关闭鼻腔通路；突然解除阻塞时，在原形成阻塞的部位之间保持适度的距离，使气流从间隙透出而成声。

发音例词：

z-z 咂嘴 zāzuǐ　栽赃 zāizāng　再造 zàizào　在座 zàizuò

藏族 Zàngzú　遭罪 zāozuì　造作 zàozuò　自在 zìzài

自尊 zìzūn　宗族 zōngzú　总则 zǒngzé　走卒 zǒuzú

走嘴 zǒuzuǐ　祖宗 zǔzong　罪责 zuìzé　做作 zuòzuo

c［ts‘］舌尖前送气清塞擦音

成阻阶段与 z 相同。与 z 不同的是在突然解除阻塞时，声门开启，气流压力增强，因而，擦的阶段用较强气流发出成声。

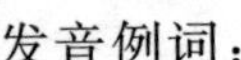

发音例词：

c-c 猜测 cāicè　残存 cáncún　仓促 cāngcù　苍翠 cāngcuì

草丛 cǎocóng　参差 cēncī　从此 cóngcǐ　催促 cuīcù

措辞 cuòcí　粗糙 cūcāo　葱翠 cōngcuì　草草 cǎocǎo

苍翠 cāngcuì

s［s］舌尖前清擦音

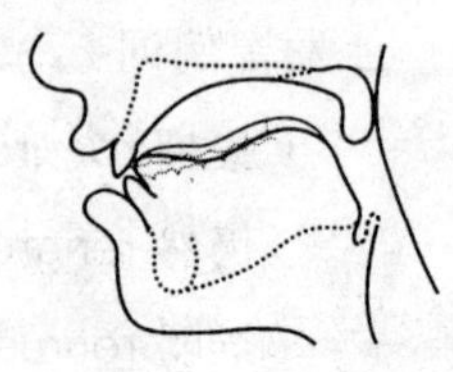

舌尖接近上门齿背，形成间隙；同时软腭上升，关闭鼻腔通路；使气流从间隙摩擦而通过成声。

发音例词：

s-s 洒扫 sǎsǎo　缫丝 sāosī　嫂嫂 sǎosao　色素 sèsù
僧俗 sēngsú　思索 sīsuǒ　四散 sìsàn　松散 sōngsǎn
送死 sòngsǐ　搜索 sōusuǒ　诉讼 sùsòng　速算 sùsuàn
琐碎 suǒsuì

五、零声母

每个汉语音节都可以分析成声母和韵母两部分，每个汉字字音结构也都有声母、韵母和声调三部分构成。没有辅音声母的音节称为零声母音节。零声母也是一种声母。零声母的“零”不等于“没有”，它占一个位置，这个位置是个“虚位”，在研究语音的历史演变或进行方言比较研究时具有实际的意义。

汉语拼音方案规定的是拼写方式，当然声母表里没有设计出字母来表示零声母(方言研究一般用[Ø]表示)。汉语拼音方案的韵母表中规定了隔音字母 y、w 的用法，目前小学拼音教学把它们当作声母教，实际就是在 21 个辅音声母之外加上了零声母。

实验语音学证明，零声母往往也有特定的、具有某些辅音特性的起始方式。普通话零声母可以分为两类，一类是开口呼零声母，一类是非开口呼零声母。

非开口呼零声母即除开口呼以外的齐齿呼、合口呼、撮口呼三种零声母的起始方式：

齐齿呼零声母音节用汉语拼音表示，是以隔音字母 y 开头，由于起始部分没有辅音声母，实际发音带有轻微摩擦，是半元音

[j],半元音仍属辅音类。合口呼零声母音节用汉语拼音表示,是以隔音字母 w 开头,实际发音带有轻微摩擦,是半元音[w]。撮口呼零声母音节用汉语拼音表示,是以隔音字母 y(yu)开头,实际发音带有轻微的摩擦,是半元音[ɥ]。由此可见,y、w 两个隔音字母的设计有语音学的依据,它们不只是在音节与音节相连中起分隔音节的作用,而且表示一定的实际读音,这与纯粹起隔音作用的隔音符号不同。

开口呼零声母没有拼音字母表示。不经过专门的语音训练,人们一般感觉不到以 ɑ、o、e 开头的音节还有辅音形式存在,因为这些音节开头的辅音形式没有辨义作用。普通话开口呼零声母主要有两种起始形式:

一种是以喉塞音[ʔ]开始。喉塞音即声带处声门紧闭,发音时突然放开成声。可以体会诵读诗歌以"啊"抒情时的发音,或全身用力(如搬重物)时所发的开口呼音。另一种是以软腭通音[ɣ]或以舌面浊擦音[ɥ]开始。通音即无擦通音,比擦音摩擦轻微。这个音是舌面后(舌根)向软腭接近,形成间隙,声带振动,气流通过间隙发出轻微的摩擦而成声。发音强调用力时多以喉塞音起始,反之则可能以软腭通音(或舌面后浊擦音)起始。这两种形式常见于口语语流中,由于它们不起辨义作用,人们往往不加注意。

发音例词:

零声母—零声母

※(开口呼零声母—开、齐、合、撮零声母)

恩爱 ēn'ài	偶尔 ǒu'ěr	阿姨 āyí	安逸 ānyì
熬夜 áoyè	恶意 èyì	扼要 èyào	而已 éryǐ

欧阳 Ōuyáng　安稳 ānwěn　安慰 ānwèi　额外 éwài
讹误 éwù　耳闻 ěrwén　哀怨 āiyuàn　按语 ànyǔ
阿谀 ēyú　厄运 èyùn　恩怨 ēnyuàn

※(齐齿呼零声母—开、齐、合、撮零声母)

沿岸 yán'àn　要隘 yào'ài　阴暗 yīn'àn　银耳 yín'ěr
幼儿 yòu'ér　因而 yīn'ér　友爱 yǒu'ài　婴儿 yīng'ér
诱饵 yòu'ěr　演义 yǎnyì　艳阳 yànyáng　洋溢 yángyì
扬言 yángyán　谣言 yáoyán　摇曳 yáoyè　耀眼 yàoyǎn
野营 yěyíng　一样 yīyàng　医药 yīyào　意义 yìyì
益友 yìyǒu　抑扬 yìyáng　异样 yìyàng　阴影 yīnyǐng
营业 yíngyè　悠扬 yōuyáng　友谊 yǒuyì　油印 yóuyìn
蚰蜒 yóuyán　眼窝 yǎnwō　厌恶 yànwù　阎王 Yánwang
延误 yánwù　药物 yàowù　要闻 yàowén　夜晚 yèwǎn
业务 yèwù　依偎 yīwēi　医务 yīwù　仰望 yǎngwàng
遗忘 yíwàng　疑问 yíwèn　贻误 yíwù　以外 yǐwài
以往 yǐwǎng　以为 yǐwéi　义务 yìwù　译文 yìwén
异物 yìwù　因为 yīnwèi　引文 yǐnwén　鹦鹉 yīngwǔ
游艺 yóuyì　游玩 yóuwán　言语 yányǔ　沿用 yányòng
演员 yǎnyuán　眼晕 yǎnyùn　谚语 yànyǔ　养育 yǎngyù
仰泳 yǎngyǒng　遥远 yáoyuǎn　业余 yèyú　医院 yīyuàn
遗愿 yíyuàn　疑云 yíyún　意愿 yìyuàn　抑郁 yìyù
易于 yìyú　异域 yìyù　音乐 yīnyuè　银元 yínyuán
隐约 yǐnyuē　英勇 yīngyǒng　影院 yǐngyuàn　应用 yìngyòng
忧郁 yōuyù　优裕 yōuyù　优越 yōuyuè　游泳 yóuyǒng

犹豫 yóuyù 由于 yóuyú 有余 yǒuyú

※(合口呼零声母—开、齐、合、撮零声母)

外耳 wài’ěr 玩偶 wán’ǒu 晚安 wǎn’ān 万恶 wàn’è
巍峨 wēi’é 问安 wèn’ān 外延 wàiyán 外衣 wàiyī
外因 wàiyīn 蜿蜒 wānyán 喂养 wèiyǎng 丸药 wányào
万一 wànyī 汪洋 wāngyáng 威严 wēiyán 偎依 wēiyī
伟业 wěiyè 文言 wényán 文艺 wényì 乌鸦 wūyā
乌有 wūyǒu 呜咽 wūyè 无疑 wúyí 武艺 wǔyì
五一 Wǔyī 午夜 wǔyè 外围 wàiwéi 外文 wàiwén
外屋 wàiwū 玩味 wánwèi 万物 wànwù 忘我 wàngwǒ
威望 wēiwàng 威武 wēiwǔ 为伍 wéiwǔ 文物 wénwù
无畏 wúwèi 五味 wǔwèi 蛙泳 wāyǒng 外语 wàiyǔ
委员 wěiyuán 谓语 wèiyǔ 位于 wèiyú 无援 wúyuán

※(撮口呼零声母—开、齐、合、撮零声母)

余额 yú’é 鱼饵 yú’ěr 悦耳 yuè’ěr 员额 yuán’é
庸医 yōngyī 拥有 yōngyǒu 用意 yòngyì 鱼鹰 yúyīng
渔业 yúyè 语言 yǔyán 语音 yǔyīn 雨衣 yǔyī
寓言 yùyán 寓意 yùyì 预约 yùyuē 鸳鸯 yuānyāng
园艺 yuányì 原野 yuányě 原因 yuányīn 原样 yuányàng
远洋 yuǎnyáng 愿意 yuànyì 怨言 yuànyán 月牙 yuèyá
乐音 yuèyīn 云游 yúnyóu 运营 yùnyíng 用武 yòngwǔ
鱼网 yúwǎng 欲望 yùwàng 冤枉 yuānwang 原文 yuánwén
援外 yuánwài 愿望 yuànwàng 云雾 yúnwù 韵味 yùnwèi
永远 yǒngyuǎn 踊跃 yǒngyuè 用语 yòngyǔ 愉悦 yúyuè

御用 yùyòng　　运用 yǜnyòng 孕育 yùnyù

思考题：

1）总结自己在发音训练中区分舌尖后音 zh、ch、sh 舌尖前音 z、c、s 和舌面前音 j、q、x 的体会。

2）读一读零声母的发音例词，注意自己所处方言中读什么声母，看看是否带有规律性。

语音训练(三)

1. 舌面前音 j、q、x 的发音训练

普通话声母 j、q、x 是舌面前音。发音的主要问题是：发音部位靠前，接近舌尖前音 z、c、s。一些分"尖团"的方言，常常在齐齿呼、撮口呼前面既可以拼声母 j、q、x（团音），也可以拼声母 z、c、s（尖音）。而普通话在齐齿呼、撮口呼前面只拼 j、q、x，不拼 z、c、s（不分"尖团"）。北方方言百分之八十与普通话一样不分"尖团"（分"尖团"的只有河北、河南、江苏、山东、山西、广西等其中一部分地区），但并不是说北方人发 j、q、x 就没有问题了，包括东北人、北京人（多数为女性）在内，常出现部位靠前，甚至把 j、q、x 发成 z、c、s 的情况。讲粤语的人则容易用舌叶音代替舌面前的 j、q、x。

练习发音时，舌面前部隆起，抵住或接近硬腭最前端，构成阻碍。让舌尖深深地垂到下门齿背后，一定不使舌尖或舌叶在发音中起作用。也可以用 g、k、h 与前高元音 i 拼合，从舌面中后部开始，逐渐把舌面与上腭构成阻碍前移，当舌尖抵住下门齿背

时，要放慢一点，直到部位准确为止。这种由后向前的移动办法，可以充分体会舌面音发音部位的前后，这也正是北方话一部分历史上读 g、k、h 的字演变为 j、q、x 的过程。由于普通话没有这样的音节，也不会同其他音节相混。

2. 舌尖前音 z、c、s 的发音训练

汉语只有少数方言没有声母 z、c、s，如湖北钟祥，而多数人学习没有大的困难。受方言影响出现的主要问题是发音部位比普通话靠后。普通话的 z、c、s 是舌尖前音，舌尖与上门齿背构成阻碍，也有人是舌尖抵住下齿背，听起来音色没有差别（参见《普通话发音图谱》）。而有的方言，如广东潮州、海南、江苏常熟，是舌尖与上齿龈构成阻碍，听起来有的像"翘舌音"的色彩。练习发音的时候，首先要找准部位，舌尖抵在上齿背后，或者让舌尖抵住下齿背，控制舌尖不要抬起。

3. 舌面前音 j、q、x 与舌尖前音 z、c、s 的区分

需要区分这两组的是分"尖团"的方言，或有舌叶音的方言，如粤语。（参见"一"）注意：在普通话语音系统里，齐齿呼、撮口呼的韵母只同舌面前音 j、q、x 相拼，不同 z、c、s 相拼。广州话舌叶音声母字在普通话里分别读作 z、c、s；zh、ch、sh；j、q、x 三组声母。广州人学习普通话的 j、q、x 声母，在齐齿呼、撮口呼韵母前，常常是部位明显靠前，像是 z、c、s；而当发 zi［tsɿ］、ci［ts‘ɿ］、si［sɿ］、zhi［tʂʅ］、chi［tʂ‘ʅ］、shi［ʂʅ］等一类音节时，把前面的声母发成舌叶音，后面的舌尖元音读作舌面的前高元音 i,听起来很像是 ji 、qi 、xi。纠正的方法参见前面“一”、“二”。

第 1 组 za—jia　zi—ji　ca—qia

ci—qi　sa—xia　si—xi

资 zī — 机 jī　紫 zǐ — 几 jǐ　自 zì—计 jì

疵 cī — 期 qī　词 cí — 齐 qí　此 cǐ — 起 qǐ

次 cì — 气 qì　思 sī — 西 xī　死 sǐ — 洗 xǐ

四 sì — 细 xì

第 2 组

z、c、s — j、q、x

资金 zījīn　字迹 zìjì　字句 zìjù　自己 zìjǐ

自家 zìjiā　自觉 zìjué　瓷器 cíqì　刺激 cìjī

词句 cíjù　赐教 cìjiào　思想 sīxiǎng　思绪 sīxù

私交 sījiāo　私情 sīqíng　私心 sīxīn　司机 sījī

丝线 sīxiàn　死角 sǐjiǎo　死心 sǐxīn　四季 sìjì

j、q、x — z、c、s

缉私 jīsī　集资 jízī　祭祀 jìsì　妻子 qīzǐ

其次 qícì　袖子 xiùzi　下策 xiàcè　席子 xízi

习字 xízì　细瓷 xìcí

4. 舌尖后音 zh 、ch 、sh 的发音训练

普通话有舌尖后音声母 zh 、ch 、sh 、r,而许多汉语方言没有这套声母,也是普通话语音教学的难点之一。

主要存在的问题是:

1）发音部位靠前。练习人往往舌尖对着上齿龈发音，就以为到位了。指导练习时，注意舌头稍稍后缩，舌头前部上举，舌尖接触（zh 、ch）或接近（sh）硬腭的前端。也可以用夸张的办法，尽量使舌尖后缩。尽管这样发音不很准确，初学阶段可以试试，体会“翘舌”的感觉。

2）舌头肌肉过于紧张，常伴有拢唇的动作。指导发音时，要使舌尖轻巧的接触或接近硬腭前端，舌肌放松，不紧张。

3）舌尖过于后卷，或者接触上腭的面积过大，听起来部位靠后。可以参考前面的正音方法。

普通话读 zh 、ch 、sh 的字在方言中大多读舌尖前音 z 、c 、s。学习 zh 、ch 、sh 的发音的同时，要下功夫记忆普通话 zh 、ch 、sh 声母字。为了帮助记忆，可以参考下面的两个附表。

在直接记忆 zh 、ch 、sh 声母字的同时，还可以采用其他辅助方法。例如，从音节的拼合规律入手，会发现普通话声母 z 、c 、s 决不同韵母 ua 、uai 、uang 相拼，利用这个规律对韵母是 ua 、uai 、uang 的字，就可以放心地读 zh 、ch 、sh 了。

另外，从舌尖前音 z 、c 、s 和舌尖后音 zh 、ch 、sh 字数的比例上看，舌尖后音约占两者总和的 70%，而舌尖前音只约占 30%。可以利用舌尖前音字少的特点，记忆少量的舌尖前音字，可以帮助分辨对比的舌尖后音字。有些舌尖前音的音节只包含极少数常用字（3500 个常用字以内的），下面列出：

ca　①擦

ceng　②层曾 ④※蹭

cou　④凑

cuan　②※攒 ④窜※篡

sen　①森

seng　①※僧

za　①扎(～腰带)②杂※砸

zen　③怎

zou　③走 ④奏※揍

zuan　①钻(～孔)④钻(～石)

(与以上舌尖前音音节对比的舌尖后音常用字、次常用字共129个)

附:1. 舌尖后音声母字记忆表

凡　例

1. 下列汉字按照声母 zh、ch、sh 的顺序排列。

2. 类推部分中的代表字,不是常用字的加注汉语拼音。括号中的例外字不限于常用字。

一、利用代表字类推

(1) 代表字为 zh 声母的:

丈— 丈 zhàng　仗 zhàng　杖 zhàng

止— 止 zhǐ　趾 zhǐ　址 zhǐ　齿 chǐ　耻 chǐ　扯 chě

专— 专 zhuān　砖 zhuān　转 zhuàn　传 chuán

支— 支 zhī　枝 zhī　肢 zhī　吱 zhī　翅 chì

中— 中 zhōng　忠 zhōng　钟 zhōng　盅 zhōng　衷 zhōng
种 zhǒng　肿 zhǒng　仲 zhòng　冲 chōng

长— 长 zhǎng　张 zhāng　涨 zhǎng　胀 zhàng　帐 zhàng

账 zhàng

正— 正 zhèng 征 zhēng 症 zhèng 怔 zhèng 证 zhèng
政 zhèng 惩 chéng

主— 主 zhǔ 住 zhù 注 zhù 柱 zhù 拄 zhǔ 驻 zhù
蛀 zhù

占— 占 zhàn 沾 zhān 站 zhàn 战 zhàn 粘 zhān
毡 zhān 苫 shàn （例外字：钻 zuān）

召— 召 zhào 照 zhào 招 zhāo 昭 zhāo 沼 zhǎo
超 chāo 绍 shào

只— 只 zhī 织 zhī 职 zhí 帜 zhì 识 shí

执— 执 zhí 挚 zhì 势 shì

至— 至 zhì 侄 zhí 致 zhì 窒 zhì 室 shì

贞— 贞 zhēn 侦 zhēn

朱— 朱 zhū 珠 zhū 蛛 zhū 株 zhū 殊 shū

旨— 旨 zhǐ 指 zhǐ 脂 zhī

争— 争 zhēng 挣 zhèng 睁 zhēng 狰 zhēng 筝 zhēng

折— 折 zhé 哲 zhé 浙 Zhè 誓 shì 逝 shì

者— 者 zhě 诸 zhū 猪 zhū 煮 zhǔ 著 zhù 储 chǔ
署 shǔ 薯 shǔ 暑 shǔ 奢 shē

直— 直 zhí 值 zhí 置 zhì 殖 zhí

知— 知 zhī 智 zhì 蜘 zhī

珍— 珍 zhēn 诊 zhěn 疹 zhěn 趁 chèn

真— 真 zhēn 镇 zhèn 慎 shèn

振— 振 zhèn 震 zhèn

章— 章 zhāng　障 zhàng　彰 zhāng　樟 zhāng

啄— 啄 zhuó　琢 zhuó

翟— 翟 zhái　戳 chuō

詹(zhān)— 詹 zhān　瞻 zhān　赡 shàn

朝— 朝 zhāo　潮 cháo　嘲 cháo

爪— 爪 zhuǎ　抓 zhuā

枕— 枕 zhěn　忱 chén　沉 chén

之— 之 zhī　芝 zhī

治— 治 zhì　始 shǐ

周— 周 zhōu　绸 chóu　稠 chóu

州— 州 zhōu　洲 zhōu　酬 chóu

撞— 撞 zhuàng　幢 chuáng

卓— 卓 zhuó　桌 zhuō　罩 zhào　绰 chuò

乍(zhà)— 炸 zhà　榨 zhà　诈 zhà　窄 zhǎi　(例外字：咋 zá　怎 zěn　昨 zuó　作 zuò)

斩— 斩 zhǎn　崭 zhǎn　(例外字：暂 zàn　惭 cán)

壮— 壮 zhuàng　妆 zhuāng　装 zhuāng　状 zhuàng　(例外字：奘 zàng)

隹(zhuī)— 锥 zhuī　椎 zhuī　准 zhǔn　(例外字：榫 sǔn　睢 suī)

遮— 遮 zhē　蔗 zhè

(2) 代表字为 ch 声母的：

叉— 叉 chā　杈 chā　衩 chǎ

斥— 斥 chì　拆 chāi　(例外字：诉 sù)

出— 茁 zhuó　拙 zhuō　出 chū　础 chǔ

池— 池 chí　驰 chí　弛 chí　施 shī

产— 产 chǎn　铲 chǎn

场— 场 chǎng　肠 cháng　畅 chàng

成— 成 chéng　城 chéng　诚 chéng　盛 shèng

抄— 抄 chāo　吵 chǎo　钞 chāo　炒 chǎo

辰— 震 zhèn　辰 chén　晨 chén　唇 chún

呈— 呈 chéng　程 chéng　逞 chěng　（例外字：锃 zèng）

昌— 昌 chāng　猖 chāng　唱 chàng　倡 chàng

垂— 垂 chuí　捶 chuí　锤 chuí　睡 shuì

春— 春 chūn　椿 chūn　蠢 chǔn

喘— 喘 chuǎn　揣 chuāi

厨— 厨 chú　橱 chú

筹— 筹 chóu　畴 chóu

查— 喳 zhā　渣 zhā　查 zhā　碴 chá

搀— 搀 chān　馋 chán

颤— 颤 chàn　擅 shàn

尝— 尝 cháng　偿 cháng

撤— 辙 zhé　撤 chè　澈 chè

乘— 乘 chéng　剩 shèng

橙— 橙 chéng　澄 chéng

丞(chéng)— 蒸 zhēng　拯 zhěng　丞 chéng

尺— 尺 chǐ　迟 chí

虫— 浊 zhuó　烛 zhú　虫 chóng　触 chù

愁— 愁 chóu 瞅 chǒu

车— 阵 zhèn 车 chē

吹— 吹 chuī 炊 chuī

刍(chú)— 皱 zhòu 刍 chú 雏 chú

(3) 代表字为 sh 声母的:

少— 吵 chǎo 抄 chāo 炒 chǎo 钞 chāo 少 shào
沙 shā 纱 shā 砂 shā

市— 市 shì 柿 shì

申— 申 shēn 伸 shēn 呻 shēn 绅 shēn 神 shén
审 shěn 婶 shěn

生— 生 shēng 胜 shèng 牲 shēng 笙 shēng
甥 shēng

式— 式 shì 试 shì 拭 shì

师— 师 shī 狮 shī 筛 shāi (例外字:蛳 sī)

诗— 峙 zhì 痔 zhì 持 chí 诗 shī 侍 shì 恃 shì
(例外字:寺 sì)

叔— 叔 shū 淑 shū

尚— 掌 zhǎng 常 cháng 尚 shàng 赏 shǎng 裳 cháng

受— 受 shòu 授 shòu

舍— 舍 shě 啥 shá

刷— 刷 shuā 涮 shuàn

删— 删 shān 珊 shān (例外字:册 cè)

稍— 稍 shāo 捎 shāo 梢 shāo 哨 shào

率— 率 shuài 摔 shuāi 蟀 shuài

善— 善 shàn　膳 shàn

暑— 暑 shǔ　署 shǔ　薯 shǔ　曙 shǔ

衫— 衫 shān　杉 shān

单(shàn)— 阐 chǎn　蝉 chán　单 shàn

勺— 酌 zhuó　灼 zhuó　勺 sháo　芍 sháo

舌— 舌 shé　舍 shě　啥 shá

失— 秩 zhì　失 shī

十— 针 zhēn　汁 zhī　十 shí　什 shén

史— 史 shǐ　驶 shǐ

寿— 铸 zhù　筹 chóu　畴 chóu　寿 shòu

疏— 疏 shū　蔬 shū　梳 shū

属— 嘱 zhǔ　瞩 zhǔ　属 shǔ

栓— 栓 shuān　拴 shuān

说— 说 shuō　税 shuì

二、利用汉字声旁的声母读音判断

(1) zh 声母字

1) 声旁读作 d 的字：

查 zhā　渣 zhā　喳 zhā　摘 zhāi　绽 zhàn

招 zhāo　昭 zhāo　沼 zhǎo　召 zhào　照 zhào

滞 zhì　终 zhōng　昼 zhòu　坠 zhuì　重 zhòng

追 zhuī

2) 声旁读作 t 的字：

治 zhì　撞 zhuàng

(2) ch 声母字

声旁读作 d 的字：

喳 chā　查 chá　碴 chá　蝉 chán　阐 chǎn

铛 chēng　澄 chéng　橙 chéng　侈 chǐ　重 chóng

初 chū　颤 chàn　戳 chuō　揣 chuāi

声旁读作 t 的字：

幢 chuáng　纯 chún

(3) sh 声母字

声旁读作 d 的字：

税 shuì　说 shuō　擅 shàn

声旁读作 t 的字：

蛇 shé　社 shè　始 shǐ

(4) 声旁与读作 d 、 t 的字有关：

占 zhàn　(店 diàn　点 diǎn) — 沾 zhān　粘 zhān
毡 zhān　战 zhàn　站 zhàn

者 zhě　(都 dū　堵 dǔ　赌 dǔ) — 诸 zhū　猪 zhū
煮 zhǔ　著 zhù　暑 shǔ　署 shǔ

真 zhēn　(颠 diān　填 tián) — 镇 zhèn　慎 shèn

周 zhōu　(调 diào　雕 diāo) — 稠 chóu　绸 chóu

隹 zhuī　(堆 duī　推 tuī) — 椎 zhuī　锥 zhuī　准 zhǔn
稚 zhì　谁 shuí

卓 zhuó　(掉 diào) — 桌 zhuō　罩 zhào　绰 chuò

垂 chuí　(唾 tuò) — 锤 chuí　捶 chuí　睡 shuì

尚 shàng (躺 tǎng　趟 tàng) — 掌 zhǎng　常 cháng
敞 chǎng　赏 shǎng　裳 cháng

勺 sháo　（钓 diào）— 酌 zhuó　芍 sháo

深 shēn　（探 tàn）— 深 shēn

是 shì　（提 tí　堤 dī）— 匙 chí

寿 shòu　（涛 tāo）— 铸 zhù　筹 chóu　畴 chóu

也 yě　（地 dì　他 tā）— 池 chí　驰 chí　弛 chí　施 shī

附：2. 舌尖后音声母常用字字表（选自 3500 字）

凡　例

1. 本表选自部颁《现代汉语常用字表》（3500）。

2. 符号①②③④分别表示普通话声调的阴平、阳平、上声、去声。

3. 符号※前面的字是常用字（2500）范围内的，其后面的字是次常用字（1000）范围内的。

zh-

zha　① 扎查渣※喳 ② 扎轧闸炸※铡 ③ 眨 ④ 炸榨※乍诈栅

zhai　① 摘※斋 ② 宅择 ③ 窄 ④ 债寨

zhan　① 占沾粘※毡瞻 ③ 斩盏展崭 ④ 占战站颤※栈绽蘸

zhang　① 张章※彰樟 ③ 长涨掌 ④ 丈仗帐胀涨障※杖账

zhao　① 招 朝※昭 ③爪找※沼 ④ 召兆赵照罩

zhe　① 折遮 ② 折哲※辙 ③ 者 ④ 这浙※蔗

zhen　① 贞针侦珍真※斟榛 ③ 诊枕※疹 ④ 阵振震镇

zheng　① 正争挣症睁筝蒸※怔狰 ③ 整※拯 ④ 正证郑政挣症

zhi ① 之支只汁芝枝知肢织脂蜘※吱 ② 执直侄值职植殖 ③ 止只旨址纸指※趾 ④ 至志识帜制质治致秩智置※挚掷窒滞稚

zhong ① 中忠终钟※盅衷 ③ 肿种 ④ 中众种重※仲

zhou ① 舟周洲粥 ② ※轴 ③ ※肘帚 ④ 宙昼皱骤※咒轴

zhu ① 朱珠株诸猪蛛 ② 术(白～)竹逐烛 ③ 主煮属嘱※拄④ 助住注驻柱祝着铸筑※贮蛀

zhua ① 抓 ③ 爪

zhuai ③ 转(～文)

zhuan ① 专砖 ③ 转 ④ 传转赚※撰

zhuang ① 庄装※妆桩 ④ 壮状撞※幢

zhui ① 追※椎锥 ④ 坠缀赘

zhun ① ※谆 ③ 准

zhuo ① 捉桌※拙卓 ② 浊啄※灼茁酌琢

ch-

cha ① 叉(～子)差(～别)插※杈喳 ② 茶查察※茬碴 ③ 叉(～开腿)※衩(裤～) ④ 叉(劈～)岔差※杈刹衩(开～)

chai ① 拆差 ② 柴※豺

chan ① ※掺搀 ② 单馋缠※蝉 ③ 产铲※阐 ④ 颤

chang ① 昌※猖 ② 长场肠尝常偿 ③ 厂场敞 ④ 畅倡唱

chao ① 抄吵钞超※绰 ② 巢朝潮 ③ 吵炒

che ① 车 ③ 扯 ④ 彻撤※澈

chen ② 臣尘辰沉陈晨※沉 ④ 衬称趁

cheng ① ※铛 ② 成呈诚承城乘盛程惩※澄橙 ④ 秤

chi ① 吃※嗤痴 ② 池驰迟持匙※弛 ③ 尺齿耻※侈 ④ 斥赤翅

chong ① 冲充 ② 虫种重崇 ③ ※宠 ④ 冲

chou ① 抽 ② 仇绸酬稠愁筹※畴 ③ 丑 ④ 臭

chu ① 出初 ② 除厨锄※雏橱 ③ 处础储楚 ④ 处畜触※矗

chuai ① ※揣(怀～) ③ ※揣(～测) ④ ※揣(囊～)

chuan ① 川穿 ② 传船 ③ 喘 ④ 串

chuang ① 创疮窗 ② 床※幢 ③ 闯 ④ 创

chui ① 吹炊 ② 垂锤※捶

chun ① 春※椿 ② 纯唇※淳醇 ③ 蠢

chuo ① 戳 ④ 绰

sh-

sha ① 杀沙纱※杉刹砂煞 ② ※啥 ③ 傻 ④ 厦※煞霎

shai ① 筛 ③ 色(～子) ④ 晒

shan ① 山删衫扇※杉苫珊栅 ③ 闪陕※掺(～手) ④ 单(姓)扇善※苫擅膳赡

shang ① 伤商 ③ 上(～声)晌赏 ④ 上尚

shao ① 捎烧梢稍 ② 勺※芍 ③ 少 ④ 少绍捎哨稍

she ① 奢赊 ② 舌折蛇 ③ 舍 ④ 设社舍射涉摄※赦

shei ② 谁

shen ① 申伸身参深※呻绅 ② 什神 ③ 沈审婶 ④ 肾甚渗慎

sheng ① 升生声牲※笙甥 ② 绳 ③ 省 ④ 圣胜乘盛剩

shi　① 尸失师诗狮施湿※虱 ② 十什(～锦)石时识实拾食蚀 ③ 史使始驶※矢屎 ④ 士氏示世市式似(～的)势事侍饰试视柿是适室逝释誓※拭恃嗜

shou　① 收 ② 熟 ③ 手守首 ④ 寿受授售兽瘦

shu　① 书叔殊梳舒疏输蔬※抒枢淑 ② 熟※秫赎 ③ 暑属鼠数薯※黍署蜀曙 ④ 术束述树竖数※恕庶墅漱

shua　① 刷 ③ 耍

shuai　① 衰摔 ③ 甩 ④ 帅率※蟀

shuan　① 拴※栓 ④ ※涮

shuang ① 双霜 ③ 爽

shui　③ 水 ④ 说(游～)税睡

shun　③ 吮 ④ 顺※瞬

shuo　④ 数(～见不鲜)※烁硕

5. 舌尖前音 z 、 c 、 s 与舌尖后音 zh 、 ch 、 sh 的区分

这两组音的区分在学习普通话声母中占有重要的地位。多数方言是 zh 、ch 、sh 混入 z 、 c 、 s。

这两组音对比的音节有 47 对。zei 、 zhua 、shua 、zhuai 、chuai 、 shuai 、 zhuang 、 chuang 、shuang 、song 、(shei)等音节没有对比的音节。

第 3 组	zha—za	cha—ca	sha—sa	zhe—ze
	che—ce	she—se	zhi—zi	chi—ci
	shi—si	zhai—zai	chai—cai	shai—sai

zhao—zao　chao—cao　shao—sao
zhou—zou　chou—cou　shou—sou
zhan—zan　chan—can　shan—san
zhen—zen　chen—cen　shen—sen
zhang—zang　chang—cang　shang—sang
zheng—zeng　cheng—ceng　sheng—seng
zhu—zu　chu—cu　shu—su　zhuo—zuo
chuo—cuo　shuo—suo　zhui—zui
chui—cui　shui—sui　zhuan—zuan
chuan—cuan　shuan—suan　zhun—zun
chun—cun　shun—sun　zhong—zong
chong—cong

第 4 组　闸 zhá —杂 zá　插 chā —擦 cā　沙 shā —撒 sā
折 zhé —则 zé　彻 chè —测 cè　社 shè —色 sè
只 zhǐ —紫 zǐ　持 chí —词 cí　是 shì —四 sì
寨 zhài —在 zài　柴 chái —才 cái　照 zhào —造 zào
超 chāo —操 cāo　少 shǎo —扫 sǎo　宙 zhòu —奏 zòu
臭 chòu —凑 còu　收 shōu —搜 sōu　站 zhàn —赞 zàn
产 chǎn —惨 cǎn　山 shān —三 sān　诊 zhěn —怎 zěn
张 zhāng —脏 zāng　常 cháng —藏 cáng
商 shāng —桑 sāng　争 zhēng —增 zēng
生 shēng —僧 sēng　逐 zhú —足 zú
出 chū —粗 cū　桌 zhuō —坐 zuò
戳 chuō —撮 cuō　说 shuō —缩 suō

坠 zhuì —最 zuì	吹 chuī —催 cuī
睡 shuì —碎 suì	专 zhuān —钻 zuān
串 chuàn —篡 cuàn	栓 shuān —酸 suān
谆 zhūn —尊 zūn	春 chūn —村 cūn
顺 shùn —损 sǔn	中 zhōng —宗 zōng
虫 chóng —从 cóng	

第 5 组

zh-z	张嘴 zhāngzuǐ	振作 zhènzuò	赈灾 zhènzāi
	正在 zhèngzài	正字 zhèngzì	正宗 zhèngzōng
	知足 zhīzú	职责 zhízé	指责 zhǐzé
	治罪 zhìzuì	制作 zhìzuò	猪鬃 zhūzōng
	主宰 zhǔzǎi	铸造 zhùzào	转赠 zhuǎnzèng
	装载 zhuāngzài	壮族 Zhuàngzú	追踪 zhuīzōng
	准则 zhǔnzé	沼泽 zhǎozé	
z-zh	杂志 zázhì	栽种 zāizhòng	在职 zàizhí
	增长 zēngzhǎng	资助 zīzhù	自治 zìzhì
	自重 zìzhòng	自传 zìzhuàn	自主 zìzhǔ
	总账 zǒngzhàng	总之 zǒngzhī	阻止 zǔzhǐ
	组织 zǔzhī	罪状 zuìzhuàng	遵照 zūnzhào
	坐镇 zuòzhèn	作战 zuòzhàn	作者 zuòzhě
	作主 zuòzhǔ	载重 zàizhòng	宗旨 zōngzhǐ
ch-c	差错 chācuò	长辞 chángcí	场次 chǎngcì
	车次 chēcì	陈醋 chéncù	成材 chéngcái
	冲刺 chōngcì	出操 chūcāo	除草 chúcǎo

	储藏 chǔcáng	穿刺 chuāncì	纯粹 chúncuì
	船舱 chuáncāng	尺寸 chǐcùn	揣测 chuǎicè
	蠢才 chǔncái	春蚕 chūncán	初次 chūcì
c-ch	财产 cáichǎn	采茶 cǎichá	残喘 cánchuǎn
	操场 cāochǎng	操持 cāochí	草创 cǎochuàng
	磁场 cíchǎng	促成 cùchéng	错处 cuòchu
	彩绸 cǎichóu	餐车 cānchē	辞呈 cíchéng
	粗茶 cūchá	仓储 cāngchǔ	
sh-s	上司 shàngsi	上溯 shàngsù	上诉 shàngsù
	哨所 shàosuǒ	深思 shēnsī	深邃 shēnsuì
	申诉 shēnsù	神色 shénsè	神速 shénsù
	生死 shēngsǐ	绳索 shéngsuǒ	胜似 shèngsì
	石笋 shísǔn	世俗 shìsú	誓死 shìsǐ
	食宿 shísù	收缩 shōusuō	手松 shǒusōng
	疏散 shūsàn	疏松 shūsōng	输送 shūsòng
	殊死 shūsǐ	熟思 shúsī	
s-sh	散失 sànshī	丧失 sàngshī	扫射 sǎoshè
	扫视 sǎoshì	私事 sīshì	死守 sǐshǒu
	四声 sìshēng	松手 sōngshǒu	宿舍 sùshè
	诉说 sùshuō	素食 sùshí	随身 suíshēn
	随手 suíshǒu	随时 suíshí	岁数 suìshù
	缩手 suōshǒu	缩水 suōshuǐ	所属 suǒshǔ
	桑树 sāngshù	松鼠 sōngshǔ	算术 suànshù
	私塾 sīshú	琐事 suǒshì	唆使 suōshǐ

第 6 组 战时 zhànshí —暂时 zànshí

初步 chūbù —粗布 cūbù

三色 sānsè —山色 shānsè

臭钱 chòuqián —凑钱 còuqián

主力 zhǔlì —阻力 zǔlì

摘花 zhāihuā —栽花 zāihuā

照旧 zhàojiù —造就 zàojiù

诗人 shīrén —私人 sīrén

推迟 tuīchí —推辞 tuīcí

商数 shāngshù —桑树 sāngshù

师长 shīzhǎng —司长 sīzhǎng

杂技 zájì —札记 zhájì

终止 zhōngzhǐ —宗旨 zōngzhǐ

春装 chūnzhuāng —村庄 cūnzhuāng

珠子 zhūzi —租子 zūzi

支援 zhīyuán —资源 zīyuán

出息 chūxi —粗细 cūxì

木柴 mùchái —木材 mùcái

实数 shíshù —食宿 shísù

商业 shāngyè —桑叶 sāngyè

生人 shēngrén —僧人 sēngrén

山脚 shānjiǎo —三角 sānjiǎo

重来 chónglái —从来 cónglái

出操 chūcāo —粗糙 cūcāo

杀人 shārén —仨人 sārén

撤身 chèshēn —侧身 cèshēn

志愿 zhìyuàn —自愿 zìyuàn

鱼翅 yúchì —鱼刺 yúcì

近视 jìnshì —近似 jìnsì

收集 shōují —搜集 sōují

资助 zīzhù —支柱 zhīzhù

仿照 fǎngzhào —仿造 fǎngzào

6. 舌尖后音 r 的发音训练

凡是没有声母 zh 、ch 、sh 的方言，自然没有这个舌尖后音部位的浊音声母 r。在学习掌握了 zh 、ch 、sh 声母发音的基础上学好 r 很方便。r 是个浊擦音，与它同部位的还有一个清擦音 sh。可以先发一个声带不颤动的清音声母 sh，气流不断，发音部位不变，加入声带颤动的发音动作，就可以得到一个浊擦音 r 了。注意：r 的实际音值没有擦音摩擦得那样重，因此也描写为浊通音[ɻ]。练习 r 的发音时，摩擦不要过重，舌尖轻巧一些，舌肌不要过于紧张。

普通话 r 声母字在方言里有多种读法。没有 zh 、ch 、sh 声母，而有 z 、c 、s 的方言，常见把普通话 r 声母字读作舌尖前浊擦音[z]，例如山西太原、盂县，以及成都、苏州、温州等。有读作边音 l [l] 的，如闽语、南昌、扬州、济南等方言。有读作鼻音 n [n]的，如汉口。有读零声母齐齿呼、撮口呼的，如山东东部。也有些方言虽有声母 r，但不拼合口呼。凡是普通话的 r 声母

和零声母的合口呼字读作齿唇浊音[v],如西北方言。(实际对应是有条件的,此处只作粗略的描述)

普通话读舌尖后音声母 r 的字并不多,3500 个常用字中只有 55 个,它们是:

ran　②然燃 ③染

rang　①嚷②※瓤③壤嚷※攘 ④让

rao　②饶 ③扰④绕

re　③惹④热

ren　②人仁任 ③忍④刃认任※纫韧

reng　①扔②仍

ri　④日

rong　② 荣绒容熔融 ※茸蓉溶榕 ③※冗

rou　②柔揉※蹂④肉

ru　②如※儒蠕③乳辱④入※褥

ruan　③软

rui　③※蕊④锐瑞

run　④润※闰

ruo　④若弱

第六讲　韵母(一)

一、什么是韵母

韵母是汉字字音结构声母后面的部分。

普通话有 39 个韵母，其中 23 个由元音(单元音或复合元音)充当，16 个由元音附带鼻辅音韵尾构成。因此，普通话的韵母是由元音或以元音为主要成分构成的。元音的主要特征是：(1)气流在口腔中不受阻碍；(2)气流较弱；(3)发音器官肌肉均衡紧张；(4)正常发音时声带振动。

韵母的内部结构可以细分为韵头、韵腹、韵尾三部分。韵母中声音最响亮的部分是韵腹，它前面的是韵头，后面的是韵尾，如：uai、ian 均是韵头、韵腹、韵尾俱全的。但不是每个韵母都具备这三个部分。如：ia、uo 只有韵头和韵腹，而 ei、ao 只有韵腹和韵尾。单韵母只有韵腹，没有韵头和韵尾。普通话韵母中的韵头只有 i-、u-、ü- 三个。韵尾只有四个，其中两个元音韵尾 -i、-u(包括汉语拼音的拼写形式-o，如 ao、iao 中的 -o)和两个辅音韵尾 -n、-ng。韵母中韵腹是不可缺少的。

二、韵母的分类

普通话的韵母可以分成三大类：

单韵母——单元音韵母，是由单元音充当韵母。普通话有10个单韵母：ɑ、o、e、ê、i、u、ü、-i(前)、-i(后)、er。

复韵母——复合元音韵母，是由复合元音充当韵母。普通话有13个复韵母：ai、ei、ao、ou、ia、ie、ua、uo、üe、iao、iou、uai、uei。

鼻韵母——复合鼻尾音韵母，是由元音带上鼻辅音韵尾构成的韵母。普通话有16个：an、en、in、ün、ang、eng、ing、ong、ian、uan、üan、uen、iang、uang、ueng、iong。

汉语传统语音学为了表述声韵的拼合关系，根据韵母开头的实际发音分析为“四呼”，也是韵母的一种分类方法：

开口呼——指没有韵头，韵腹又不是i、u、ü的韵母。普通话有15个韵母属开口呼：ɑ、o、e、ai、ei、ao、ou、an、en、ang、eng、ê、-i(前)、-i(后)、er。

齐齿呼——指韵头或韵腹是i的韵母。普通话有9个韵母属齐齿呼：i、ia、ie、iao、iou、ian、in、iang、ing。

合口呼——指韵头或韵腹是u的韵母。普通话有10个韵母属合口呼：u、ua、uo、uai、uei、uan、uen、uang、ueng、ong。

撮口呼——指韵头或韵腹是ü的韵母。普通话有5个韵母属撮口呼：ü、üe、üan、ün、iong。

韵母 ong、iong，汉语拼音方案根据开头的字母分别列入 a 行和 i 行，而“四呼”的分类根据实际语音应分别归入合口呼和撮口呼。

三、单韵母(单元音)

单韵母是由单纯元音构成的。元音的发音过程是，声带振颤，气流到达口腔，经过舌头和唇形状态的调节变化，使共鸣腔(主要是口腔)造成不同的共鸣方式，产生不同的音色。

元音的发音主要靠舌位和唇形的调节变化。舌头是在口腔的调音作用中最活跃、最积极的。舌位是指舌面隆起接近上腭最高的部位，它构成了舌面隆起与上腭之间最狭窄的部位。唇形是指发元音时嘴唇形状的圆展程度。元音的发音条件有三条：(1)舌位的前后；(2)舌位的高低和口的开合(口的开合即下颌开度，表现为上下齿间的距离，是随着舌位的高低而自然变化的，此处不独立为一条)；(3)唇形的圆展。我们只粗略地分为两类：圆唇元音和不圆唇元音。

描写元音的发音条件，通常用舌面元音图表示(见 119 页图)。这幅不规则的四边形元音图是根据发元音时舌位在口腔里最高点确定下来的。在发元音时不产生摩擦的前提下，首先找出两个极限点：最前最高(前高)——即舌尖抵住下齿背，舌面隆起接近硬腭的部位，如[i]；最后最低(后低)——即舌尖离开下齿背，舌身后缩，舌体降到最低，而舌面略稍突起的高点对着软腭，就是元音[ɑ]。

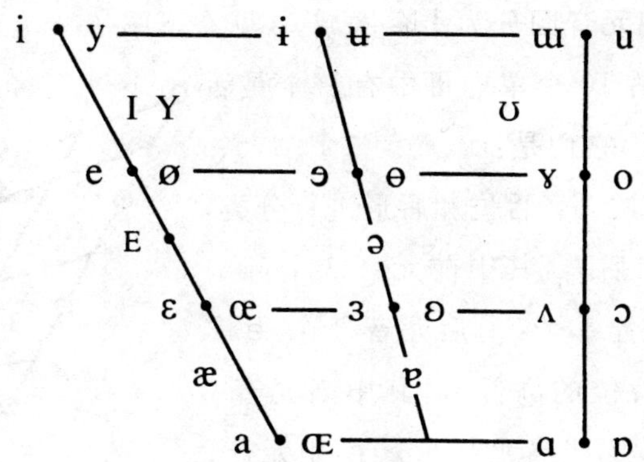

国际音标舌面元音图

国际音标在前列和后列的高元音与低元音之间又划分出半高、半低两级，这样就分析出八个标准元音，前元音有 4 个：[i] [e] [ε][a]，后元音有 4 个：[ɑ] [ɔ] [o] [u]。著名语言学家琼斯（D. Jones）如此描述："标准元音 e，ε，a 是 i 跟 a 当中的一串前元音；选择这三个元音的原则是让 i 跟 e，e 跟 ε，ε 跟 a，a 跟 a 之间的听感距离差不多一样。标准元音 ɔ，o，u 是一串后元音，它们之间继续保持相同的听感距离"。介于半高和半低之间的元音叫中元音，介于前元音和后元音之间的叫央元音。竖线左面标写的是不圆唇元音，右面标写的是圆唇元音。国际音标八个标准元音 4 个前元音都是不圆唇元音，4 个后元音除[ɑ]外都是圆唇元音。每个舌面元音的位置都能在元音图上表示出来，但我们不能也没有必要为每一个有细微差别的元音造一个特殊的音标。

因此可以把元音图分为十个区域。(见右下图)

普通话 10 个单韵母中有 7 个是舌面元音充当,它们是:ɑ、o、e、ê、i、u、ü。按元音舌位和唇形进行分类,从舌位的前后看,其中前元音 3 个:i、ü、e,央元音 1 个:ɑ,后元音 3 个:e、o、u。从舌位的高低看,其中高元音 3 个:i、u、ü,半高元音 1 个:e,中元音 2 个:e、o,低元音 1 个:ɑ。从唇形的圆展看,圆唇元音 3 个:ü、u、o,不圆唇元音 4 个:i、e、ê、ɑ。(见下图)

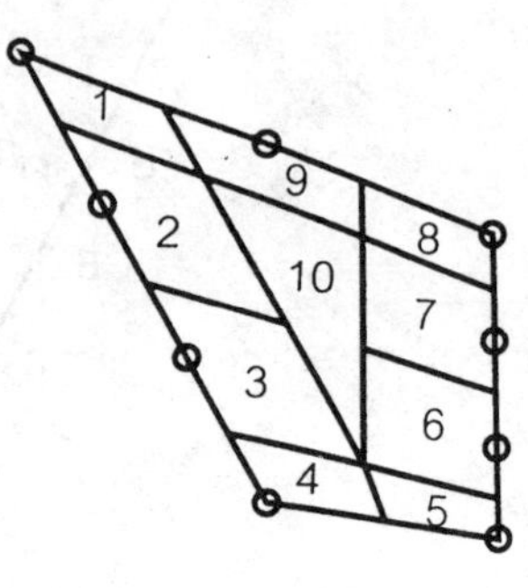

舌面元音区域

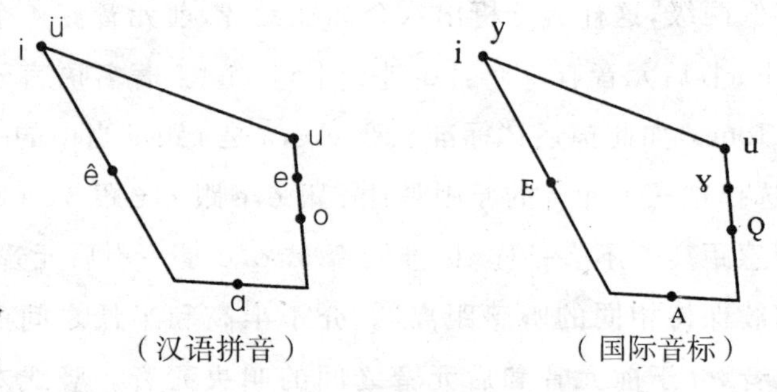

普通话舌面元音图

四、单韵母(单元音)的发音

普通话单韵母中 7 个舌面元音的发音:

ɑ [A] 央低不圆唇元音

口大开,舌尖微离下齿背或微接下齿背,舌面中部偏后微微隆起，和硬腭后部相对。发音时，声带颤动，软腭上升，关闭鼻腔通路。

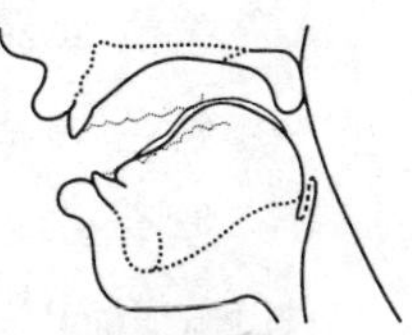

发音例词：

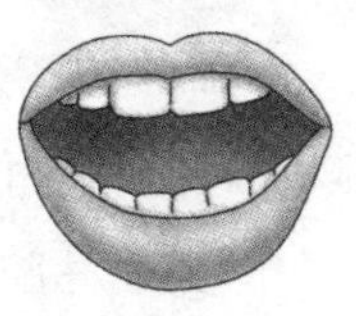

a-a 疤瘌 bāla　　奋拉 dāla

打靶 dǎbǎ　　打岔 dǎchà

打发 dǎfa　　大法 dàfǎ

大妈 dàmā　　大厦 dàshà

发达 fādá　　蛤蟆 hámá　　哈达 hǎdá　　喇叭 lǎba

马达 mǎdá　　哪怕 nǎpà　　沙发 shāfā

o [o] 后中圆唇元音

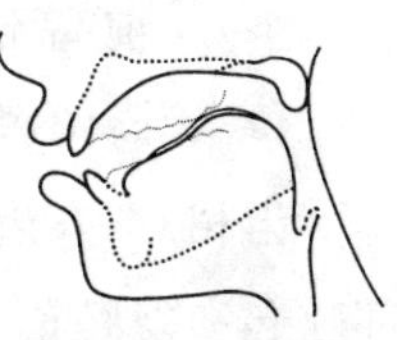

上下唇自然拢圆，舌身后缩，舌面后部隆起，和软腭相对，舌位介于半高半低之间。发音时，声带颤动，软腭上升，关闭鼻腔通路。

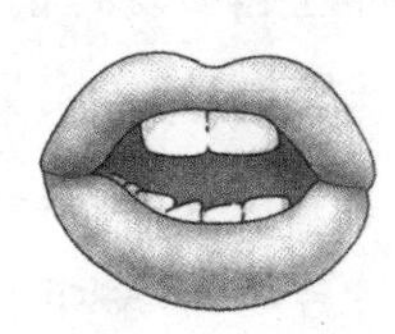

发音例词：

噢 ō（叹词）　哦 ó（叹词）　哦 ò（叹词）

e [ɤ] 后半高不圆唇元音

口半闭，嘴角向两边微展，舌身后缩，舌尖离下齿背较远，舌面后部稍隆起，和软腭相对，比元音 o 略高而偏前。发音时，声带颤动，软腭上升，关闭鼻腔通路。

发音例词：

e-e 车辙 chēzhé　　隔阂 géhé

隔热 gérè　　各个 gègè

各色 gèsè　　合格 hégé

合辙 hézhé　　苛刻 kēkè

塞责 sèzé　客车 kèchē　色泽 sèzé　舍得 shěde
特色 tèsè　折合 zhéhé　折射 zhéshè　这个 zhège
割舍 gēshě

ê［E］前中不圆唇元音

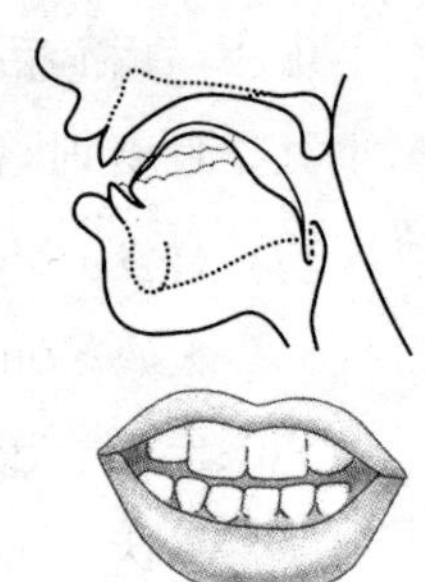

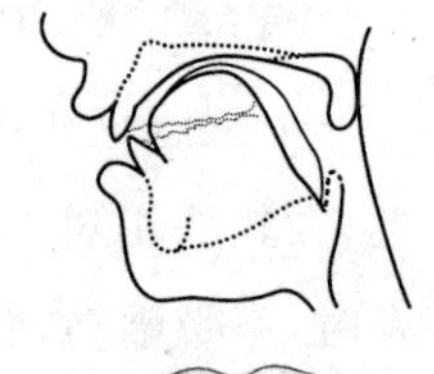

口自然打开，舌尖微触下齿背，舌面前部隆起，和硬腭相对。发音时，声带颤动，软腭上升，关闭鼻腔通路。

（韵母 ê 除语气词“诶”外单用的机会不多，发音例词参见第七讲韵母 ie 、üe。）

i［i］前高不圆唇元音

口微开，两唇呈扁平形，嘴角向两边展开，上下齿相对（齐齿），舌尖接触下齿背，舌面前部隆起和硬腭前部相对。发音时，声带颤动，软腭上升，关闭鼻腔通路。

发音例词：

i-i 荸荠 bíqí　鼻涕 bítì　笔记 bǐjì　比例 bǐlì
激励 jīlì　积极 jījí　基地 jīdì　机器 jīqì
极力 jílì　极其 jíqí　记忆 jìyì　礼仪 lǐyí
立即 lìjí　利益 lìyì　力气 lìqi　谜底 mídǐ
秘密 mìmì　霹雳 pīlì　棋迷 qímí　歧义 qíyì
启迪 qǐdí　起立 qǐlì　气体 qìtǐ　气息 qìxī
提议 tíyì　体力 tǐlì　西医 xīyī　希奇 xīqí
习题 xítí　洗涤 xǐdí　戏迷 xìmí　细腻 xìnì
以及 yǐjí　意义 yìyì　仪器 yíqì　义气 yìqi

议题 yìtí

u [u] 后高圆唇元音

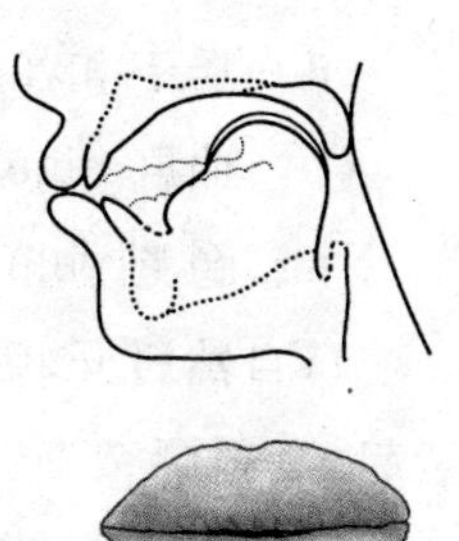

两唇收缩成圆形，向前突出，中间留一个小孔；舌后缩，舌面后部高度隆起，和软腭相对。发音时，声带颤动，软腭上升，关闭鼻腔通路。

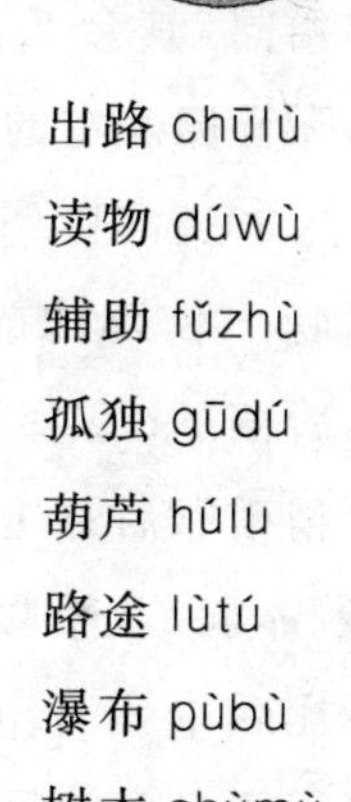

发音例词：

u-u 补助 bǔzhù　部署 bùshǔ

不顾 bùgù　不如 bùrú　初步 chūbù　出路 chūlù

出入 chūrù　粗鲁 cūlǔ　督促 dūcù　读物 dúwù

夫妇 fūfù　幅度 fúdù　服务 fúwù　辅助 fǔzhù

复述 fùshù　附注 fùzhù　辜负 gūfù　孤独 gūdú

鼓舞 gǔwǔ　古书 gǔshū　故土 gùtǔ　葫芦 húlu

互助 hùzhù　酷暑 kùshǔ　辘轳 lùlú　路途 lùtú

露珠 lùzhū　目录 mùlù　朴素 pǔsù　瀑布 pùbù

入伍 rùwǔ　疏忽 shūhū　数目 shùmù　树木 shùmù

束缚 shùfù　速度 sùdù　突出 tūchū　图谱 túpǔ

吐露 tǔlù　逐步 zhúbù

住宿 zhùsù　祝福 zhùfú

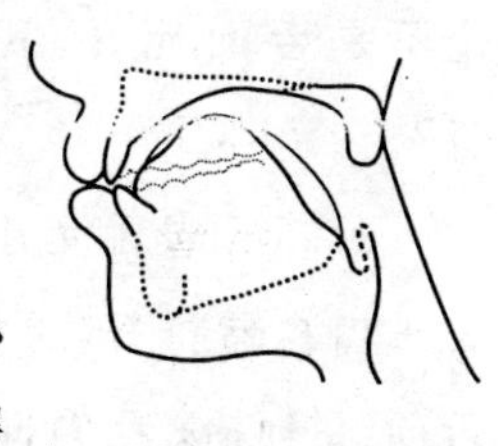

ü [y] 前高圆唇元音

两唇拢圆，略向前突，中间留一个扁圆小孔，舌尖抵住下齿背，舌面前部隆起，和硬腭前部相对。发音时，声带颤动，软腭上升，关闭鼻腔通路。

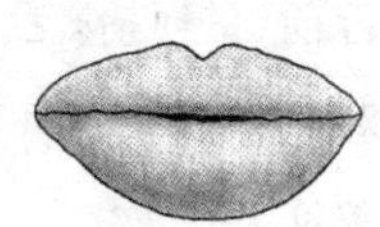

发音例词：

ü-ü 居于 jūyú　聚居 jùjū　区域 qūyù　屈居 qūjū

曲剧 qǔjù　须臾 xūyú　栩栩 xǔxǔ　序曲 xùqǔ

鱼具 yújù　语序 yǔxù　雨具 yǔjù　玉宇 yùyǔ

寓居 yùjū　豫剧 yùjù

普通话7个舌面元音只有 i、u 两个基本上与国际音标的标准元音相同，其余5个元音的舌位都与国际音标确定的有关元音的舌位有出入（见右图）。ɑ 实际比央元音[A]偏后；ü 实际比前高元音[y]的舌位偏后偏下；ê 实际比中元音[E]舌位稍稍靠后靠上；e 比后半高元音[ɤ]靠前，几乎接近央元音区；o 实际比后中元音[o]靠前。从右上图可以同时看出舌面元音的实际发音时的舌位。

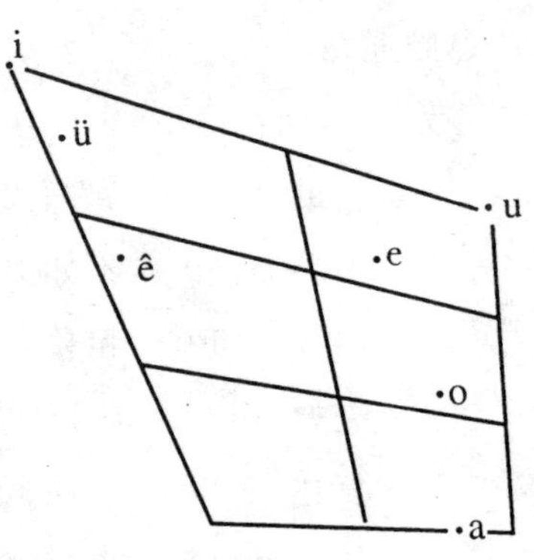

普通话舌面元音
实际舌位示意图

以上单韵母都由舌面元音充当，普通话10个单韵母中另外3个不是舌面元音，我们称它们为“特殊元音”。

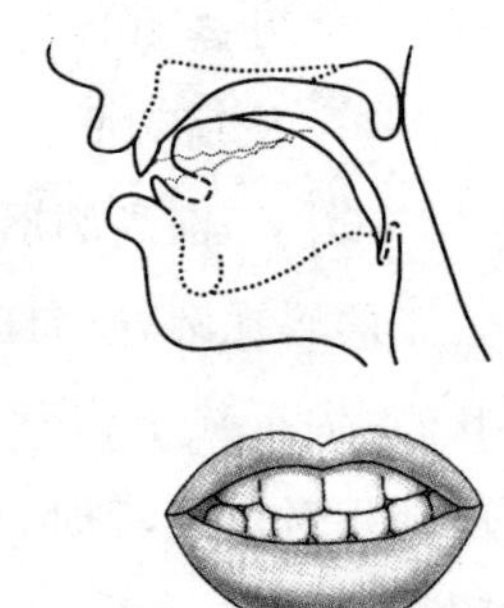

er [ər]卷舌元音

口自然打开，舌位不前不后不高不低，舌前部上抬，舌尖向后卷，和硬腭前端相对。发音时，声带颤动，软腭上升，关闭鼻腔通路。

发音例词：

er- 而且 érqiě　　儿歌 érgē　　儿化 érhuà　　儿女 érnǚ

儿子 érzi　　耳朵 ěrduo　　二胡 èrhú

-i(前)［ɿ］舌尖前不圆唇元音

口略开，嘴角向两旁展开，舌尖和上齿背相对，保持适当距离。发音时，声带颤动，软腭上升，关闭鼻腔通路。这个韵母在普通话里只出现在 z 、c 、s 声母的后面。

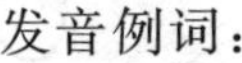

发音例词：

-i(前)～ 咨询 zīxún　　资格 zīgé　　资金 zījīn

姿势 zīshì　　紫菜 zǐcài　　子弟 zǐdì　　子孙 zǐsūn

仔细 zǐxì　　字典 zìdiǎn　　字母 zìmǔ　　自己 zìjǐ

自然 zìrán　　自由 zìyóu　　慈祥 cíxiáng　　磁铁 cítiě

辞职 cízhí　　辞典 cídiǎn　　词语 cíyǔ　　此外 cǐwài

次序 cìxù　　刺激 cìjī　　思考 sīkǎo　　思想 sīxiǎng

私自 sīzì　　私人 sīrén　　司令 sīlìng　　丝毫 sīháo

丝绸 sīchóu　　死亡 sǐwáng　　四声 sìshēng　　四周 sìzhōu

-i(后)［ʅ］舌尖后不圆唇元音

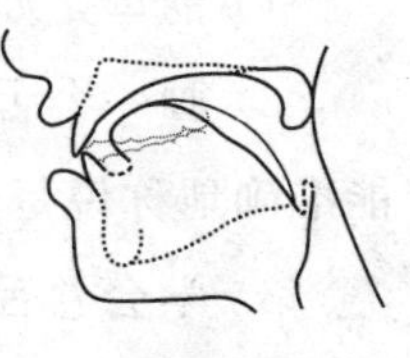

口略开，展唇，舌前端抬起和硬腭相对。发音时，声带颤动，软腭上升，关闭鼻腔通路。这个韵母在普通话里只出现在 zh、ch、sh、r 声母的后面。

发音例词：

-i(后)～-i(后)

诗史 shīshǐ　失时 shīshí　实施 shíshī　实质 shízhì

失职 shīzhí　时事 shíshì　食指 shízhǐ　市尺 shìchǐ

试制 shìzhì　事实 shìshí　逝世 shìshì　支持 zhīchí

支使 zhīshǐ　知识 zhīshi　直至 zhízhì　值日 zhírì

只是 zhǐshì　咫尺 zhǐchǐ　指示 zhǐshì　指使 zhǐshǐ

制止 zhìzhǐ　智齿 zhìchǐ　日食 rìshí　日志 rìzhì

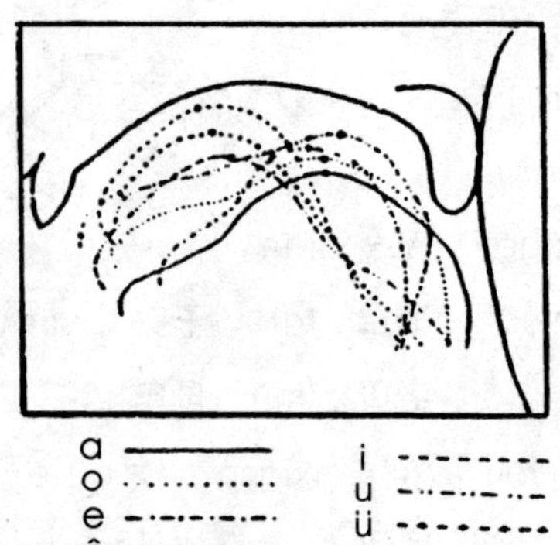

普通话舌面元音舌位比较

er
i (资)
i (知)

普通话卷舌元音和舌尖元音舌位比较

思考题：

1）韵母是如何分类的？并分析每个韵母的结构。

2）画一个舌面元音图，标出普通话每个舌面元音的位置，并能准确地称说每个元音。

3）学会卷舌韵母 er 的发音，体会它发音的要领。

语音训练(四)

1. ɑ、o、e、i、u、ê 的发音训练

ɑ 的发音不是难点，但受方言影响南方方言区可能出现舌位偏前，发成前[a]；某些北方方言区（如：河北）出现舌位偏后，发成后[ɑ]的情况。指导发音的方法：注意体会发音时舌尖的位置。如果舌尖完全抵实下齿背，容易出现舌位偏前的情况；而舌尖后缩，离开下齿背便会出现舌位偏后的情况。正确的发音应该是舌尖约可触及下齿背，舌面中后部适当隆起。

o 的发音容易出现两个问题：1)舌位较高，发成[o]，或较低，发成[ɔ]。可以采用"析出法"，从复韵母 uo 出发，当韵头 u 滑过之后，停留在 o 的舌位和唇形上，不要动，稍停顿一下，接着再发音，便得到了纯粹的单元音 o 了。2)舌位出现动程，或发成 ou，或发成 uo。只要找准发音位置，舌位和唇形就不动了，直至发音结束。

单韵母 o 除在"哦"、"喔"等叹词中作韵母外，极少单独使用，一般只出现在复韵母 uo 中。音节拼写中，唇音声母 b、p、m、f 后面出现的 o，其实从发音上看它本来的韵母是 uo，音节本该拼写为：buo、puo、muo、fuo，现在拼写为：bo、po、mo、fo 是拼写上的一种省略。这种省略是从"国语罗马字"开始的，现在沿用了这种拼法。这种省略的语音依据是同 uo 相拼时，唇形在声母后仍保持上下收拢的状态，而韵头 u 的语音比较短暂。在拼写上省略了 u，但在发音时切不可省略 u。东北一些地区的人把 bo、po、mo、fo 读作 be、pe、me、fe。纠正这种发音习惯，就是要注意发好韵头 u，并保持从声母到韵母的圆唇唇形。

e 的发音容易出现的问题：1)舌位过高，接近后高元音［ɯ］。纠正的方法：要加大开口度，上下齿之间要有能容得下一个小指的距离，同时舌位也随之向下降。2)舌位偏前，甚至接近前元音区。纠正的方法有两种：一种是利用音节 ge 、ke 、he 训练。声母 g 、k 、h 是舌面后音（舌根音），可以尽量引导元音 e 的舌位向后移，当这个方法起作用后，再训练其他音节。另一种是利用单元音 o 是圆唇后元音的条件进行引导。由于生理的缘故，当发圆唇音的时候，舌位容易后移。e 与 o 的舌位相近，先发一个 o，利用圆唇音舌头尽量后缩，固定舌位后慢慢将双唇向左右展开，便发出准确的 e 了。发音过程中要避免过于紧张，不要产生摩擦。

i 是不圆唇的前高元音，在元音中舌面隆起部位与上腭的距离最窄，发音时注意不要带摩擦。如果出现舌位低或偏后的问题，克服起来比较容易。首先能听辨出这种细微差别。舌位低了，可将口微微闭拢；舌位偏后，则要使舌面的隆起部位再向前移。

u 发音时，注意双唇不要振颤摩擦。江浙人发音舌位容易靠前。u 是元音中唇形最圆的，舌位后移比较容易，纠正起来并不困难。

ê 的发音参见第三讲“语音训练（一）”。

2. e 和 uo 的区分

普通话一部分读韵母 e 的字，有的汉语方言读作 uo 韵母字（实际发音往往是单元音［o］），如武汉、成都、扬州、湖南长沙、双峰、厦门等地区的方言。可以用下面的材料练习：

第 1 组

e-uo(o)	厕所 cèsuǒ	车祸 chēhuò	恶果 èguǒ	恶魔 èmó
	隔膜 gémó	合伙 héhuǒ	合作 hézuò	刻薄 kèbó
	勒索 lèsuǒ	热火 rèhuǒ	折磨 zhémó	各国 gèguó
	课桌 kèzhuō			
uo(o)-e	波折 bōzhé	薄荷 bòhe	撮合 cuōhe	错车 cuòchē
	挫折 cuòzhé	国策 guócè	国歌 guógē	火车 huǒchē
	火舌 huǒshé	或者 huòzhě	货车 huòchē	摹刻 mókè
	末车 mòchē	墨盒 mòhé	若何 ruòhé	说和 shuōhe
	说客 shuōkè	脱色 tuōsè	拖车 tuōchē	驼色 tuósè
	卧车 wòchē	着色 zhuósè	灼热 zhuórè	作恶 zuò’è
	作客 zuòkè	作者 zuòzhě		

3. ü 的发音训练

广东潮州、海南、云南、贵州和湖北、山西一部分地区，及客家话等汉语方言中没有 ü 和 以 ü 开头的撮口呼韵母，这类韵母在这些地方多是 i 和以 i 开头的齐齿呼韵母。

学会发 ü 音并不难。一般人都会发 i。i 和 ü 的舌位高低前后相同，只是唇形圆展不同。可以先发 i，声音拖长，舌位保持不动，把双唇有平展收拢成扁圆状，就发出 ü 了。

撮口呼音节组成词语训练时，尽量选择前一个音节的韵母是单元音 u 的或者韵母是 ao 、 iao 、 ou 、 iou 的音节，最理想的是单韵母 u 的音节。

第 2 组 i—ü　i—ü　u—ü　u—ü

u—ju　u—qu　u—xu

u～ü　无余 wúyú　乌鱼 wūyú　舞剧 wǔjù　舞曲 wǔqǔ

无须 wúxū　务虚 wùxū　务须 wùxū　补缺 bǔquē

补血 bǔxuè　不拘 bùjū　不屈 bùqū　不许 bùxǔ

布局 bùjú　出去 chūqù　储蓄 chǔxù　处女 chǔnǚ

触觉 chùjué　杜绝 dùjué　幅员 fúyuán　抚恤 fǔxù

赋于 fùyú　复句 fùjù　复原 fùyuán　附庸 fùyōng

孤军 gūjūn　谷雨 gǔyǔ　雇员 gùyuán　故居 gùjū

呼吁 hūyù　虎穴 hǔxué　录取 lùqǔ　陆续 lùxù

牧区 mùqū　母语 mǔyǔ　沐浴 mùyù　入选 rùxuǎn

土语 tǔyǔ　乌云 wūyún　无穷 wúqióng　主权 zhǔquán

祝愿 zhùyuàn

-u～ü　丑剧 chǒujù　犹豫 yóuyù　留学 liúxué　旧居 jiùjū

后续 hòuxù　口语 kǒuyǔ　授予 shòuyǔ　保全 bǎoquán

校阅 jiàoyuè　侨居 qiáojū　少女 shàonǚ　笑语 xiàoyǔ

条约 tiáoyuē　高举 gāojǔ

附：3500 常用字中的撮口呼韵母字字表

撮口呼韵母只同声母 j、q、x、n、l 和零声母相拼。普通话 400 音节中，撮口呼音节只有 24 个，3500 常用字中包括 259 个撮口呼韵母字。

jiong　③※窘

ju　①车（～马炮）拘居据鞠※驹②局菊橘③柜矩举※沮

④巨句拒具俱剧据距锯聚※炬沮

juan　①捐圈※鹃③卷④卷倦绢圈※眷

jue　②决角觉绝嚼脚掘※诀倔爵④※倔

jun　①军均龟(～裂)君菌※钧④俊菌※峻骏竣

lü　②驴③旅屡※吕侣铝缕履④律虑率绿滤※氯

lüe　④略

nü　③女

qiong　②穷※琼

qu　①区曲驱屈趋※岖蛆躯②渠③曲取※娶④去趣

quan　①圈②权全泉拳※痊③犬④劝券

que　①缺②※瘸④却雀确鹊

qun　②裙群

xiong　①凶兄胸※匈汹②雄熊

xu　①须虚需※吁②徐③许④序叙畜绪续絮蓄※旭恤酗婿

xuan　①宣※轩喧②悬旋※玄漩③选※癣④券旋※炫

xue　①削※靴薛②穴学③雪④血

xun　②旬寻巡询循※勋熏④训讯迅※汛驯逊殉熏

yong　①佣(女～)拥庸③永咏泳勇涌※蛹踊④用佣(～金)

yu　①※迂淤②于余鱼娱渔愉榆愚※隅逾舆③与予屿宇羽雨语④与玉育志狱浴朱预域欲遇御裕愈誉※芋吁郁尉喻寓蔚豫

yuan　①冤※鸳渊②元园员原圆援缘源※袁猿辕③远 ④怨院愿

yue　①约④月乐钥阅悦跃越※岳粤

yun　　①晕②云匀员※耘③允※陨④孕运员晕韵※酝蕴

4. i 和 ü 的区分

发音上区分比较容易，两个音舌位相同，不同的是 i 是不圆唇音，而 ü 是圆唇音。i 和 ü 对比的音节有 6 对。bi 、pi 、mi 、di 、ti 没有对比的音节。

第 3 组 yi—yu　　ji—ju　　qi—qu

xi—xu　　li—lü　　ni—nü

移 yí —鱼 yú　　机 jī —居 jū　　期 qī —区 qū

西 xī —需 xū　　里 lǐ —旅 lǚ　　你 nǐ —女 nǚ

第 4 组

i-ü 继续 jìxù　　纪律 jìlǜ　　谜语 míyǔ

体育 tǐyù　　例句 lìjù　　地域 dìyù

ü-i 履历 lǚlì　　语气 yǔqì　　距离 jùlí

曲艺 qǔyì　　具体 jùtǐ　　预习 yùxí

玉米 yùmǐ

第 5 组 分期 fēnqī —分区 fēnqū　　名义 míngyì —名誉 míngyù

容易 róngyì —荣誉 róngyù　　季节 jìjié —拒绝 jùjué

雨季 yǔjì —雨具 yǔjù　　办理 bànlǐ —伴侣 bànlǚ

适宜 shìyí —适于 shìyú　　书籍 shūjí —书局 shūjú

大姨 dàyí —大鱼 dàyú　　得意 déyì —德育 déyù

里程 lǐchéng —旅程 lǚchéng　　实际 shíjì —实据 shíjù

戏曲 xìqǔ —序曲 xùqǔ　　臆测 yìcè —预测 yùcè

遗传 yíchuán —渔船 yúchuán　　移民 yímín —渔民 yúmín

意见 yìjiàn —遇见 yùjiàn　雨季 yǔjì —语句 yǔjù

防疫 fángyì —防御 fángyù

5. 卷舌韵母 er 的发音训练

er 是南方一些地区的人学习普通话的难点音之一。

汉语拼音方案用两个字母描写卷舌元音 er,其实 r 不代表独立的音素,只是个表示卷舌动作的形容性符号。它的发音是在舌位不高不低不前不后的央元音[ə]的基础上,同时带有卷舌动作,是舌尖和舌面同时起作用。因此,不把 er 看成是 e 和 r 两个音素的相加,它属于单元音的性质。训练的方法是:

1) 尽管把 er 看作是一个整体的单元音,但发音训练时我们不妨把它分析成 e 和 r 两部分,先发一个舌面中部微微隆起的央元音 [ə](轻声音节的 de 、 le 中的 e 就是这个音),然后再加上一个轻巧的卷舌动作。这是夸张过渡的方法,发音生硬,但便于体会。开始时,前后两部分有明显衔接的痕迹,要逐步缩短这个距离,使 e 和 r 连紧, 最后形成一个整体的 er。

2)先发一个央元音 [ə],紧接着心里想着发一个舌尖后音声母 r。开始时可能有硬接的痕迹,逐步便融为一体了。

6. 舌尖韵母 -i(前)、-i(后)的发音训练

普通话里舌尖元音都是不圆唇的,只同声母舌尖前音 z 、 c 、s 和舌尖后音 zh 、 ch 、 sh 、 r 相拼(汉语方言中有圆唇的舌尖元音,如上海、湖北等。也可以同双唇音、舌尖中音相拼,如安徽等)。它们作为普通话的两个韵母,我们应该学会单独发音。

(小学汉语拼音教学把 zi 、ci 、si 、zhi 、chi 、shi 、ri 作为整体认读音节,舌尖元音不分析出来单独教学。)

训练的方法是:舌尖前元音先用音节 zi 进行引导,而舌尖后元音用音节 zhi 进行引导。发完声母,继续延长发音,同时颤动声带,消除摩擦,就发成标准的舌尖元音了。舌尖后元音也可以用 ri 这个音节引导。r 和 -i(后)的音色十分相近,区别只是声母 r 带有较明显的摩擦,而韵母 -i 没有摩擦。

第七讲　韵母(二)

五、复韵母(复合元音)

复韵母是由复合元音充当韵母。复合元音是对单元音而言的。单元音发音时,舌位和唇形没有明显的移动变化。复合元音发音过程中舌位和唇形连续移动变化。我们把这种舌位移动的过程称作“动程”。

复合元音的舌位移动产生了一串元音音素,因此复合元音是由一串元音音素复合而成的,从听觉上已经复合成一个固定的音组。由一个元音的舌位向另一个元音舌位的方向作直线的移动,称作“二合元音”。标音用两个字母,表示元音舌位的起点、止点或舌位移动的方向。如果元音舌位出现曲折移动,称作“三合元音”。标音用三个字母,中间的字母表示元音舌位移动的折点。表示复合元音的起点、折点、止点的元音音素,称为“目标元音”。

复合元音的发音特点是:1)由一串元音音素复合而成,不是表示起点、折点、止点的元音音素的简单相加。如 ai≠a+i, uai≠u+a+i。2)在表示起止的元音音素之间,有一些元音音素在舌位移动过程中滑过去。如 ɑi 的发音在 ɑ 和 i 之间至少可以用国际音标描写出能够明确分辨的 [æ][ɛ][E][e]四个元音音素在发音时滑过去。3)这种舌位的滑动过程是快速的。给人们留下印象的仍是开头和收尾的元音成分,中间的元音音素则瞬间滑过。4)普通话复合元音开头、中间和收尾的元音成分,总是其中一段是清晰、响亮,而且发音稍长。二合元音中开头响亮清晰的叫"前响复合元音",收尾响亮清晰的叫"后响复合元音",三合元音在普通话中一定是中间的元音音素响亮清晰,是"中响复合元音"。

从韵母结构上分析,复韵母中韵头有 i 、u 、ü 三个,韵尾只有元音韵尾 -i 和 -u(-o) 两个。

六、复韵母(复合元音)的发音

普通话前响复合元音共有 4 个:ɑi 、ei 、ɑo 、ou。发音的共同点是元音舌位都是由低向高滑动,开头的元音音素响亮清晰,收尾的元音音素轻短模糊,而且收尾的字母(或音标)只表示舌位移动的方向,舌位移动的终点不太确定。本书对复合元音收尾音的描写,是一般情况下达到的舌位状态。(注意:发音训练时为了便于掌握和严格训练,仍应该把复合元音发到位,在自然语流中便可以运用自如,顺其自然了)由于前响复合元音在复合元音中占有较为重要的地位,下面进行比较详细的描述:

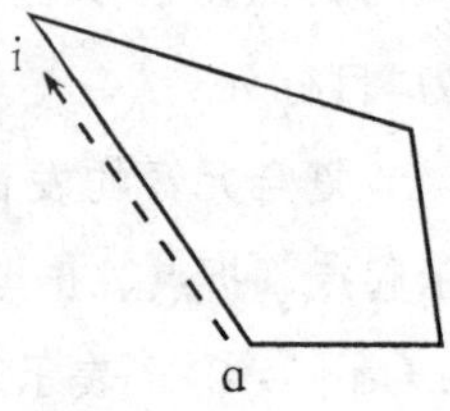

ɑi [aɪ] 或 [aι]

是前元音的音素复合,动程宽。起点元音

是比单元音 ɑ 的舌位靠前的前低不圆唇元音 ɑ[a],我们称它为“前 ɑ ”。它发音时,舌尖接触下齿背,舌面中部呈拱形,舌面前部隆起部位与硬腭相对。舌和腭没有接触。从“前 ɑ ”开始,舌位向 i 的方向滑动升高,终点不太确定,至多在刚接近前高元音 i 的区域时就停止发音了。收尾的 -i 的音色从听感上比单元音 i 要含混。发音过程中,舌头的状态同单元音 i 相近,但舌面隆起部位比 i 略后,舌面离上腭比 i 稍远。-i 的实际读音是比单元音 i 舌位略低的[ɪ]。

发音例词:

ai-ai 爱戴 àidài　白菜 báicài　采摘 cǎizhāi　彩带 cǎidài
彩排 cǎipái　拆台 chāitái　海菜 hǎicài　海带 hǎidài
开采 kāicǎi　买卖 mǎimai　拍卖 pāimài　晒台 shàitái
灾害 zāihài　择菜 zháicài

ei [eɪ]或[eɩ]

起点元音是前半高不圆唇元音 e [e],实际发音舌位要靠后靠下,接近央元音[ə]。发音过程中,舌尖接触下齿背,舌面前部(略后)隆起,对着硬腭中部。从 e 开始舌位升高,向 i 的方向往前往高滑动,终点不太确定。收尾的 -i 同 ai 中的 -i 相近,因受 e- 的影响舌位略高,但比单元音 i 的舌位偏后,舌头肌肉较松,舌位也不太稳定。是普通话中动程较短的复合元音。

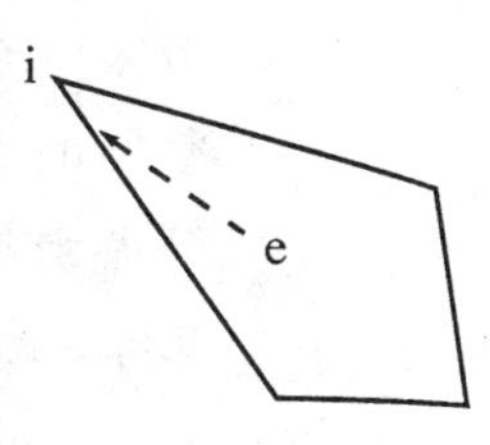

发音例词:

ei-ei 非得 fēiděi　飞贼 fēizéi　肥美 féiměi　妹妹 mèimei
配备 pèibèi　贝类 bèilèi

ao [ɑʊ] 或 [ɑω]

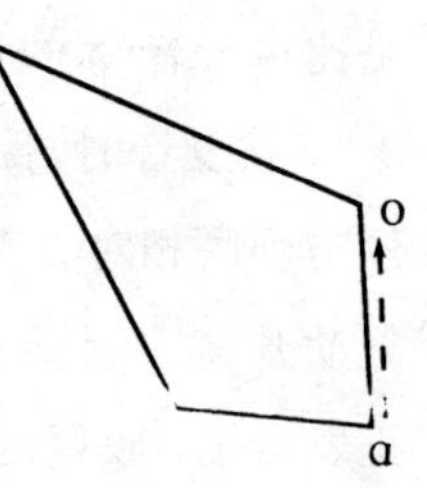

是后元音音素的复合。起点元音比单元音 ɑ [A]和复合元音 ai [a] 中 ɑ 的舌位都靠后，是个后低不圆唇元音，称它为“后 ɑ”。发音时，舌头后缩，舌尖离开下齿背，舌面后部隆起。从“后 ɑ”开始，舌位向 u（拼写作 -o，实际发音接近 u）的方向滑动升高，终点不太确定。收尾的 -u(-o) 音舌位状态接近单元音 u，但舌位略低。

发音例词：

ao-ao 懊恼 àonǎo　包抄 bāochāo　报导 bàodǎo　报告 bàogào

报考 bàokǎo　操劳 cāoláo　草包 cǎobāo　草帽 cǎomào

叨唠 dāolao　祷告 dǎogào　稻草 dàocǎo　高傲 gāo’ào

高潮 gāocháo　高烧 gāoshāo　告饶 gàoráo　号啕 háotáo

毫毛 háomáo　号召 hàozhào　牢靠 láokao　牢骚 láosāo

劳保 láobǎo　老少 lǎoshào　毛糙 máocao　茅草 máocǎo

冒号 màohào　抛锚 pāomáo　跑道 pǎodào　绕道 ràodào

骚扰 sāorǎo　逃跑 táopǎo　讨好 tǎohǎo　糟糕 zāogāo

早操 zǎocāo　早稻 zǎodào　招考 zhāokǎo

ou [əʊ] 或 [əω]

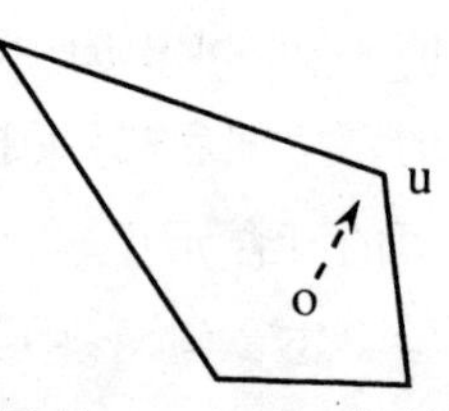

起点元音比单元音 o 的舌位略高、略前，接近央元音 e [ə]，唇形略圆。发音时，从这个略带圆唇的央 e 开始，舌位向 u 的方向滑动，终点不太确定。收尾 -u 音比单元音 u 的舌位略低，唇形不太圆。受前面元音 o- 的影响，收尾的 -u 比 ao 中的 -o 舌位略高。它是普通话复韵母中动程最短的复合元音。

发音例词：

ou-ou 筹谋 chóumóu 丑陋 chǒulòu 兜售 dōushòu 抖搂 dǒulou
佝偻 gōulóu 猴头 hóutóu 后头 hòutou 口臭 kǒuchòu
口授 kǒushòu 漏斗 lòudǒu 露头 lòutóu 收购 shōugòu
手头 shǒutóu 偷漏 tōulòu 叩头 kòutóu 喉头 hóutóu

普通话后响复合元音有 5 个：ia 、ie 、ua 、uo 、üe。发音的共同点是舌位由高向低滑动，收尾的元音音素响亮清晰，在韵母中处在韵腹地位，因此舌位移动的终点是确定的。而开头的元音音素都是高元音 i-、u-、ü- 充当，相对比较，不太响亮比较短促，由于它处于韵母的韵头位置，发音并不模糊，但在音节中特别是零声母音节常伴有轻微摩擦。后响复合元音中起点和止点元音的区别主要在于响度和长度，却都具有一定的清晰度，这样它的整体性不如前响复合元音强，发音中间的舌位移动稍快。

ia [iA]

起点元音是前高元音 i，由它开始，舌位滑向央低元音 a [A]止。i 的发音紧而短，a 的发音响而长。止点元音 a 位置确定。

发音例词：

ia-ia 家家 jiājiā 假牙 jiǎyá 加价 jiājià 恰恰 qiàqià
下牙 xiàyá 压价 yājià

ie [iE]

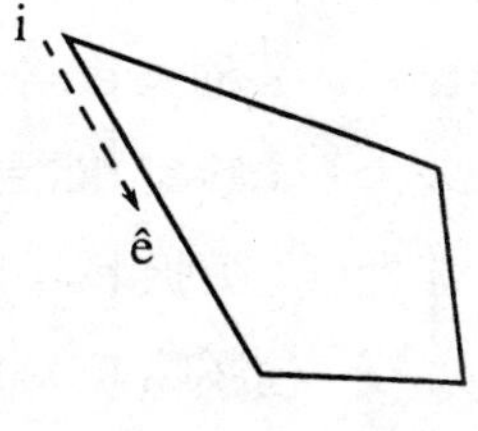

起点元音是前高元音 i，由它开始，舌位滑向前中元音 ê [E]止。i 紧而短，ê 响而长。止点元音 ê 位置确定。发音过程中舌尖始终不离开下齿背。

发音例词：

ie-ie 结业 jiéyè　姐姐 jiějie　趔趄 lièqie　歇业 xiēyè

谢谢 xièxie　爷爷 yéye　贴切 tiēqiè

uɑ [uA]

起点元音是后高圆唇元音 u，由它开始，舌位滑向央低元音 ɑ [A] 止，唇形由最圆逐步展开到不圆。u 紧而短，ɑ 响而长。

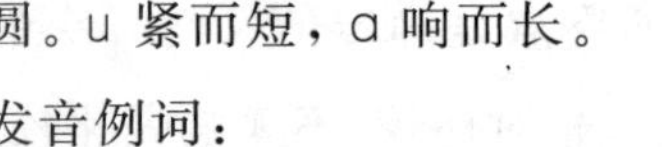

发音例词：

uɑ-uɑ 呱呱 guāguā　挂花 guàhuā　耍滑 shuǎhuá

娃娃 wáwa　花袜 huāwà

uo [uo̜]

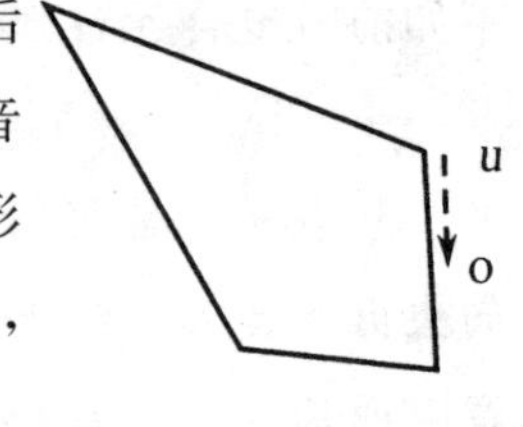

由圆唇后元音复合而成。起点元音是后高元音 u，由它开始，舌位向下滑到后中元音 o 止。u 紧而短，o 响而长。发音过程中，唇形始终是圆唇，开头最圆，结尾唇形开度加大，比较自然，不太圆。

发音例词：

uo(o)-uo(o)

菠萝 bōluó　剥夺 bōduó　剥落 bōluò　伯伯 bóbo

薄弱 bóruò　错过 cuòguò　做作 zuòzuo　错落 cuòluò

哆嗦 duōsuo　堕落 duòluò　国货 guóhuò　过错 guòcuò

活捉 huózhuō　火锅 huǒguō　阔绰 kuòchuò　罗锅 luóguō

啰嗦 luōsuo　萝卜 luóbo　落座 luòzuò　骆驼 luòtuo

摸索 mōsuǒ　摩托 mótuō　没落 mòluò　懦弱 nuòruò

破落 pòluò　破获 pòhuò　说破 shuōpò　硕果 shuòguǒ

脱落 tuōluò　陀螺 tuóluó　唾沫 tuòmo　捉摸 zhuōmō

着落 zhuóluò　琢磨 zhuómó　坐落 zuòluò

üe [yE]

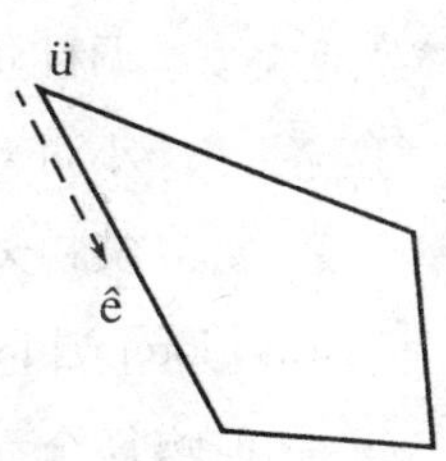

由前元音复合而成。起点元音是圆唇的前高元音 ü,由它开始,舌位下滑到中元音[E],唇形由圆展开到不圆。ü 紧而短,ê 响而长。

发音例词:

üe- 雀跃 quèyuè　约略 yuēlüè　确切 quèqiè　决裂 juéliè

血液 xuèyè　月夜 yuèyè　虐待 nüèdài

普通话中响复合元音都是三合元音,是由二合元音前面加上一段由高元音 i- 或 u- 开始的元音舌位动程构成的,共有 4 个:iao、iou、uai、uei。发音的共同点是舌位由高向低滑动,再从低向高滑动。相对比较,开头的元音音素不太响亮较短促(紧而短),在音节中特别是零声元音节中常伴有轻微的摩擦。中间的元音音素响亮清晰(响而长)。收尾的元音音素轻短模糊(短而弱)。

iao [iaʊ]或[iaω]

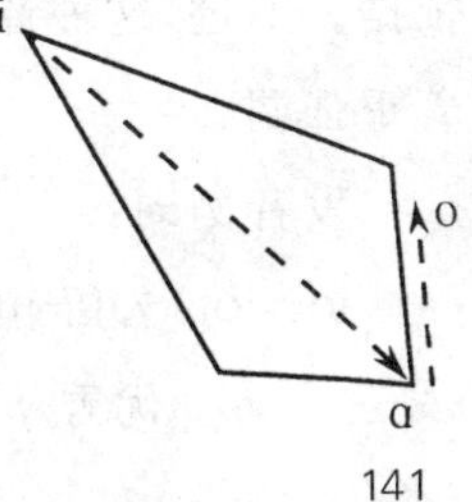

在前响复合元音 ao 的前面加上一段由高元音 i 开始的过渡动程。由前高元音 i 开始,舌位降至后低元音 ɑ。接着再由低向后高圆唇元音 u [-ʊ]的方向滑升。发音过程中,舌位先降后升,由前到后,曲折幅度大。唇形从中间的折点元音 a 开始由不圆唇变为圆唇。

发音例词：

iao-iao 吊桥 diàoqiáo 吊销 diàoxiāo 脚镣 jiǎoliào 教条 jiàotiáo
叫嚣 jiàoxiāo 疗效 liáoxiào 秒表 miǎobiǎo 藐小 miǎoxiǎo
飘摇 piāoyáo 缥缈 piāomiǎo 巧妙 qiǎomiào 调教 tiáojiào
调料 tiáoliào 跳脚 tiàojiǎo 消遥 xiāoyáo 萧条 xiāotiáo
小调 xiǎodiào 小巧 xiǎoqiǎo 窈窕 yǎotiǎo 苗条 miáotiao
笑料 xiàoliào

iou [iəʊ]或[iəɷ]

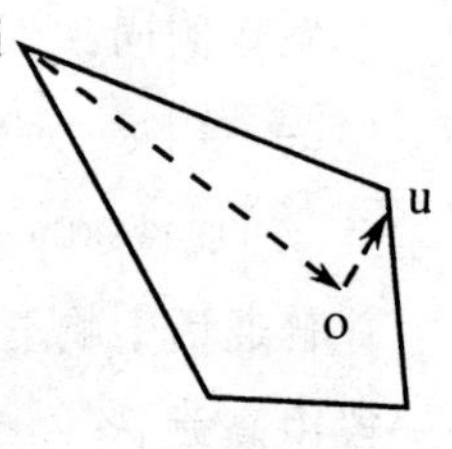

在前响复合元音 ou 的前面加上一段由高元音 i 开始的过渡动程。由前高元音 i 开始，舌位降至央元音 [ə]偏后的位置，紧接着再由低向后高圆唇元音的方向滑升。发音过程中，舌位先降后升，由前到后，曲折幅度较大。开始发央元音[ə]时，逐渐圆唇。

在音节中，复合元音 iou 受到声调阴平声（第一声）和阳平声（第二声）的影响，使中间的元音（韵腹）弱化，甚至接近消失，舌位动程主要表现为前后的滑动，成为[iʊ]。如：优 [iʊ]、由[iʊ]、究[tɕiʊ]、求[tɕʻiʊ]。这种音变成为汉语拼音 iou 省写规则的语音依据。不过，这种音变是随着声调自然变化的，在语音训练中不必着重强调。

发音例词：

iou-iou 久留 jiǔliú 舅舅 jiùjiu 求救 qiújiù 绣球 xiùqiú
优秀 yōuxiù 悠久 yōujiǔ 有救 yǒujiù 牛油 niúyóu

uai［uaɪ］

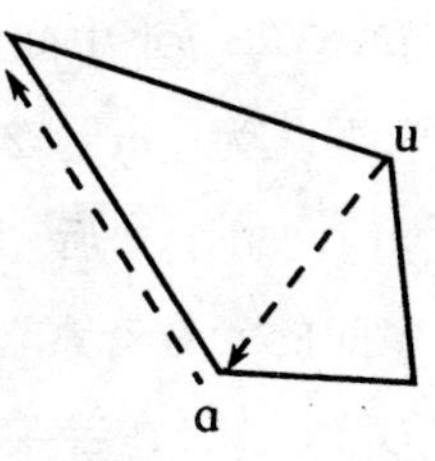

在前响复合元音 ai 的前面加上一段由高元音 u- 开始的过渡动程。由圆唇的后高元音 u 开始，舌位向前滑降到前低不圆唇元音 a(即“前 a”)，紧接着再由低向前高不圆唇元音 i 的方向滑升。舌位动程先降后升，由后到前，曲折幅度大。唇形从最圆开始，逐渐开口度加大，当接近前元音 a 以后渐变为不圆唇。

发音例词：

uai-	乖乖 guāiguāi	外快 wàikuài	怀揣 huáichuāi
	外踝 wàihuái	怀念 huáiniàn	拐弯 guǎiwān
	拐棍 guǎigùn	怪事 guàishì	坏处 huàichu
	衰弱 shuāiruò	摔跤 shuāijiāo	拽住 zhuàizhù
	歪曲 wāiqū	外表 wàibiǎo	

uei［ueɪ］

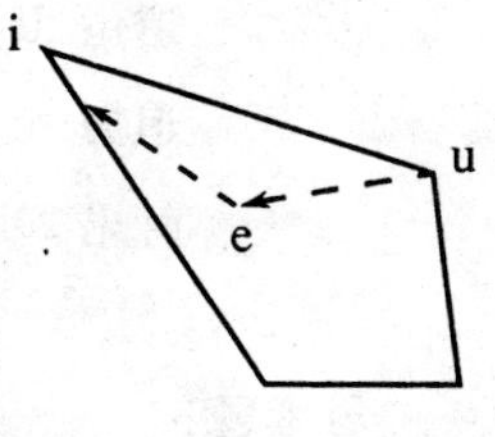

在前响复合元音 ei 的前面加上一段高元音 u 的过渡动程。由后高圆唇元音 u 开始，舌位向前向下滑到前半高不圆唇元音偏后靠下的位置(相当于央元音［ə］偏前的位置)，紧接着再由低向前高不圆唇元音 i 的方向滑升。发音过程中，舌位先降后升，由后到前，曲折幅度较大。唇形从最圆开始，随着舌位的前移开口度加大，当接近 e 以后变为不圆唇。

在音节中，韵母 uei 受声母和声调的影响，中间的元音弱化。

大致有四种情况：1)读阴平(第一声)或阳平(第二声)的零声母音节，韵母 uei 中间的元音音素弱化接近消失。例如："微""围"的韵母弱化为[uɪ]。2)在舌尖音声母 z 、c 、s 、d 、t 、zh 、ch 、 sh 、r 后，并读阴平(第一声)和阳平(第二声)时，韵母 uei 中间的元音音素弱化接近消失。例如："催""推""垂"的韵母弱化为[uɪ]。3)在舌尖音声母后，并逢上声(第三声)或去声(第四声)时，韵母 uei 中间的元音音素弱化，但没有消失。例如："嘴""腿""最""退"的韵母都弱化成[$u^eɪ$]。4)在舌面后音(舌根)声母 g 、k 、h 后，并读阴平或阳平时，韵母 uei 中间的元音 e 弱化而不消失。例如："规""葵"的韵母弱化成 [$u^eɪ$]。这种音变是随着声母和声调的条件变化的，语音训练中不必过于强调。

发音例词：

uei-uei	垂危 chuíwēi	翠微 cuìwēi	归队 guīduì	回归 huíguī
	回味 huíwèi	回嘴 huízuǐ	悔罪 huǐzuì	汇兑 huìduì
	魁伟 kuíwěi	水位 shuǐwèi	推诿 tuīwěi	退回 tuìhuí
	退位 tuìwèi	尾随 wěisuí	未遂 wèisuì	畏罪 wèizuì
	追悔 zhuīhuǐ	追随 zhuīsuí	坠毁 zhuìhuǐ	嘴碎 zuǐsuì
	醉鬼 zuìguǐ	罪魁 zuìkuí	鬼祟 guǐsuì	荟萃 huìcuì

思考题：

1) 复合元音的发音特点是什么？

2) 从韵母的结构上分析前响复合元音，说明它在韵母中的地位。

3) 从复韵母 ia 、ie 和 ai 、ei 的实际发音中，体会韵头 i-与韵尾 -i 之间细微的差别。

语音训练(五)

复韵母(复合元音)

1. 前响复韵母 ɑi 、 ei 、 ɑo 、 ou 的发音训练

前响复合元音发音整体性较强,也是学习三合元音（中响复合元音)的基础,是学习复韵母(复合元音)的重点。

学习前响复合元音要注意四点:

1) 不要发成单元音,要有动程。如江浙人常受方言影响,把 ɑi 发得像单元音 [ε]或 [æ],把 ei 发得像单元音 [e],把 ɑo 发得像[ɔ],把 ou 发得像 [o]。其中 ei 和 ou 动程比较短,更要注意体会。解决这个问题还要注意下面一点。

2) 要准确掌握开头的元音音素(韵腹)的舌位。ɑi 中的 [a] 是个"前 ɑ",舌尖抵住下齿背,舌面前部隆起,舌位不要靠后,一定要降到"前低"的位置。江浙人要解决单元音化的问题,必须首先把握准舌位，不能在原有的单元音[ε]或 [æ]的基础上加动程,那样不可能准确。ei 中的 e 不是"前半高元音",实际舌位要比前半高的 [e]偏后偏低,接近央元音。因此,舌位不要前移抬高。ɑo 中的 [ɑ] 是个"后 ɑ"。这一点讲粤语的人应注意。ou 基本是后元音的复合,注意舌位不要整体靠前,这一点江浙人应注意。

3) 收尾的元音音素不要发得过于突出。前响复合元音收尾的元音音素只有 -i 和 -u(o)两个,相对起点元音音素来说都是轻短模糊的,终点也不确定,舌位比 i 、 u 稍低。讲粤语的人应注意。

4)要掌握复合元音的发音要领。复合元音都是从一个元音的舌位向另一个元音舌位的滑动。发音训练时为了充分体会舌位移动的过程,移动的幅度可以适当加大,滑动的速度可以放慢。训练整体性比较强的前响复合元音更应如此。如:

a—i　　e—i　　a—o　　o—u

2. ie 、 üe 的发音训练

ie 、 üe 是后响复合元音,由前元音音素复合而成,都是由前高元音开始,到前中元音 ê 止。两者不同的是 ie 的起点元音是不圆唇的 i,而 üe 的起点元音是圆唇的 ü。

发音常见的问题是:1)止点元音的舌位偏高,从前高元音只降至前半高元音[e]。江浙人容易出现这个问题。纠正时,要打开下颌,自然降低舌位,但舌尖不要离开下齿背。2)止点元音舌位后移,接近后半高元音 e[ɤ],有的还在 üe 的 ê 上带有圆唇。多见于北方方言区,如河南、山西等。纠正时,舌尖始终不要离开下齿背,舌头不要后缩,注意唇形由圆到展的过程。

3. i-(齐齿呼)和 ü-(撮口呼)复韵母的区分

i-(齐齿呼)和 ü-(撮口呼)复韵母对比的音节有 6 对。lia 、jia 、qia 、xia 、bie 、pie 、mie 、die 、tie 、yao 、biao 、piao 、miao 、diao 、tiao 、niao 、liao 、jiao 、qiao 、xiao 、you 、miu 、diu 、niu 、liu 、jiu 、qiu 、xiu 没有对比的音节(即韵母 ia 、iao 、iou 及双唇音声母、舌尖中声母 d 、t 与韵母 ie 相拼没有撮口呼音节。)

第 1 组 ye—yue　　jie—jue　　qie—que

xie—xue　　lie—lüe　　nie—nüe

业 yè —月 yuè　　节 jié —觉 jué

切 qiē —缺 quē　　协 xié —学 xué

列 liè —略 lüè　　聂 niè —虐 nüè

i-～ü- 继续 jìxù　　解决 jiějué　　喜鹊 xǐquè

ü-～i- 确切 quèqiè　　缺席 quēxí

每夜 měiyè —每月 měiyuè　　协会 xiéhuì —学会 xuéhuì

夜色 yèsè —月色 yuèsè

4. 宽窄复韵母(复合元音)的区分

某些方言的人分辨普通话的舌位动程大小不同的两组复韵母、鼻韵母感到困难。"宽窄"指的是舌位动程的大小之间的对比关系。其中,两组宽窄不同的复韵母(复合元音)主要表现在韵腹(韵母中响亮清晰的部分)的元音舌位高低的对比上,而处在韵头和韵尾的元音音素是相同的。复韵母(复合元音)除 üe 外,都有这种对比关系,共有 6 对:ai—ei ao—ou ia—ie ua—uo iao—iou uai—uei。舌位动程宽的在前,舌位动程窄的在后。

ai—ei 宽窄对比的音节有 10 对(见第 2 组,凡仅包含一个字的在括号( )中列出,下同)。fei 、tai 、chai 、cai 、sai 、kai 没有相对比的音节,此处列出帮助记忆。对比练习如下:

第 2 组 bai—bei　mai—mei　nai—nei　lai—lei

gai—gei(给)　hai—hei　zhai—zhei(这,口语音)

shai—shei(谁,口语音)　zai—zei

第 3 组 百 bǎi —北 běi　排 pái —培 péi　买 mǎi —每 měi
来 lái —雷 léi　改 gǎi —给 gěi　咳 hāi —黑 hēi
在 zài —贼 zéi

第 4 组

ai—ei 白费 báifèi　百倍 bǎibèi　败北 bàiběi　带累 dàilěi
代培 dàipéi　败类 bàilèi　海内 hǎinèi　排雷 páiléi
栽培 zāipéi　采煤 cǎiméi　暧昧 àimèi

ei—ai 悲哀 bēi'āi　背带 bēidài　被袋 bèidài　黑白 hēibái
擂台 lèitái　内海 nèihǎi　内胎 nèitāi　内在 nèizài
内债 nèizhài　胚胎 pēitāi　佩带 pèidài

第 5 组 排场 páichǎng —赔偿 péicháng
来电 láidiàn —雷电 léidiàn
分派 fēnpài —分配 fēnpèi
卖力 màilì —魅力 mèilì
埋头 máitóu —眉头 méitóu
小麦 xiǎomài —小妹 xiǎomèi
安排 ānpái —安培 ānpéi
摆布 bǎibù —北部 běibù
奈何 nàihé —内河 nèihé

ao—ou 宽窄对比的音节有 16 对(见第 6 组)。bao 、 fou 、 nao 没有对比的音节。对比练习如下：

第 6 组 ao—ou　pao—pou　mao—mou　dao—dou
tao—tou　lao—lou　gao—gou　kao—kou
hao—hou　zhao—zhou　chao—chou

shao—shou　rao—rou　zao—zou　cao—cou

sao—sou

第 7 组 凹 āo —欧 ōu　抛 pāo —剖 pōu　毛 máo —谋 móu

到 dào —斗 dǒu 套 tào —透 tòu　老 lǎo —搂 lǒu

高 gāo —沟 gōu 靠 kào —扣 kòu 好 hǎo —吼 hǒu

朝 zhāo —周 zhōu 超 chāo —抽 chōu 少 shǎo —首 shǒu

绕 rào —肉 ròu 造 zào —奏 zòu　草 cǎo —凑 còu

扫 sǎo —擞 sǒu

ao—ou 包头 bāotóu　保守 bǎoshǒu　报仇 bàochóu

报头 bàotóu　操守 cāoshǒu　刀口 dāokǒu

倒手 dǎoshǒu　到头 dàotóu　高手 gāoshǒu

稿酬 gǎochóu　好受 hǎoshòu　号头 hàotóu

毛豆 máodòu　矛头 máotóu　套购 tàogòu

遭受 zāoshòu　招手 zhāoshǒu　招收 zhāoshōu

ou—ao 酬报 chóubào　酬劳 chóuláo　逗号 dòuhào

构造 gòuzào　厚道 hòudao　后脑 hòunǎo

口号 kǒuhào　口哨 kǒushào　漏勺 lòusháo

柔道 róudào　手套 shǒutào　寿桃 shòutáo

偷盗 tōudào　头号 tóuhào　头脑 tóunǎo

投考 tóukǎo　投靠 tóukào　周报 zhōubào

周到 zhōudào

稻子 dàozi —豆子 dòuzi　考试 kǎoshì —口试 kǒushì

病号 bìnghào —病后 bìnghòu 高洁 gāojié —勾结 gōujié

ia—ie 宽窄对比的音节有 5 对(见第 8 组),bie 、pie 、mie 、

die、tie、nie 没有相对比的音节。对比练习如下：

第 8 组 ya—ye lia(俩)—lie jia—jie

qia—qie xia—xie

亚 yà —业 yè 加 jiā —阶 jiē

恰 qià —切 qiè 下 xià —谢 xiè

第 9 组

ia—ie 家业 jiāyè 佳节 jiājié 假借 jiǎjiè 嫁接 jiàjiē

下帖 xiàtiě 下野 xiàyě 押解 yājiè

ie—ia 接洽 jiēqià 野鸭 yěyā 节下 jiéxià 跌价 diējià

ua—uo(o) 宽窄对比的音节有 6 对(见第 10 组)，duo、tuo、nuo、luo、chuo、ruo、zuo、cuo、suo 没有相对比的音节。对比练习如下：

第 10 组

wa — wo gua — guo kua — kuo

hua — huo zhua — zhuo shua — shuo

瓦 wǎ —我 wǒ 挂 guà —过 guò 跨 kuà —扩 kuò

化 huà —或 huò 抓 zhuā —桌 zhuō 刷 shuā —说 shuō

第 11 组

ua — uo(o)

花朵 huāduǒ 话说 huàshuō 划拨 huàbō

滑坡 huápō

uo(o) — ua

帛画 bóhuà 多寡 duōguǎ 国画 guóhuà

国花 guóhuā 活话 huóhuà 火花 huǒhuā

说话 shuōhuà

挂着 guàzhe —过着 guòzhe

滑动 huádòng —活动 huódòng

抓住 zhuāzhù —捉住 zhuōzhù

国画 guóhuà —国货 guóhuò

进化 jìnhuà —进货 jìnhuò

iao — iou 宽窄对比的音节有 8 对(见第 12 组),biao、piao、tiao 没有相对的音节。对比练习如下:

第 12 组

yao — you　　miao — miu　　diao — diu

niao — niu　　liao — liu　　jiao — jiu

qiao — qiu　　xiao — xiu

要 yào —又 yòu　　妙 miào —谬 miù　　刁 diāo —丢 diū

鸟 niǎo —扭 niǔ　　料 liào —六 liù　　交 jiāo —纠 jiū

桥 qiáo —求 qiú　　效 xiào —袖 xiù

第 13 组

iao — iou

掉队 diàoduì　　交流 jiāoliú　　郊游 jiāoyóu

娇羞 jiāoxiū　　料酒 liàojiǔ　　飘流 piāoliú

飘游 piāoyóu　　校友 xiàoyǒu　　要求 yāoqiú

药酒 yàojiǔ　　表舅 biǎojiù

iou — iao

丢掉 diūdiào　　就要 jiùyào　　柳条 liǔtiáo

遛鸟 liùniǎo　　牛角 niújiǎo　　求教 qiújiào

袖标 xiùbiāo　　油条 yóutiáo　　邮票 yóupiào

有效 yǒuxiào　幼苗 yòumiáo　酒药 jiǔyào

幼小 yòuxiǎo

第 14 组

消息 xiāoxi —休息 xiūxi

铁桥 tiěqiáo —铁球 tiěqiú

求教 qiújiào —求救 qiújiù

摇动 yáodòng —游动 yóudòng

药片 yàopiàn —诱骗 yòupiàn

出窑 chūyáo —出游 chūyóu

耀眼 yàoyǎn —右眼 yòuyǎn

生效 shēngxiào —生锈 shēngxiù

角楼 jiǎolóu —酒楼 jiǔlóu

uai — uei 宽窄对比的音节有 7 对(见第 15 组)，dui、tui、rui、zui、cui、sui 没有相对比的音节。对比练习如下：

第 15 组

wai — wei　guai — gui　kuai — kui

huai — hui　zhuai — zhui　chuai — chui

shuai — shui

外 wài —位 wèi　怪 guài —贵 guì　快 kuài —溃 kuì

坏 huài —会 huì　拽 zhuài —坠 zhuì　揣 chuāi —吹 chuī

帅 shuài —谁 shuí

第 16 组

uai — uei

怪罪 guàizuì　快慰 kuàiwèi　快嘴 kuàizuǐ

衰退 shuāituì　　衰微 shuāiwēi　　外汇 wàihuì

uei — uai

对外 duìwài　　鬼怪 guǐguài　　追怀 zhuīhuái

嘴乖 zuǐguāi　　毁坏 huǐhuài

怪人 guàirén —贵人 guìrén

外来 wàilái —未来 wèilái

拐子 guǎizi —鬼子 guǐzi

怀乡 huáixiāng —回乡 huíxiāng

第八讲　韵母(三)

七、鼻韵母(复合鼻尾音)

鼻韵母是复合鼻尾音充当韵母。复合鼻尾音就是元音音素之后附带一个鼻辅音作为尾音(韵尾)。

普通话韵母只有两个辅音韵尾 -n、-ng 都是鼻音。韵尾-n 的发音同声母 n- 基本相同，只是 -n 的部位比 n- 靠后，一般是舌面前部向硬腭接触(参见《普通话发音图谱》)，为了教学的方便，仍把它看成是舌尖中鼻音。从受阻的情况看，声母 n- 必须除阻后同后面的韵母拼合，而韵尾 -n 却不除阻，发音逐渐减弱而终止。韵尾 -ng [ŋ]是舌面后鼻音(汉语拼音用双字母表示)，和声母 g 、k 、h 是同一个发音部位。发音时，舌面后部隆起，

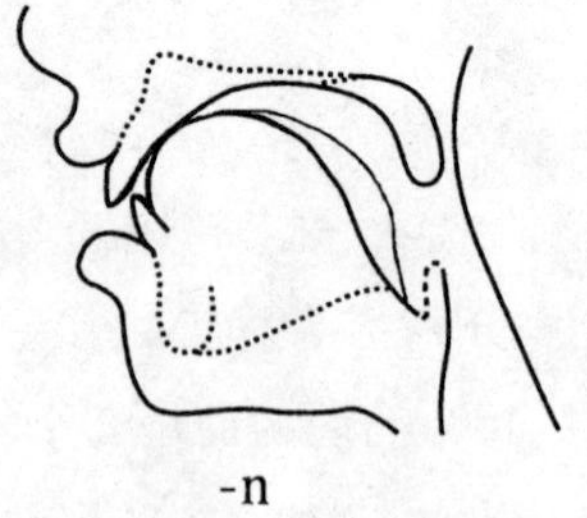
-n

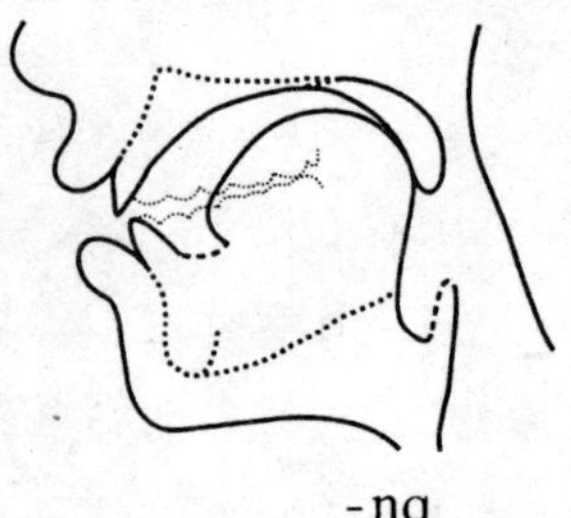
-ng

与软腭接触,阻塞气流通过,同时软腭下降,打开鼻腔通路,声带颤动。

鼻韵母(复合鼻尾音)的发音特点是:1)元音音素同鼻辅音韵尾之间是复合的关系,不是简单的相加。在复合过程中,也有舌位的移动过程,即有"动程"。它与复合元音的不同在于收尾的(韵尾)是以鼻辅音的阻碍结束。鼻辅音发音时声带颤动,比其他清辅音响亮,可以延长(但处于韵尾时一般不延长),它带有元音的某些特点(有"次元音""准元音"之说)。因此,元音同鼻辅音复合更易衔接、拼合,中间没有明显的拼接痕迹。从读一个元音音素向一个鼻辅音尾音(韵尾)的发音部位移动,这种情况类似于二合元音中前响复合元音。例如:an、eng。如果在这类音组前面加上由高元音 i-、u-、ü- 开始的舌位动程,就类似于三合元音(即中响复合元音)。例如:ian、üan、ueng。2)在元音舌位向鼻辅音韵尾移动的后半段,元音音素的发音由于受到后面鼻辅音的影响,出现一段短暂的"半鼻化(半鼻音)"的过渡。例如:an→[a—ã—n]。这是语音结合过程中必然发生的现象。教学人员知道这种现象发生的原因是必要的,但不必作为一项训练内容。3)鼻辅音韵尾同它前面相接的元音音素结合得很紧密。

普通话明确区分以 -n 和 -ng 为韵尾的两组韵母。为了称说和对比的方便,在普通话语音教学中,通常把 -n 称作"前鼻尾音",把 -ng 称作"后鼻尾音",也可以通俗地分别称为"前鼻音"、"后鼻音"。普通话有鼻韵母 16 个,其中以 -n 为韵尾的韵母 8 个:an、en、in、ün、ian、uan、uen、üan,以-ng 为韵尾的韵母 8 个：ang 、eng 、ing 、ong 、iang 、uang 、ueng 、iong。

-n 、-ng 两组韵母的区分在普通话韵母的教学中占有重要的地位。这是因为带有前、后鼻尾音的韵母在普通话里能区分词，而且在一些方言里没有鼻尾音，或者两类韵母区分有困难。前、后鼻尾音韵母区分的主要特点是：1）韵腹元音舌位的前后不同是两者区分的主要标志。例如：an 与 ang 的区分主要表现在 an 中的元音是前元音，而 ang 中的元音是后元音。2）-n 、-ng 是韵尾，只有与韵腹构成一个整体时才参与前、后鼻韵母对比区分。由于 -n 、-ng 处于从属的地位，在自然语流中常常脱落，只表现为元音的鼻化。

实验语音学证明：普通话鼻辅音韵尾在实际发音中，有时并不表现为鼻辅音的语音特征，在频谱图上只能看到鼻化的元音。因此，认为实际发音中 -n 、-ng 的发音有时部位“不是完全闭塞，还留有空隙”。“鼻尾脱落后，它对元音的鼻化依然存在，并且成为鼻音音色的惟一的载体。”（参见《普通话发音图谱》、《实验语音学概要》）在语音训练中则应强调不能丢掉鼻尾音，为了确切体会鼻尾音的发音和听感性质，必须要求尽量发音完整。3）基本上是一对一的对比关系，不是一对多或多对一的关系。它们之间的对比关系是：an—ang 、en—eng 、in—ing 、ian—iang 、uan—uang 、uen— ueng（ong）、ün—iong。（传统语音学认为 ong 、ueng 是一个韵母，注音字母就拼成 ㄨㄥ，汉语拼音方案按照实际发音设计为两个韵母。）

八、鼻韵母(复合鼻尾音)的发音

为了教学的方便,首先学习由一个元音音素和鼻辅音复合的鼻韵母(类似于复韵母中的前响复合音)。

an [an]

起点元音是前低不圆唇元音 a [a],舌尖抵住下齿背,舌位降到最低,软腭上升,关闭鼻腔通路。从“前 a”开始,舌面升高,舌面前部贴向硬腭前部。当两者将要接触时,软腭下降,打开鼻腔通路,紧接着舌面前部于硬腭前部闭合,使在口腔受到阻碍的气流,从鼻腔里透出。口形先开后合,舌位移动较大。

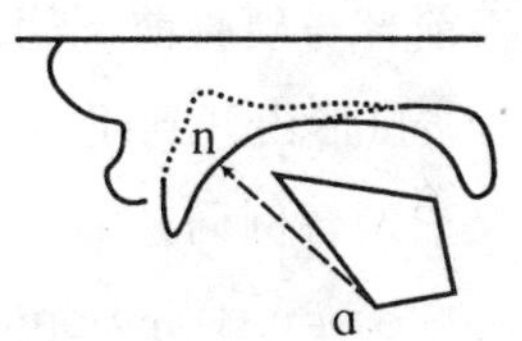

发音例词:

an-an				
an-an	安然 ānrán	案板 ànbǎn	暗淡 àndàn	暗含 ànhán
	斑斓 bānlán	参赞 cānzàn	参战 cānzhàn	惨淡 cǎndàn
	单产 dānchǎn	单干 dāngàn	胆寒 dǎnhán	胆敢 dángǎn
	翻案 fān'àn	翻版 fānbǎn	繁难 fánnán	反感 fǎngǎn
	反叛 fǎnpàn	泛滥 fànlàn	犯案 fàn'àn	犯难 fànnán
	干饭 gānfàn	肝胆 gāndǎn	感叹 gǎntàn	寒战 hánzhàn
	勘探 kāntàn	懒汉 lǎnhàn	烂漫 lànmàn	蛮干 mángàn
	难看 nánkàn	难堪 nánkān	散漫 sǎnmàn	善战 shànzhàn
	贪婪 tānlán	摊贩 tānfàn	谈判 tánpàn	坦然 tǎnrán
	赞叹 zàntàn	沾染 zhānrǎn	展览 zhǎnlǎn	湛蓝 zhànlán

en [ən]

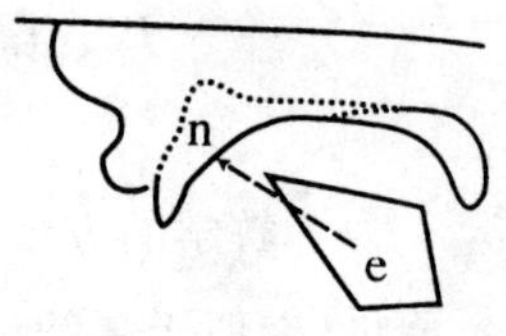

起点元音是央元音 e [ə]，舌位中性(不高不低不前不后)，舌尖接触下齿背，舌面隆起部位受韵尾影响略靠前。从央元音 e 开始，舌面升高，舌面前部贴向硬腭前部，当两者将要接触时，软腭下降，打开鼻腔通路，紧接着舌面前部与硬腭前部闭合，使在口腔受到阻碍的气流，从鼻腔里透出。口形由开到闭，舌位移动较小。

发音例词：

en-en 本分 běnfèn　本人 běnrén　沉闷 chénmèn
称身 chènshēn　分身 fēnshēn　粉尘 fěnchén
愤恨 fènhèn　根本 gēnběn　门诊 ménzhěn
人身 rénshēn　人参 rénshēn　人文 rénwén
认真 rènzhēn　深沉 shēnchén　神人 shénrén
审慎 shěnshèn　真人 zhēnrén　珍本 zhēnběn
振奋 zhènfèn　深圳 Shēnzhèn

in [in]

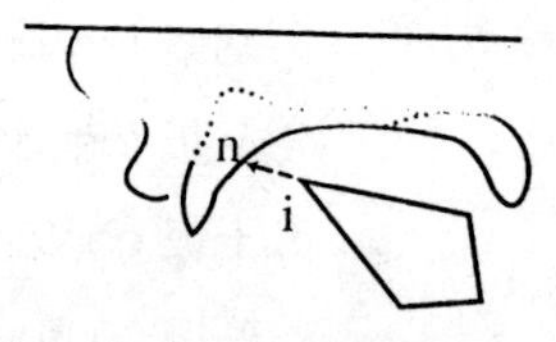

起点元音是前高不圆元音 i，舌尖抵住下齿背，软腭上升，关闭鼻腔通路。从舌位最高的前元音 i 开始，舌面升高，舌面前部贴向硬腭前部，当两者将要接触时，软腭下降，打开鼻腔通路，紧接着舌面前部与硬腭前部闭合，使在口腔受到阻碍的气流，从鼻腔透出。开口度几乎没有变化，舌位动程很小。

发音例词：

in-in	濒临 bīnlín	今音 jīnyīn	金印 jīnyìn	斤斤 jīnjīn
	仅仅 jǐnjǐn	近邻 jìnlín	近亲 jìnqīn	尽心 jìnxīn
	临近 línjìn	凛凛 lǐnlǐn	民心 mínxīn	拼音 pīnyīn
	亲近 qīnjìn	亲信 qīnxìn	新近 xīnjìn	薪金 xīnjīn
	心劲 xīnjìn	心音 xīnyīn	信心 xìnxīn	辛勤 xīnqín
	音频 yīnpín	音信 yīnxìn	殷勤 yīnqín	引进 yǐnjìn

ün [yn]

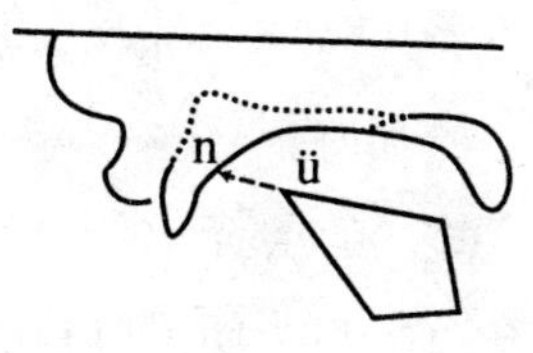

起点元音是前高圆唇元音 ü。与 in 的发音过程只是唇形变化不同。从圆唇的前元音 ü 开始，唇形从圆唇逐步展开，而 in 唇形始终是展唇。

发音例词：

ün-	军训 jūnxùn	均匀 jūnyún	芸芸 yúnyún	军事 jūnshì
	俊俏 jùnqiào	骏马 jùnmǎ	群众 qúnzhòng	裙子 qúnzi
	勋章 xūnzhāng	驯服 xùnfú	循环 xúnhuán	巡回 xúnhuí
	巡逻 xúnluó	寻求 xúnqiú	迅速 xùnsù	云雾 yúnwù
	匀称 yúnchèn	允许 yǔnxǔ	韵律 yùnlǜ	运动 yùndòng
	运用 yùnyòng			

ang [aŋ]

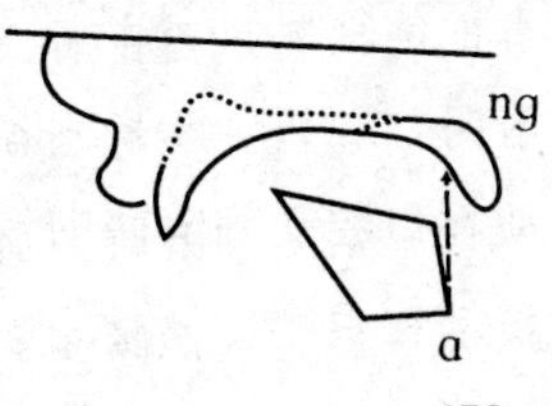

起点元音是后低不圆唇元音 a [ɑ]，口大开，舌尖离开下齿背，舌头后缩。从“后 a”开始，舌面后部抬起，当贴近软腭时，软腭下降，打开鼻腔通路，紧接着舌根

与软腭接触，封闭了口腔通路，气流从鼻腔里透出。

发音例词：

ang-ang 帮忙 bāngmáng 仓房 cāngfáng 苍茫 cāngmáng
厂房 chǎngfáng 长方 chángfāng 当场 dāngchǎng
当啷 dānglāng 放荡 fàngdàng 刚刚 gānggāng
行当 hángdang 浪荡 làngdàng 盲肠 mángcháng
商场 shāngchǎng 上场 shàngchǎng 上当 shàngdàng
上房 shàngfáng 堂上 tángshàng 烫伤 tàngshāng
张扬 zhāngyáng 账房 zhàngfáng

eng [ɤŋ]

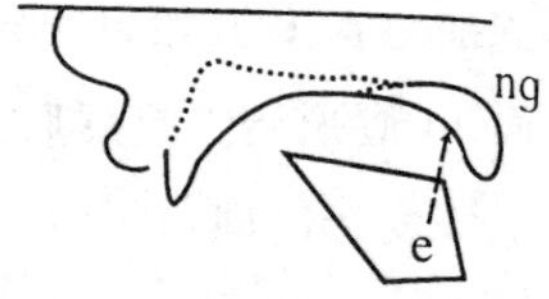

起点元音是后半高不圆唇元音 e [ɤ]，口半闭，展唇，舌身后缩，舌尖离开下齿背，舌面后部隆起，比发单元音 e 的舌位略低。从 e 开始，舌面后部抬起，贴向软腭。当两者将要接触时，软腭下降，打开的鼻腔通路，紧接着舌面后部与软腭接触，使在口腔受到阻碍的气流，从鼻腔里透出。

发音例词：

eng-eng 成风 chéngfēng 承蒙 chéngméng 逞能 chěngnéng
登程 dēngchéng 丰登 fēngdēng 丰盛 fēngshèng
风声 fēngshēng 风筝 fēngzheng 更生 gēngshēng
更正 gēngzhèng 冷风 lěngfēng 萌生 méngshēng
声称 shēngchēng 生成 shēngchéng 生疼 shēngténg
升腾 shēngténg 省城 shěngchéng 征程 zhēngchéng
蒸腾 zhēngténg 整风 zhěngfēng

ing [iŋ]

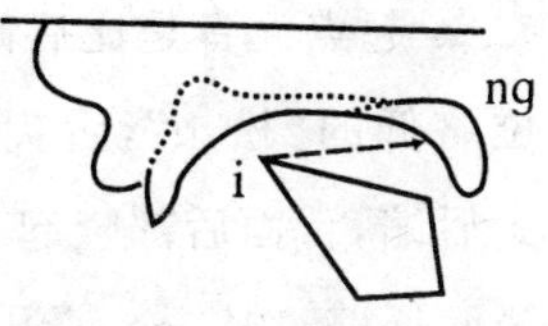

起点元音是前高不圆唇元音 i，舌尖接触下齿背，舌面前部隆起。从 i 开始，舌面隆起部位不降低，一直后移，舌尖离开下齿背，逐步使舌面后部隆起，贴向软腭，当两者将要接触时，软腭下降，打开鼻腔通路，紧接着舌面后部与软腭接触，封闭了口腔通路，气流从鼻腔透出。口形没有明显变化。

发音例词：

ing-ing	冰凌 bīnglíng	兵营 bīngyíng	禀性 bǐngxìng
	秉性 bǐngxìng	并行 bìngxíng	丁零 dīnglíng
	叮咛 dīngníng	定睛 dìngjīng	定形 dìngxíng
	定型 dìngxíng	惊醒 jīngxǐng	精灵 jīnglíng
	精明 jīngmíng	经营 jīngyíng	菱形 língxíng
	零星 língxīng	灵性 língxìng	领情 lǐngqíng
	另行 lìngxíng	明净 míngjìng	明星 míngxīng
	酩酊 mǐngdǐng	命令 mìnglìng	平定 píngdìng
	平静 píngjìng	平行 píngxíng	评定 píngdìng
	清静 qīngjìng	清明 qīngmíng	清醒 qīngxǐng
	蜻蜓 qīngtíng	倾听 qīngtīng	轻盈 qīngyíng
	情景 qíngjǐng	行径 xíngjìng	行星 xíngxīng
	性命 xìngmìng	性情 xìngqíng	姓名 xìngmíng
	英明 yīngmíng	影评 yǐngpíng	应景 yìngjǐng
	硬性 yìngxìng		

ong [ʊŋ]

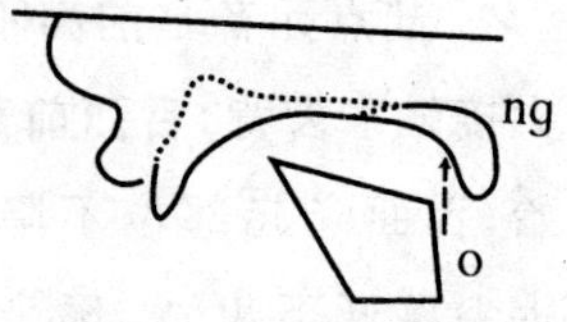

起点元音是比后高圆唇元音 u 舌位略低的“松 u”，舌尖离开下齿背，舌头后缩，舌面后部隆起，软腭上升，关闭鼻腔通路。从“松 u”开始，舌面后部贴向软腭，当两者将要接触时，软腭下降，打开鼻腔通路，紧接着舌面后部与软腭接触，封闭了口腔通路，气流从鼻腔里透出。唇形始终拢圆，变化不明显。

发音例词：

ong-ong	动容 dòngróng	工种 gōngzhǒng	公共 gōnggòng
	公众 gōngzhòng	共同 gòngtóng	烘笼 hōnglóng
	轰动 hōngdòng	轰隆 hōnglōng	红铜 hóngtóng
	红肿 hóngzhǒng	洪钟 hóngzhōng	空洞 kōngdòng
	空中 kōngzhōng	恐龙 kǒnglóng	龙宫 lónggōng
	龙钟 lóngzhōng	隆冬 lóngdōng	隆重 lóngzhòng
	拢共 lǒnggòng	浓重 nóngzhòng	脓肿 nóngzhǒng
	通共 tōnggòng	通红 tōnghóng	通融 tōngróng
	瞳孔 tóngkǒng	童工 tónggōng	统共 tǒnggòng
	中东 Zhōngdōng		

以上 8 个鼻韵母由一个元音音素带上鼻辅音构成的，是鼻韵母的基本形式，在拼音教学中大多作为一个整体学习。余下的鼻韵母是在这 8 个鼻韵母的基础上，前面再加上一段高元音 i、u、ü 构成的，类似于复韵母中的中响复合元音。应注意其中一些鼻韵母在实际发音中出现的语音变化。

ian [iæn]

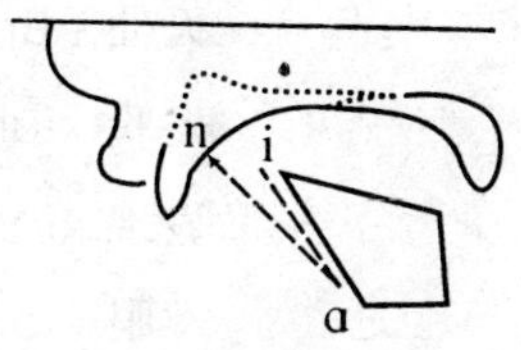

本来是在 an 的前面加上一段由高元音 i 开始的动程构成的,但实际发音产生了变化。发音时,从前高元音 i 开始,舌位降低,向前低元音 a(前 a)的方向滑动,但并没有降到 a。舌位只降到前元音 [æ] 的位置就开始升高,直到舌面前部贴向硬腭前部形成鼻音 -n。这种变化是由于 ian 的整个发音过程是舌位从高到低,又由低向高的往返移动,中间的低元音受前后音素影响,舌位只降到 [æ] 便不再降低了。

发音例词:

ian-ian	边沿 biānyán	变脸 biànliǎn	变迁 biànqiān
	变天 biàntiān	便宴 biànyàn	癫痫 diānxián
	点验 diǎnyàn	垫肩 diànjiān	电键 diànjiàn
	电线 diànxiàn	艰险 jiānxiǎn	简便 jiǎnbiàn
	简练 jiǎnliàn	检点 jiǎndiǎn	检验 jiǎnyàn
	渐变 jiànbiàn	见面 jiànmiàn	联翩 liánpiān
	连绵 liánmián	连篇 liánpiān	连天 liántiān
	敛钱 liǎnqián	脸面 liǎnmiàn	棉田 miántián
	棉线 miánxiàn	绵延 miányán	面前 miànqián
	年间 niánjiān	年鉴 niánjiàn	偏见 piānjiàn
	翩跹 piānxiān	片面 piànmiàn	片言 piànyán
	牵念 qiānniàn	牵线 qiānxiàn	前边 qiánbiān
	前面 qiánmiàn	前天 qiántiān	前线 qiánxiàn
	前沿 qiányán	浅见 qiǎnjiàn	浅显 qiǎnxiǎn

天边 tiānbiān	天年 tiānnián	天堑 tiānqiàn
天仙 tiānxiān	田间 tiánjiān	先前 xiānqián
先验 xiānyàn	鲜艳 xiānyàn	闲钱 xiánqián
显现 xiǎnxiàn	显眼 xiǎnyǎn	现钱 xiànqián
现眼 xiànyǎn	盐碱 yánjiǎn	盐田 yántián
沿线 yánxiàn	眼见 yǎnjiàn	

uan [uan]

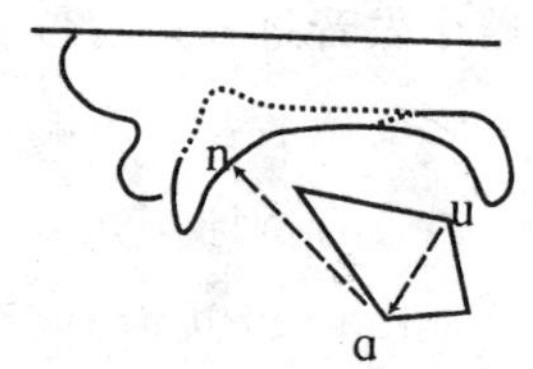

在 an 的前面加上一段由高元音 u 开始的动程。发音时，由圆唇的后高元音 u 开始，口形迅速由合口变为开口状，舌位向前迅速降低，到不圆唇的前低元音（前 a）；紧接着舌位升高，接续鼻音-n。唇形由圆在向中间折点元音移动的过程中变为展唇。

发音例词：

uan-uan	传唤 chuánhuàn	串换 chuànhuàn	贯穿 guànchuān
	宦官 huànguān	软缎 ruǎnduàn	团团 tuántuán
	酸软 suānruǎn	宛转 wǎnzhuǎn	婉转 wǎnzhuǎn
	万贯 wànguàn	万万 wànwàn	专断 zhuānduàn
	专款 zhuānkuǎn	转换 zhuǎnhuàn	转弯 zhuǎnwān

üan [yæn]

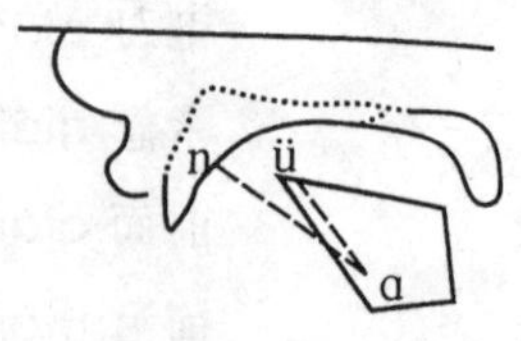

本来是在 an 的前面加上一段由高元音 ü 开始的动程构成的，但实际发音像 ian 一样韵腹发生了变化。发音时，从圆唇的前高元音 ü 开始，向前低元音

a 的方向滑动，但并没有降到 a。舌位只降到前元音［æ］就开始升高，接续鼻音 -n。发音变化的过程与 ian 基本相同，只是受开头圆唇元音 ü 的影响，中间折点元音的舌位稍稍靠后些。唇形由圆唇在向中间折点元音滑动中渐变为展唇。

发音例词：

üan- 涓涓 juānjuān　全权 quánquán　渊源 yuānyuán
源泉 yuánquán　源源 yuányuán　圆圈 yuánquān
轩辕 xuānyuán　捐献 juānxiàn　卷烟 juǎnyān
宣传 xuānchuán　悬挂 xuánguà　选择 xuǎnzé
元气 yuánqì　原来 yuánlái

uen［uən］

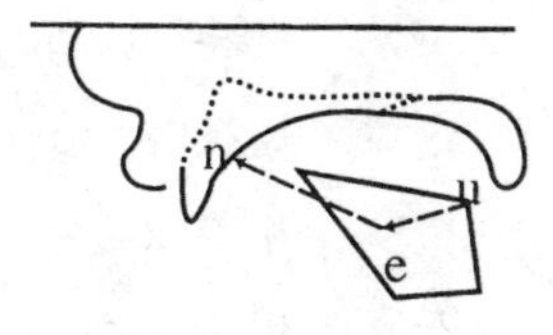

在 en 的前面加上一段由高元音 u 开始的动程。发音时，由圆唇的后高元音 u 开始，向央元音 e［ə］滑动，随后舌位升高，接续鼻音 -n。唇形由圆唇在向中间折点元音的过程中渐变为展唇。

在音节中，鼻韵母 uen 受声母和声调影响中间的元音产生弱化。它的音变条件与 uei 相同。（参见第七讲）

发音例词：

uen- 滚滚 gǔngǔn　混沌 hùndùn　困顿 kùndùn　昆仑 kūnlún
温存 wēncún　温顺 wēnshùn　谆谆 zhūnzhūn　论文 lùnwén
馄饨 húntún　春天 chūntiān　纯洁 chúnjié　顿号 dùnhào
蹲点 dūndiǎn　滚动 gǔndòng　昏暗 hūn'àn　混合 hùnhé
困难 kùnnan　孙子 sūnzi　损失 sǔnshī　顺利 shùnlì

文化 wénhuà　文章 wénzhāng　准备 zhǔnbèi

遵守 zūnshǒu　尊敬 zūnjìng

iang [iaŋ]

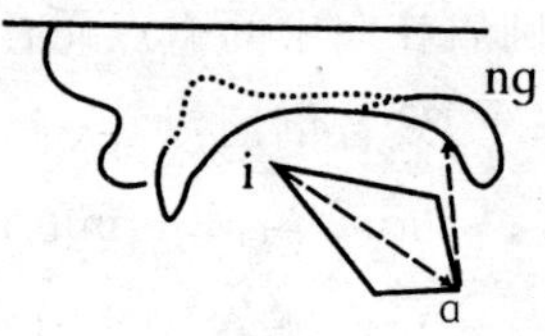

在 ang 的前面加上一段由高元音 i 开始的动程。发音时,从前高元音 i 开始,舌位向后降低,到后低元音 a [ɑ](后 a),紧接着舌位升高,接续鼻音 -ng。

发音例词:

iang-iang

将养 jiāngyǎng　粮饷 liángxiǎng　两厢 liǎngxiāng

两样 liǎngyàng　亮相 liàngxiàng　踉跄 liàngqiàng

良将 liángjiàng　洋姜 yángjiāng　洋相 yángxiàng

扬扬 yángyáng　洋枪 yángqiāng　痒痒 yǎngyang

相像 xiāngxiàng　湘江 xiāngjiāng　降将 xiángjiàng

想象 xiǎngxiàng　响亮 xiǎngliàng　向阳 xiàngyáng

像样 xiàngyàng

uang [uaŋ]

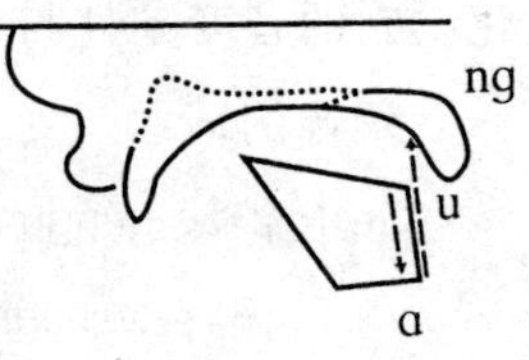

在 ang 的前面加上一段由高元音 u 开始的动程。发音时,从圆唇的后高元音 u 开始,舌位降至后低元音 a [ɑ](后 a),紧接着舌位升高,接续鼻音 -ng。唇形从圆唇在向折点元音的滑动中渐变为展唇。

发音例词:

uang- 框框 kuàngkuang　狂妄 kuángwàng　双簧 shuānghuáng

网状 wǎngzhuàng	往往 wǎngwǎng	装潢 zhuānghuáng
状况 zhuàngkuàng	窗台 chuāngtái	创伤 chuāngshāng
床铺 chuángpù	闯将 chuǎngjiàng	创业 chuàngyè
光明 guāngmíng	广大 guǎngdà	黄土 huángtǔ
皇帝 huángdì	谎话 huǎnghuà	晃悠 huàngyou
矿藏 kuàngcáng	旷课 kuàngkè	况且 kuàngqiě
双方 shuāngfāng	爽快 shuǎngkuai	王国 wángguó
忘记 wàngjì	装扮 zhuāngbàn	庄稼 zhuāngjia

ueng [uɤŋ]

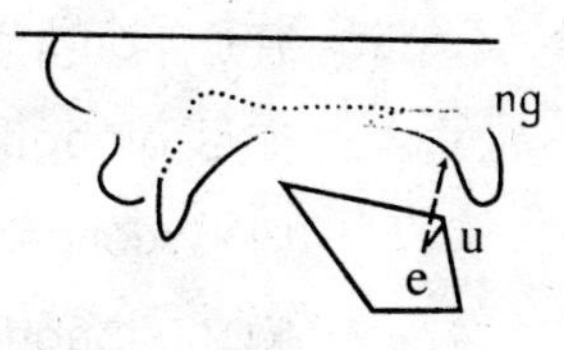

在 eng 的前面加上一段由高元音 u 开始的动程。发音时，从圆唇的后高元音 u 开始，舌位降至比后半高元音 e [ɤ] 稍稍靠前略低的位置，紧接着舌位升高，接续鼻音 -ng。唇形从圆唇在向中间折点元音滑动过程中渐变为展唇。在普通话里，韵母 ueng 只有一种零声母的音节形式 weng。

发音例词：

ueng(weng)- 瓮声瓮气 wèngshēng-wèngqì

瓮中之鳖 wèngzhōngzhībiē

蕹菜 wèngcài

-ueng(weng) 老翁 lǎowēng　渔翁 yúwēng

水瓮 shuǐwèng　主人翁 zhǔrénwēng

iong [iʊŋ]

在 ong 的前面加上一段由高元音 i 开始的动程。发音时，从前高元音 i 开始，舌位向后移动，略有下降，到比后高元音略低的

[ʊ](松 u)的位置,紧接着舌位升高,接续鼻音 -ng。由于受后面圆唇元音的影响,开始的前高元音 i 也带上了圆唇动作。用严式音标可以描写为

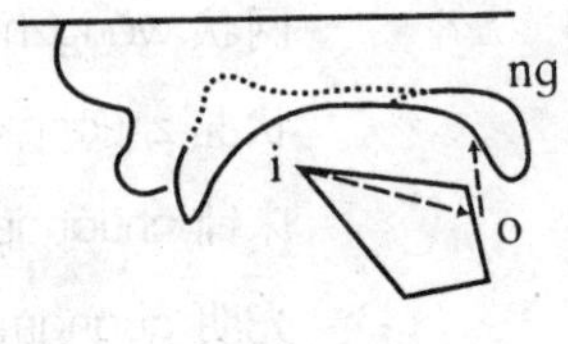

[yʊŋ]。尽管有时还能体会出不圆唇的 i 向圆唇的 u(松 u)的极短暂的过渡,但实际发音更多的时候同以 ü 开始的韵母没有太大差别。如果用宽式音标也可以描写为[yŋ]。传统汉语语音学把 iong 归属撮口呼。

发音例词:

iong-	窘迫 jiǒngpò	炯炯 jiǒngjiǒng	穷苦 qióngkǔ
	穷尽 qióngjìn	兄弟 xiōngdì	凶恶 xiōng'è
	凶狠 xiōnghěn	凶器 xiōngqì	汹涌 xiōngyǒng
	胸怀 xiōnghuái	雄壮 xióngzhuàng	拥抱 yōngbào
	拥护 yōnghù	永远 yǒngyuǎn	永久 yǒngjiǔ
	涌现 yǒngxiàn	勇敢 yǒnggǎn	勇气 yǒngqì
	用功 yònggōng	用途 yòngtú	

思考题:

1)鼻韵母主要的发音特点是什么?

2)在发音上如何区分带有 -n 和 -ng 的两组韵母?

3)注意体会 ong 、ian 、üan 、uen 、iong 的发音。

语音训练(六)

1. 鼻韵母发音训练方法

普通话语音鼻韵母的教学训练重点是掌握 -n 和 -ng 的区分。这种区分不仅仅只是鼻音韵尾 -n 和 -ng 的区分，更重要的是主要元音前后之分。（略）

另外，注意“鼻尾音”与“鼻化音”的区别。这对有鼻化音韵母的西北官话、晋语等方言地区来说是很重要的区分。我们把音节中鼻音韵尾称作“鼻尾音”，它一定是跟在元音的后头，而不是整个元音携带的鼻音，也就是说鼻尾音前头的元音在发音的主要过程中并不鼻化，只是到元音与鼻音韵尾相接的时候，才产生一个短暂的“半鼻化”(半鼻音)的阶段。鼻化音则不同，当开始发元音的时候，软腭就是下垂的，鼻腔和口腔同时有气流呼出，形成典型的鼻化音，也叫“口鼻音”。

区分 -n 和 -ng 两组韵母，还要选择好发音练习材料。

为初学者选编词语练习材料，带有韵尾 -n 的音节后面尽量不选用声母是舌面后音 g、k、h 音节构成的词语，以避免舌面后音声母对前面音节的尾音 -n 产生“逆同化”的影响，读成尾音-ng。例如：环顾、谈话、闲空。理想的编排是在 -n 音节后面紧跟带声母 n 的音节。例如：繁难、安宁、前年。

初学带韵尾 -n 的音节，还要避免同发音相近的复韵母构成的音节连读，如 an-ai en-ei uan-uai uen-uei 四组。这样组合的词语练习应该有，但应尽量放在巩固提高的阶段训练。例如：

an-ai	残害 cánhài	感慨 gǎnkǎi	满载 mǎnzài
ai-an	拍板 pāibǎn	海岸 hǎi'àn	代办 dàibàn
en-ei	纷飞 fēnfēi	门类 ménlèi	分贝 fēnbèi
ei-en	悲愤 bēifèn	黑人 hēirén	泪痕 lèihén
uan-uai	关怀 guānhuái	欢快 huānkuài	
uai-uan	外传 wàichuán	拐弯 guǎiwān	
uen-uei	春晖 chūnhuī	吨位 dūnwèi	论罪 lùnzuì
uei-uen	慰问 wèiwèn	亏损 kuīsǔn	鬼混 guǐhùn

训练带有韵尾 -ng 的音节，尽量不要选用后面紧跟着声母是舌尖中音 d 、t 、n 、l 的音节，以避免舌尖中音对前面带 -ng 的音节产生“逆同化”的影响，容易读成 -n。应该尽量采用后面带有舌面后音声母 g 、k 、h 的音节。例如：香菇、控告、停靠、浪花。

2. in 、ing 的发音训练

鼻韵母 in 的发音容易出现的问题是高元音 i 的舌位靠后，或者在 i 与 n 之间舌位降低，变成 ien。发音时，可以将 i 拖长一些，舌面向硬腭隆起的部位一定要保持最高最前的状态，不能向后移动，然后迅速接尾音 -n。

发准 ing 的关键是要掌握好舌位从元音 i 到鼻韵尾 -ng 的移动过程。从元音 i 到鼻韵尾 -ng 之间舌头隆起部位由前向后移动，但舌位始终没有明显降低，因此，中间经历了一个央元音[ɨ]的过渡。这个过渡是 ing 区别于 in 的重要因素。

说北京话、东北话等北方话的人在读这个韵母时,可能在 i 和 -ng 之间,明显出现央元音 e [ə]的过渡,把 ing 读成 ieng,发音训练中要注意克服。

3. an—ang 、 en—eng 、 in—ing 、 ian—iang 、 uan—uang 、 uen—ueng(ong)、 ün—iong 的区分

第 1 组 an—ang　ban—bang　pan—pang
man—mang　fan—fang　dan—dang
tan—tang　nan—nang　lan—lang
gan—gang　kan—kang　han—hang
zhan—zhang　chan—chang　shan—shang
ran—rang　zan—zang　can—cang
san—sang

第 2 组 安 ān —昂 áng　般 bān —帮 bāng
盘 pán —旁 páng　馒 mán —忙 máng
反 fǎn —访 fǎng　单 dān —当 dāng
谈 tán —堂 táng　难 nán —囊 náng
兰 lán —郎 láng　干 gān —刚 gāng
看 kàn —抗 kàng　含 hán —航 háng
战 zhàn —丈 zhàng　产 chǎn —场 chǎng
山 shān —商 shāng　染 rǎn —嚷 rǎng
赞 zàn —葬 zàng　参 cān —苍 cāng
三 sān —桑 sāng

第 3 组

an-ang	担当 dāndāng	安放 ānfàng	班长 bānzhǎng
	繁忙 fánmáng	站岗 zhàngǎng	南方 nánfāng
	反抗 fǎnkàng	安康 ānkāng	安放 ānfàng
	半晌 bànshǎng	返航 fǎnháng	肝脏 gānzàng
	擅长 shàncháng	战场 zhànchǎng	
ang-an	商贩 shāngfàn	当然 dāngrán	傍晚 bàngwǎn
	畅谈 chàngtán	上班 shàngbān	账单 zhàngdān
	方案 fāng'àn		

烂漫 lànmàn —浪漫 làngmàn

反问 fǎnwèn —访问 fǎngwèn

赞颂 zànsòng —葬送 zàngsòng

第 4 组 开饭 kāifàn —开放 kāifàng

安然 ānrán —昂然 ángrán

担心 dānxīn —当心 dāngxīn

弹词 táncí —搪瓷 tángcí

竿子 gānzi —缸子 gāngzi

施展 shīzhǎn —师长 shīzhǎng

一般 yībān —一帮 yībāng

心烦 xīnfán —心房 xīnfáng

第 5 组

	en—eng	ben—beng	pen—peng	men—meng
	fen—feng	nen—neng	gen—geng	ken—keng
	hen—heng	zhen—zheng	chen—cheng	
	shen—sheng	ren—reng	zen—zeng	

cen—ceng sen—seng

第6组 奔 bēn—崩 bēng 盆 pén—朋 péng
门 mén—盟 méng 分 fēn—风 fēng
嫩 nèn—能 néng 跟 gēn—更 gēng
肯 kěn—坑 kēng 痕 hén—横 héng
真 zhēn—争 zhēng 陈 chén—成 chéng
深 shēn—声 shēng 人 rén—仍 réng
怎 zěn—增 zēng 岑 cén—层 céng
森 sēn—僧 sēng

第7组

en-eng 真诚 zhēnchéng 本能 běnnéng 深层 shēncéng
奔腾 bēnténg 真正 zhēnzhèng 神圣 shénshèng
人称 rénchēng 文风 wénfēng 纷争 fēnzhēng
门缝 ménfèng 人生 rénshēng

eng-en 成本 chéngběn 成分 chéngfèn 登门 dēngmén
承认 chéngrèn 成人 chéngrén 诚恳 chéngkěn
城镇 chéngzhèn 风尘 fēngchén 锋刃 fēngrèn
能人 néngrén 胜任 shèngrèn 正门 zhèngmén
证人 zhèngrén

第8组 陈旧 chénjiù—成就 chéngjiù
真挚 zhēnzhì—争执 zhēngzhí
申明 shēnmíng—声明 shēngmíng
木盆 mùpén—木篷 mùpéng
清真 qīngzhēn—清蒸 qīngzhēng

瓜分 guāfēn —刮风 guāfēng

绅士 shēnshì —声势 shēngshì

人参 rénshēn —人生 rénshēng

诊治 zhěnzhì —整治 zhěngzhì

身世 shēnshì —生事 shēngshì

时针 shízhēn —时政 shízhèng

第 9 组 yin—ying　bin—bing　pin—ping

min—ming　nin—ning　lin—ling

jin—jing　qin—qing　xin—xing

第 10 组 音 yīn —应 yīng　宾 bīn —兵 bīng　贫 pín —平 píng

民 mín —明 míng　您 nín —宁 níng　林 lín —零 líng

进 jìn —静 jìng　亲 qīn —清 qīng　新 xīn —星 xīng

第 11 组

in-ing 心情 xīnqíng　禁令 jìnlìng　民警 mínjǐng

品行 pǐnxíng　聘请 pìnqǐng　进行 jìnxíng

新型 xīnxíng　尽情 jìnqíng　心灵 xīnlíng

拼命 pīnmìng　民兵 mínbīng　尽兴 jìnxìng

金星 jīnxīng　新颖 xīnyǐng

ing-in 听信 tīngxìn　灵敏 língmǐn　清音 qīngyīn

挺进 tǐngjìn　平民 píngmín　凭信 píngxìn

迎新 yíngxīn　影印 yǐngyìn　领巾 lǐngjīn

清新 qīngxīn　精心 jīngxīn　轻信 qīngxìn

病因 bìngyīn　定亲 dìngqīn

第 12 组 心境 xīnjìng —行径 xíngjìng

亲生 qīnshēng —轻生 qīngshēng

金质 jīnzhì —精致 jīngzhì

人民 rénmín —人名 rénmíng

信服 xìnfú —幸福 xìngfú

频繁 pínfán —平凡 píngfán

亲近 qīnjìn —清静 qīngjìng

凭信 píngxìn —平行 píngxíng

金银 jīnyín —经营 jīngyíng

第 13 组 yan—yang　nian—niang　lian—liang

jian—jiang　qian—qiang　xian—xiang

研 yán —阳 yáng　年 nián —娘 niáng

连 lián —良 liáng　间 jiān —将 jiāng

前 qián —强 qiáng　线 xiàn —向 xiàng

第 14 组

ian-iang 演讲 yǎnjiǎng　点将 diǎnjiàng　现象 xiànxiàng

健将 jiànjiàng　边疆 biānjiāng　坚强 jiānqiáng

变相 biànxiàng　偏向 piānxiàng　勉强 miǎnqiǎng

联想 liánxiǎng　绵羊 miányáng　天象 tiānxiàng

限量 xiànliàng　岩浆 yánjiāng

iang-ian 相见 xiāngjiàn　镶嵌 xiāngqiàn　香甜 xiāngtián

相片 xiàngpiàn　想念 xiǎngniàn　香烟 xiāngyān

两边 liǎngbiān　量变 liàngbiàn　强辩 qiángbiàn

第 15 组 险象 xiǎnxiàng —想像 xiǎngxiàng

简历 jiǎnlì —奖励 jiǎnglì

坚硬 jiānyìng —僵硬 jiāngyìng

浅显 qiǎnxiǎn —抢险 qiǎngxiǎn

老年 lǎonián —老娘 lǎoniáng

大连 Dàlián —大梁 dàliáng

繁衍 fányǎn —放眼 fàngyǎn

试验 shìyàn —式样 shìyàng

鲜花 xiānhuā —香花 xiānghuā

第 16 组 wan—wang　guan—guang　kuan—kuang

huan—huang　zhuan—zhuang

chuan—chuang　shuan—shuang

完 wán —王 wáng　关 guān —光 guāng

宽 kuān —筐 kuāng　环 huán —黄 huáng

专 zhuān —装 zhuāng　船 chuán —床 chuáng

栓 shuān —双 shuāng

第 17 组

uan-uang 观光 guānguāng　管状 guǎnzhuàng

宽广 kuānguǎng　观望 guānwàng

万状 wànzhuàng　端庄 duānzhuāng

uang-uan 光环 guānghuán　慌乱 huāngluàn

狂欢 kuánghuān　双关 shuāngguān

王冠 wángguān　壮观 zhuàngguān

机关 jīguān —激光 jīguāng

专车 zhuānchē —装车 zhuāngchē

大碗 dàwǎn —大网 dàwǎng

第 18 组 wen—weng dun—dong tun—tong
lun—long gun—gong kun—kong
hun—hong zhun—zhong chun—chong
shun—shong

温 wēn —翁 wēng 盾 dùn —动 dòng
吞 tūn —通 tōng 轮 lún —龙 lóng
滚 gǔn —拱 gǒng 昆 kūn —空 kōng
混 hún —洪 hóng 准 zhǔn —肿 zhǒng
春 chūn —充 chōng

第 19 组

uen-ueng(ong)

稳重 wěnzhòng 滚动 gǔndòng 顺从 shùncóng
昆虫 kūnchóng 滚筒 gǔntǒng 混同 hùntóng
尊重 zūnzhòng

ueng(ong)-uen

农村 nóngcūn 中文 Zhōngwén 重孙 chóngsūn
公文 gōngwén 共存 gòngcún 通顺 tōngshùn
红润 hóngrùn

存钱 cúnqián —从前 cóngqián
依存 yīcún —依从 yīcóng
春风 chūnfēng —冲锋 chōngfēng
吞并 tūnbìng —通病 tōngbìng
轮子 lúnzi —笼子 lóngzi
余温 yúwēn —渔翁 yúwēng

炖肉 dùnròu —冻肉 dòngròu

第 20 组 yun—yong　jun—jiong　qun—qiong

xun—xiong

运 yùn —用 yòng　军 jūn —炯 jiǒng

群 qún —穷 qióng　寻 xún —雄 xióng

ün-iong 运用 yùnyòng　军用 jūnyòng　群雄 qúnxióng

iong-ün 拥军 yōngjūn

运费 yùnfèi —用费 yòngfèi

晕车 yùnchē —用车 yòngchē

因循 yīnxún —英雄 yīngxióng

4. ian 、 üan 、 iong 的发音训练

韵母 ian 、 üan 在实际发音中的变化，在一般的教学中（特别是小学生）可以不作为知识学习，而在语音训练中体现出来。告诉学生，发 ian 、 üan 的时候，中间的元音开口度要小一些。注意：我们只把 üan 看成是 ian 开头的唇形变为圆唇就行了。中间元音的细微变化是在实际发音中自然出现的，不必强调。

iong 的发音教学可以不必讲明其中的细微之处。把它看成是 ong 的前面加上一段 i 的动程，实际发音中使 i 自然带上圆唇。或者更粗略一些，就把 iong 看成是以 ü 开头，也基本符合实际发音的要求。

5. ong 和 ueng 的区分

在传统的汉语语音学里，ong 和 ueng 本是一个韵母，注音字母用 XL 来表示。汉语拼音方案依据实际发音分为两个，在汉语拼音的拼写中各有分工。ong 一定前拼辅音声母，决不自成音节，即不构成零声母音节，而 ueng 只能自成音节，决不前拼辅音声母，它只有一种拼写形式 weng。

ong 和 ueng 在发音上的主要区分在：1）舌位移动的方式不同。ong 是元音 u（“松”u）同鼻音韵尾 -ng 的复合，ueng 则是在 eng 的前面加上一段 u 的动程，要经过一个舌位的曲折运动。2）开头元音 u 、 o 的不同。ueng 中的 u 是韵头，发音紧而短；而 ong 中的 o 是韵腹，舌位比 u 略低，是个“松”u。3）唇形的变化不同。ong 在发音过程中唇形始终没有明显变化，像个不太紧张的 u。而 ueng 的唇形由最圆到不圆唇，变化明显。

有人读不准 ong，主要的问题是：1）把字母 o 误认为是单元音 o，因此开口度过大，并出现不应有的口型由大到小，舌位由低到高的动程。2)受方言影响，唇形是 u 的样子，但舌位仍比较低。纠正的方法：心理上把 ong 的 o 看成是 u。发音时，双唇不要过于闭拢，稍稍放松些，舌位比 u 稍稍降低些。

6. i-（齐齿呼）和 ü-（撮口呼）鼻韵母的区分

i-(齐齿呼）和 ü-(撮口呼)鼻韵母对比的音节有 12 对：yan-yuan 、 yin-yuń 、 ying-yong 、 jian-juan 、 qian-quan 、 xian-xuan 、 jin-jun 、 qin-qun 、 xin-xun 、 jing-jiong 、 qing-qiong 、 xing-xiong。但 bian 、 pian 、 mian 、 dian 、 tian 、 nian 、 lian 、 bin 、 pin 、 min 、 nin 、 lin 、 yang 、 niang 、 jiang 、 bing 、 ping 、 ming 、 ding 、 ting 、 ning 、 ling 没

有对比的音节(即双唇音声母、舌尖中音声母没有撮口呼音节)。

第 21 组 yan—yuan　yin—yun　ying—yong

jian—juan　qian—quan　xian—xuan

jin—jun　qin—qun　xin—xun

jing—jiong　qing—qiong　xing—xiong

严 yán —圆 yuán　银 yín —云 yún

英 yīng —拥 yōng　坚 jiān —娟 juān

前 qián —全 quán　先 xiān —宣 xuān

金 jīn —军 jūn　秦 qín —群 qún

信 xìn —训 xùn　井 jǐng —炯 jiǒng

晴 qíng —穷 qióng　形 xíng —雄 xióng

第 22 组

i-～ü-　健全 jiànquán　英雄 yīngxióng　进军 jìnjūn

厌倦 yànjuàn　借用 jièyòng　幸运 xìngyùn

ü-～i-　怨言 yuànyán　权限 quánxiàn　全体 quántǐ

汛期 xùnqī　凶器 xiōngqì

白银 báiyín —白云 báiyún

前面 qiánmiàn —全面 quánmiàn

通信 tōngxìn —通讯 tōngxùn

燕子 yànzi —院子 yuànzi

颜料 yánliào —原料 yuánliào

建议 jiànyì —倦意 juànyì

咽气 yànqì —怨气 yuànqì

方言 fāngyán —方圆 fāngyuán

眼见 yǎnjiàn —远见 yuǎnjiàn

7. 宽窄鼻韵母的区分

鼻韵母也存在舌位动程宽窄不同的两组韵母(参见第七讲),除 iong 没有这种对比关系外,共有 7 对:an-en 、 ang-eng 、ian-in 、iang-ing 、 uan-uen 、 uang-ueng(ong)、 üan-ün。

an—en 宽窄对比的音节有 16 对。dan 、 tan 、 lan 没有相对比的音节。

第 23 组 an—en	ban—ben	pan—pen	man—men
	fan—fen	nan—nen(嫩)	gan—gen
	kan—ken	han—hen	zhan—zhen
	chan—chen	shan—shen	ran—ren
	zan—zen	can—cen	san—sen

第 24 组	安 ān —恩 ēn	般 bān —奔 bēn	盘 pán —盆 pén
	慢 màn —闷 mèn	反 fǎn —粉 fěn	难 nàn —嫩 nèn
	甘 gān —根 gēn	坎 kǎn —肯 kěn	焊 hàn —恨 hèn
	战 zhàn —振 zhèn	缠 chán —陈 chén	山 shān —深 shēn
	染 rǎn —忍 rěn	攒 zǎn —怎 zěn	残 cán —岑 cén
	三 sān —森 sēn		

第 25 组

an-en	安分 ānfèn	翻身 fānshēn	烦闷 fánmèn
	闪身 shǎnshēn	犯人 fànrén	版本 bǎnběn
	残忍 cánrěn		
en-an	分散 fēnsàn	伸展 shēnzhǎn	侦探 zhēntàn

分担 fēndān　　审判 shěnpàn　　衬衫 chènshān

深山 shēnshān

战士 zhànshì —阵势 zhènshì

翻身 fānshēn —分身 fēnshēn

遗憾 yíhàn —遗恨 yíhèn

盘子 pánzi —盆子 pénzi

板子 bǎnzi —本子 běnzi

竿子 gānzi —根子 gēnzi

翻开 fānkāi —分开 fēnkāi

寒冷 hánlěng —很冷 hěnlěng

ang-eng 宽窄对比的音节有 18 对。只有 ang 没有相对比的音节（“鞥”字现代汉语不用）。

第 26 组 bang—beng　　pang—peng　　mang—meng

fang—feng　　dang—deng　　tang—teng

nang—neng　　lang—leng　　gang—geng

kang—keng　　hang—heng　　zhang—zheng

chang—cheng　　shang—sheng　　rang—reng

zang—zeng　　cang—ceng　　sang—seng

第 27 组 帮 bāng —崩 bēng　　旁 páng —蓬 péng

忙 máng —盟 méng　　方 fāng —封 fēng

当 dāng —灯 dēng　　唐 táng —腾 téng

囊 náng —能 néng　　浪 làng —楞 léng

刚 gāng —更 gēng　　康 kāng —坑 kēng

行 xíng —横 héng　　张 zhāng —争 zhēng

常 cháng —程 chéng　　上 shàng —胜 shèng

瓤 ráng —仍 réng　　脏 zāng —增 zēng

仓 cāng —层 céng　　桑 sāng —僧 sēng

第 28 组

ang—eng 长征 chángzhēng　　章程 zhāngchéng

航程 hángchéng　　长生 chángshēng

党政 dǎngzhèng　　昌盛 chāngshèng

eng—ang 生长 shēngzhǎng　　冷烫 lěngtàng

膨胀 péngzhàng　　正常 zhèngcháng

风浪 fēnglàng　　增长 zēngzhǎng

长度 chángdù —程度 chéngdù

商人 shāngrén —生人 shēngrén

东方 dōngfāng —东风 dōngfēng

长工 chánggōng —成功 chénggōng

ian-in 宽窄对比的音节有 9 对。dian 、 tian 没有相对比的音节。

第 29 组 yan—yin　　bian—bin　　pian—pin

mian—min　　nian—nin(您)　　lian—lin

jian—jin　　qian—qin　　xian—xin

验 yàn —印 yìn　边 biān —宾 bīn　片 piàn —拼 pīn

棉 mián —民 mín　年 nián —您 nín　连 lián —林 lín

间 jiān —金 jīn　前 qián —秦 qín　现 xiàn —信 xìn

钱行 jiànxíng —进行 jìnxíng

颜色 yánsè —银色 yínsè

前人 qiánrén —亲人 qīnrén

先行 xiānxíng —新型 xīnxíng

iang—ing 宽窄对比的音节有 6 对。bing 、 ping 、 ming 、 ding 、 ting 没有相对比的音节。

第 30 组 yang—ying　niang—ning　liang—ling

jiang—jing　qiang—qing　xiang—xing

养 yǎng —影 yǐng　娘 niáng —宁 níng

量 liáng —零 líng　降 jiàng —静 jìng

强 qiáng —情 qíng　相 xiāng —兴 xīng

iang-ing 相应 xiāngyìng　良性 liángxìng　详情 xiángqíng

将领 jiànglǐng　讲情 jiǎngqíng　象形 xiàngxíng

ing-iang 营养 yíngyǎng　领奖 lǐngjiǎng　行将 xíngjiāng

明亮 míngliàng　清凉 qīngliáng　影响 yǐngxiǎng

讲价 jiǎngjià —井架 jǐngjià

明亮 míngliàng —明令 mínglìng

粮食 liángshi —零食 língshí

枪弹 qiāngdàn —氢弹 qīngdàn

uan—uen 宽窄对比的音节有 14 对。nuan 没有相对比的音节。

第 31 组 wan—wen　duan—dun　tuan—tun

luan—lun　guan—gun　kuan—kun

huan—hun　zhuan—zhun　chuan—chun

shuan—shun　ruan—run　zuan—zun

cuan—cun　suan—sun

第 32 组 完 wán —文 wén　　端 duān —吨 dūn
团 tuán —屯 tún　　乱 luàn —论 lùn
管 guǎn —滚 gǔn　　款 kuǎn —捆 kǔn
还 huán —魂 hún　　砖 zhuān —准 zhǔn
船 chuán —纯 chún　　栓 shuān —顺 shùn
软 ruǎn —润 rùn　　钻 zuān —尊 zūn
窜 cuàn —寸 cùn　　酸 suān —孙 sūn

第 33 组
uan-uen 传闻 chuánwén　换文 huànwén　晚婚 wǎnhūn
万吨 wàndūn　还魂 huánhún
uen-uan 存款 cúnkuǎn　轮船 lúnchuán　论断 lùnduàn
紊乱 wěnluàn

uang—ueng(ong) 宽窄对比的音节有 6 对。dong 、tong 、nong 、long 、rong 、zong 、cong 、song 、shuang 没有相对比的音节。

第 34 组 wang—weng　guang—gong　kuang—kong
huang—hong　zhuang—zhong　chuang—chong
汪 wāng —翁 wēng　　光 guāng —工 gōng
筐 kuāng —空 kōng　　黄 huáng —红 hóng
装 zhuāng —中 zhōng　　床 chuáng —虫 chóng

üan—ün 宽窄对比的音节有 4 对。

第 35 组 yuan—yun　juan—jun　quan—qun
xuan—xun
员 yuán —云 yún　　捐 juān —军 jūn

全 quán —群 qún	宣 xuān —熏 xūn
援军 yuánjūn	全军 quánjūn
眩晕 xuànyùn	军训 jūnxùn
均匀 jūnyún	

第九讲 音节和拼音（一）

一、什么是音节

音节是语音中最小的结构单位。它是由一个或几个音素构成的，人们可以凭着听觉和发音时的肌肉感觉，自然地察觉到的最小的语音片段。

音节和音节的界线划分，根据普通话音节的语音特点，我们采用肌肉紧张度的解释。“饥饿”ji'e 两个音节没有听成一个音节“界”jie；“吴阿姨”Wu ayi 三个音节没有听成一个音节“歪”wai，而且可以从发音上分辨划分“心安”xin'an 和”西南”xinan 的音节界线，靠得不是停顿，而是发音器官肌肉紧张程度不断地增减交替形成的。一个音节就是肌肉紧张度的一次增而复减的过程。紧张度最强的声音是“音峰”，例如：“南开”两个音节中的 a。而音节开头、收尾的辅音 n 、k 、i 处在“音谷”。普通话音节的音量都是开头的音量强，收尾的音量弱。因此，处在音节开头和收尾的辅音也有细微差别，例如：“南”nan 中的声母和韵尾比较，声母 n-的音量强，而韵尾-n 的音量弱。就其辅音发音过程音量的细致分析，“南”中声母 n-处在音节渐强的阶段，是个先弱后强的辅音（即后强辅音），而韵尾-n处在音节减弱的阶段，是个先强后弱的辅音（即前强辅音）。音节的分界线是在前一个音节肌肉放松的音素和下一个音节肌肉开始紧张的音素之间。例如“心安”、“西南”的不同主要表现在辅音 n 的归属上。如果它处在前一个音节收尾的肌肉放松阶段，便是“心安”；如果它处在后一个音节开头肌肉紧张度增强的阶段，就是“西南”。单元音构成的音节也同样有肌肉紧张度增强减弱的过程。例如“饥饿”“吴阿姨”的音节划分。

音节是由音素构成的。音素可以按照音色的不同划分为元音音素和辅音音素两大类，而传统的汉语语音学则分析为“声母”“韵母”两部分。汉字字音结构由声母、韵母、声调三部分构成的。由此可见，分析普通话音节结构并不是一件难事。除儿化音节外，一个汉字字音就包含一个音节。

二、普通话音节的一般结构

普通话音节结构的主要特点是：

1. 结构方式简单、整齐。音节可以由 1 个音素充当，最多由 4 个音素构成。普通话 400 个音节，平均每个音节约 3 个音素构成。介音只有-i-、-u-、-ü- 3 个。尾音（韵尾）只有 4 个，2 个元音韵尾 -i 、-u(o)，2 个鼻辅音韵尾 -n 、-ng。除了塞擦音外，音节开头、末尾没有两个或三个辅音结合在一起的情况。

2. 元音在音节中占有重要的地位，主要元音（韵腹）不可缺少（表示感叹的特殊音节除外）。在外国语中存在大量辅音自成音节的情况。例如英语“课”lesson [lesn]和“瓶子”bottle [bɔtl]。

捷克语“用手摸颈” strst prst skrz krk，全部由辅音构成音节。汉语方言也有这类情况。例如厦门话口语音（白读）的“黄”[ŋ̍]、“广”[kŋ̍]。温州、梅县、广州等方言的“五”[ŋ̍]。

3. 音节末尾的辅音只有 -n 、-ng 两个鼻音。汉语方言（如广州话、厦门话、上海话等）音节末尾辅音还有不除阻的 [-m][-p][-t][-k] [-ʔ]（后 4 种为入声韵尾）。外国语（如英语）有除阻的-p-t-k-s-f-z，还有-st -ks 等形式。

普通话音节结构的粗线条框架(见 190 页图)：最多由四个部分构成，(一)声母，主要指辅音声母—— 音节开头的辅音(为了教学方便，分析音节结构时一般不列出零声母)；(二)介音，是介于辅音声母和主要元音之间的音(当没有辅音声母时，称作“介音”比较勉强，可以叫做“头音”)；普通话只有 -i-、-u-、-ü-三个介音；(三)主要元音，是音节中最响亮、听感上最显著的部分。如果音节中只有一个元音，这个元音就是主要元音；(四)尾音，普通话只有 -i 、-u(o)、-n 、-ng 四个。

普通话不是每个音节都有四个部分构成，除主要元音外，可能缺少声母、介音、尾音中的某个部分。普通话有 8 种音节结构类型(见 190 页图)：1)只有主要元音，缺少声母、介音、尾音。2)由头音、主要元音构成，缺少声母、尾音。3)由主要元音、尾音构成，缺少声母、介音。4)由头音、主要元音、尾音构成，缺少声母。5)由声母、主要元音构成，缺少介音、尾音。6)由声母、介音、主要元音构成，缺少尾音。7)由声母、主要元音、尾音构成，缺少介音。8)由声母、介音、主要元音、尾音构成，是普通话音节四个部分俱全的音节。

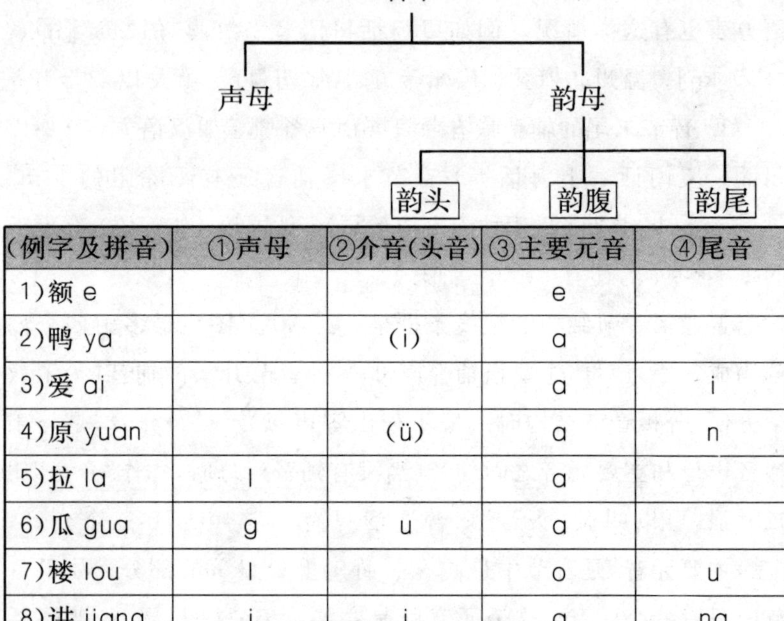

(例字及拼音)	①声母	②介音(头音)	③主要元音	④尾音
1)额 e			e	
2)鸭 ya		(i)	a	
3)爱 ai			a	i
4)原 yuan		(ü)	a	n
5)拉 la	l		a	
6)瓜 gua	g	u	a	
7)楼 lou	l		o	u
8)讲 jiang	j	i	a	ng

注:音节结构是从语音上的分析,为了教学方便必要时将汉语拼音的某些拼法加括号( )还原。例如:yi、wu、yu 还原为(i)(u)(ü),iu、ui、un 分列时还原为 i(o)u、u(e)i、u(e)n,ie、üe 分列时还原为 i(ê)、ü(ê)等。

三、普通话声韵拼合关系

普通话音节由声母和韵母两部分构成,但不是任何声母和任何韵母都可以相拼。认识声韵的拼合规律,对掌握普通话音节以及学习汉语拼音音节拼写法都是必不可少的。

“声韵拼合关系”是指声母和韵母之间连接的关系。因此，韵母在声韵拼合关系中只注意它的开头。传统的汉语语音学把韵母分为开口呼、齐齿呼、合口呼、撮口呼四大类，就是以韵母开头划分的(见第六讲)。普通话声韵拼合关系列表如下：

	开口呼	齐齿呼	合口呼	撮口呼
零	+	+	+	+
b p m	+	+	+	−
f	+	−	+	−
d t	+	+	+	−
n l	+	+	+	+
g k h	+	−	+	−
j q x	−	+	−	+
zh ch sh r	+	−	+	−
z c s	+	−	+	−

注：(1) + 代表有拼合关系，− 代表没有拼合关系。

(2)“零”代表“零声母”。

声韵拼合关系表说明：

1. 声母 n、l 及零声母与开、齐、合、撮四呼都有拼合关系。

2. 声母 f，g、k、h，zh、ch、sh、r，z、c、s 只同开口呼、合口呼相拼。

3. 声母 j、q、x 只同齐齿呼、撮口呼相拼。

4. 声母 b、p、m、d、t 不同撮口呼相拼。

5. 开口呼、合口呼韵母除声母 j、q、x 外，同其他声母都有拼合关系。

6. 撮口呼韵母只同 j、q、x、n、l 及零声母有拼合关系。

四、普通话音节表

普通话常用音节有 400 个。1992 年重排本《新华字典》音节索引列出 415 个音节，本书所列的音节表未收其中 15 个音节，包括某些语气词（特别是以辅音充当音节的），方言色彩浓重、比较土俗的，或仅限于书面语又不常用的音节：chua（欻） den（扽） dia（嗲） nia（嗻） eng（鞥） lo（咯） yo（唷） o（喔） ê、 ei（欸） hm（噷） hng（哼） m（呣） n（嗯） ng（嗯）。下列音节表按开口呼、齐齿呼、合口呼、撮口呼四类排列，分述如下：

1. 开口呼音节(179 个)

韵母 / 声母	a	e	-i	er	ai	ei	ao	ou	an	en	ang	eng
零	a	e		er	ai		ao	ou	an	en	ang	eng
b	ba				bai	bei	bao		ban	ben	bang	beng
p	pa				pai	pei	pao	pou	pan	pen	pang	peng
m	ma	(me)			mai	mei	mao	mou	man	men	mang	meng
f	fa					fei		fou	fan	fen	fang	feng
d	da	de			dai	dei	dao	dou	dan		dang	deng
t	ta	te			tai		tao	tou	tan		tang	teng
n	na	ne			nai	nei	nao	nou	nan	nen	nang	neng
l	la	le			lai	lei	lao	lou	lan		lang	leng
g	ga	ge			gai	gei	gao	gou	gan	gen	gang	geng

续前

韵母 声母	a	e	-i	er	ai	ei	ao	ou	an	en	ang	eng
k	ka	ke			kai	kei	kao	kou	kan	ken	kang	keng
h	ha	he			hai	hei	hao	hou	han	hen	hang	heng
zh	zha	zhe	zhi		zhai	zhei	zhao	zhou	zhan	zhen	zhang	zheng
ch	cha	che	chi		chai		chao	chou	chan	chen	chang	cheng
sh	sha	she	shi		shai	(shei)	shao	shou	shan	shen	shang	sheng
r		re	ri				rao	rou	ran	ren	rang	reng
z	za	ze	zi		zai	zei	zao	zou	zan	zen	zang	zeng
c	ca	ce	ci		cai		cao	cou	can	cen	cang	ceng
s	sa	se	si		sai		sao	sou	san	sen	sang	seng

注：1. 横行按不同韵母排列，竖行按不同的声母排列。采用汉语拼音注音，拼写按照《汉语拼音方案》规则。表中“零”表示“零声母”。

2. o、ê、ei 等音节只在语气词中出现，不列入。因此，未列出单韵母 o、ê。

3. me(么)本是 mo，在轻音节时弱化为 me。不计数，加括号(　)列入表格备用。

从开口呼音节表可以看出：

1）包含音节数目最多，几乎占 400 音节的一半。

2）声母 j 、 q 、 x 不同开口呼韵母相拼。

3）舌尖元音属于开口呼音节，只同舌尖后音声母 zh 、 ch 、 sh 、 r 和舌尖前音声母 z 、 c 、 s 相拼。

4）er 独立自成音节，不和任何声母相拼。

5）舌尖中音声母 d 、 t 、 n 、 l 不拼韵母 en 。(nen“嫩”例外)

6）韵母 eng 除代表一个极不常用的“鞥”外，不独立成音节。o 、 ê 一般出现在韵母 uo 、 ie 、 üe 中。独立成音节只用于语气词中。

2. 齐齿呼音节（83 个）

韵母 / 声母	i	ia	ie	iao	iou	ian	in	iang	ing
零	yi	ya	ye	yao	you	yan	yin	yang	ying
b	bi		bie	biao		bian	bin		bing
p	pi		pie	piao		pian	pin		ping
m	mi		mie	miao	miu	mian	min		ming
d	di		die	diao	diu	dian			ding
t	ti		tie	tiao		tian			ting
n	ni		nie	niao	niu	nian	nin	niang	ning
l	li	lia	lie	liao	liu	lian	lin	liang	ling
j	ji	jia	jie	jiao	jiu	jian	jin	jiang	jing
q	qi	qia	qie	qiao	qiu	qian	qin	qiang	qing
x	xi	xia	xie	xiao	xiu	xian	xin	xiang	xing

从齐齿呼音节表可以看出：

1）齐齿呼韵母不同声母舌尖前音 z 、c 、s 舌尖后音 zh 、ch 、sh 、r 舌面后音 g 、k 、h 和齿唇音 f 相拼。

2）韵母 ia 、iang 不同声母双唇音 b 、p 、m 和 d 、t 相拼。

3）声母 d 、t 不同韵母 in 相拼。

3. 合口呼音节(114 个)

韵母 / 声母	u	ua	uo (o)	uai	uei	uan	uen	uang	ueng (ong)
零	wu	wa	wo	wai	wei	wan	wen	wang	weng
b	bu		bo						
p	pu		po						
m	mu		mo						

续前

韵母 声母	u	ua	uo (o)	uai	uei	uan	uen	uang	ueng (ong)
f	fu		fo						
d	du		duo		dui	duan	dun		dong
t	tu		tuo		tui	tuan	tun		tong
n	nu		nuo			nuan			nong
l	lu		luo			luan	lun		long
g	gu	gua	guo	guai	gui	guan	gun	guang	gong
k	ku	kua	kuo	kuai	kui	kuan	kun	kuang	kong
h	hu	hua	huo	huai	hui	huan	hun	huang	hong
zh	zhu	zhua	zhuo	zhuai	zhui	zhuan	zhun	zhuang	zhong
ch	chu		chuo	chuai	chui	chuan	chun	chuang	chong
sh	shu	shua	shuo	shuai	shui	shuan	shun	shuang	
r	ru		ruo		rui	ruan	run		rong
z	zu		zuo		zui	zuan	zun		zong
c	cu		cuo		cui	cuan	cun		cong
s	su		suo		sui	suan	sun		song

注：1. bo 、po 、mo 、fo 按照实际发音列入此表，排列在 uo 韵母下。(参见第六讲)

2. ong 按照实际发音列入此表，同 ueng 排列在一行。(参见第三讲、第八讲)

从合口呼音节表可以看出：

1）合口呼韵母不同舌面前音声母 j 、q 、x 相拼。

2）双唇音声母只同韵母 u 、uo(o) 相拼。

3）舌尖中音声母 d 、t 、n 、l 不同韵母 ua 、uai 、uang 相拼。

4）声母 n 、l 只同韵母 ei 相拼，不同韵母 uei 相拼。而声母 d 、 t 只同韵母 ui 相拼，不同韵母 ei 相拼。（dei 只有一个“得”字）

5）舌尖前音声母 z 、 c 、 s 不同韵母 ua 、 uai 、 uang 相拼。

6）ong 属于合口呼，一定前拼辅音声母，不独立成音节。ueng 则只独立成音节，不同任何辅音声母相拼。

4. 撮口呼音节(24个)

韵母 声母	ü	üe	üan	ün	iong
零	yu	yue	yuan	yun	yong
n	nü	nüe			
l	lü	lüe			
j	ju	jue	juan	jun	jiong
q	qu	que	quan	qun	qiong
x	xu	xue	xuan	xun	xiong

注：iong 按实际发音列入此表。

从撮口呼音节表可以看出：

1）包含音节最少。

2）辅音声母同撮口呼韵母相拼的只有 j 、 q 、 x 、 n 、 l 。

3）声母 n 、 l 只同韵母 ü 、 üe 相拼，不同韵母 üan 、 ün 、 iong 相拼。

4）iong 属于撮口呼韵母。

普通话里有多少带调音节呢？根据《现代汉语词典》所列的音节表统计，包括 37 个轻声音节（含方言轻声音节）在内，共有 1332

个。除某些语气词(特别是以辅音充当音节的),方言色彩浓重、比较土俗的或仅限于书面语又不常用的音节外,普通话带调音节(不包括儿化音节)约1250多个。

思考题:

1) 普通话音节有几种基本的结构?分析带有拼音字母“o”的音节的结构。

2) 根据自己发音难点,找出普通话音节结构规律中对自己正音有帮助的声韵拼合形式。

语音训练(七)

1. 常用音节发音训练

正确、熟练地掌握400个音节发音是普通话语音教学的基本要求。普通话400个音节在实际运用中出现频率各有不同,首先应该掌握最常用音节。音节训练材料按照常用音节的书面材料出现频率排列(依据《现代汉语频率词典》(1986北京语言学院出版社)的“汉字频率表”整理。这个表是在180万字语料统计的基础上,共收入4574个不同的汉字,以下每组练习材料注明频率统计结果)。

第1组(最常用音节41个,代表46个汉字,累计出现频率33.8%)

de yi le shi bu wo zai you ren zhe ta men lai ge shang di da jiu ni shuo dao he zi yao li me qu ye na hui zhu chu xia guo wei hao kan sheng ke hai xue

第 2 组（常用音节 58 个，代表 75 个汉字。与前累计共 99 个音节，代表 121 个汉字，累计频率为 50.8%）

qi dou nian xiao mei neng duo tian gong jia ba dong yong dui zhong zuo fa tong min mian xiang yang cheng hou tou jing chan shen jin xin xīan ran zhi lao cong fen qian xie dian kai er hen fang yu xing chang jian shui liang zou gao san dang wen gei quan zheng ding

第 3 组（常用音节 146 个，代表 411 个汉字，与前累计共 245 个音节，代表 532 个汉字，累计频率为 80.97%）

ming ji suo zhan wu deng hua ben she bian wai qing yan dan ne jiao fan zhen ting cai lu si bie zen zui che ma kou gan jun du jie huo yin ti shao shan dai guang yuan guan bi yue ci ying tiao tai chi biao kuai xi zong bai ping ling nin qin bei jue lun nei wan liao a xu geng feng zao ya ri nong bing liu nan se wang gen jiang nü qun yun ban ai re qiang te lian gai bao suan qie kong zhuan man hong fei zhao pao chuan tu fu la rang gou zu tuan pin que zhun mu ning pian gang ru rong pa cuo mi zhang zhuang hei tie lei cun ju duan cao gui ku mai song diao zan an luo kuang pi pai su mang kang niang chong sui po mao

附：按音序排列的 245 个常用音节

a ai an ba bai ban bao bei ben bi bian biao bie bing bu cao cai chan chang che cheng chi chong chu chuan ci cong cun cuo da dai dan dang dao de deng di dian diao ding dong dou du duan dui duo er fa fan fang fei fen feng fu gai gan gang gao ge gei gen geng gong gou guan guang gui guo hai hao he hei hen hong hou hua hui huo ji jia jian jiang jiao jie jin jing jiu ju jue jun kai kan kang ke kong kou ku kuai kuang la lai lao le li lian liang liao lei ling liu lu lun luo ma mai man mang mao me mei men mi mian min ming mu na nan ne nei neng ni nian niang nin ning nong nü pa pai pao pi pian pin ping po qi qian qiang qie qin qing qu quan que qun ran rang re ren ri rong ru san se shan shang shao she shen sheng shi shui shuo si song su suan sui suo ta tai te ti tian tiao tie ting tong tou tu tuan wai wan wang wei wen wo wu xi xia xian xiang xiao xie xin xing xu xue ya yan yang yao ye yi yin ying yong you yu yuan yue yun zai zan zao zen zhan zhang zhao zhe zhen zheng zhi zhong zhu zhuan zhuang zhun zi zong zou zu zui zuo

2. 难点音节发音训练

依据部颁《现代汉语常用字表》统计,3500 个常用字共包含 392 个音节,其中 2500 个常用字中包含 389 个音节,1000 个次常用字又出现 3 个音节。可见在重点训练比较常用音节的基础上,应该全部掌握 400 个音节的发音。下面一组是部分不太常用音节的训练。

第 4 组 cen chuai chuo cou cuan die guai jiong ka lia lue miu nang nie niu nue pie pou shai shuai shuan weng za zei zhei zhuai zuan zun

语音训练中有时出现这样的问题:声母或韵母单独发音能够

准确，但在音节中由于受到前后音素的影响，各个音素的发音往往比单独发音时有所变化，在这种情况下有时发音出现不准确。另外，有些音节的发音也容易出现一些常见的某些不正确的发音习惯，需要着重纠正和训练。常见的有下列几种情况：

1）合口呼韵母前面的舌尖前音（平舌音）声母 z、c、s 发音部位容易靠后，音色接近舌尖后音（翘舌音）声母。而合口呼韵母前面的舌尖后音声母 zh、ch、sh、r 发音部位却容易靠前，音色接近舌尖前音声母。原因是韵母开头的圆唇音 u 使声母唇化，带有圆唇的色彩，对易混的这两组声母产生了影响。对此，可以用不圆唇的音节引导，注意找准声母的发音部位。

第 5 组 zhi—zha—zhu—zhua　chi—cha—chu—chuan
shi—sha—shu—shun　ri—re—ru—ruo
zi—za—zu—zuan　ci—ca—cu—cun
si—sa—su—suo

第 6 组

蜘蛛 zhīzhū	失主 shīzhǔ	师专 shīzhuān
执着 zhízhuó	茶砖 cházhuān	始终 shǐzhōng
指出 zhǐchū	查处 cháchǔ	失传 shīchuán
纱窗 shāchuāng	失宠 shīchǒng	史书 shǐshū
直说 zhíshuō	直率 zhíshuài	茶水 cháshuǐ
植入 zhírù	耻辱 chǐrǔ	示弱 shìruò
市容 shìróng	湿润 shīrùn	自足 zìzú
词素 císù	死罪 sǐzuì	自尊 zìzūn
思忖 sīcǔn	思索 sīsuǒ	辞岁 císuì
词组 cízǔ	咂嘴 zāzuǐ	

2）纠正由舌尖后音声母和鼻韵母构成的音节发音时，注意发好以声母 zh 、ch 、sh 开头，又以鼻辅音 -n 收尾的音节，特别是 zhen 、chen 、shen 三个音节。当纠正鼻韵尾 -n 的发音时，注意力集中在舌尖抵住齿龈，这种心理暗示容易造成舌尖后声母的发音部位靠前，音色接近 zen 、cen 、sen 。当纠正声母 zh 、ch 、sh 、r 发音的时候舌位没有及时调整，因此发韵母时舌位靠后，发得像 zheng 、cheng 、sheng 了。纠正的要领是先找准声母部位，发韵母时舌尖下移迅速抵住下齿背，使舌位隆起部位不致靠后，并有意拖长韵母的发音，为发好鼻韵母 en 留出足够的体会时间。

第 7 组	zhi—zhen	zha—zhen	zhan—zhen
	chi—chen	cha—chen	chan—chen
	shi—shen	sha—shen	shan—shen
	指针 zhǐzhēn	扎针 zhāzhēn	时辰 shíchen
	沙尘 shāchén	失神 shīshén	置身 zhìshēn
	山珍 shānzhēn	山神 shānshén	

3）当音节的声母是 g 、k 、h 时，要注意发好带有 -n 的“前鼻音韵母”。g 、k 、h 是舌面后音声母，发韵母时如不及时调整，舌位容易靠后，发得像带 -ng 的“后鼻音韵母”了。纠正要领是及时找准韵母的舌位，舌尖一定抵住下齿背，舌位的隆起部位前移，接着舌位由低滑升到鼻辅音 -n 的位置。特别注意练习韵母是 -en、-un(uen)、-uan 的音节。

第 8 组	en—gen	en—ken	en—hen
	en—uen—gun	en—uen—kun	en—uen—hun
	an—uan—guan	an—uan—kuan	an—uan—huan

4）排除发 zhi、chi、shi、ri 等音节时不应有的拢唇动作。形成拢唇的原因主要是不熟悉声母舌尖后音（翘舌音），发音器官过于紧张，牵动双唇用力造成的。训练时，注意除了声母的发音部位和舌尖后元音的舌尖部位的收紧点外，发音器官其他部位尽量放松，同时两个嘴角始终向两侧展开。

第9组 la、la、la—zhi　　la、la、la—chi

la、la、la—shi　　la、la、la—ri

i—zhi　i—chi　i—shi　i—r

医治 yīzhì　　意志 yìzhì

衣食 yīshí　　一时 yīshí

翌日 yìrì

5）发好带介音 -u- 的音节。有人（闽语区常见）发带介音 -u- 的音节开口度大，舌位较低，还可能偏前。有时唇形缩小了，口腔空间仍很大，舌位没有升高、靠后。主要元音是 a 的音节最为明显。可以用一个发音准确的单元音 u，或发一个带单元音 u 的音节进行引导。

第10组 u—gu—gua　　u—zhu—zhua

u—du—duan　　u—hu—huan

u—zhu—zhuan　　u—zu—zuan

u—ku—kuang　　u—shu—shuang

苦瓜 kǔguā　　古话 gǔhuà　　独断 dúduàn

速算 sùsuàn　　梳妆 shūzhuāng　　橱窗 chúchuāng

武装 wǔzhuāng　　湖光 húguāng　　树桩 shùzhuāng

无双 wúshuāng

第十讲　音节和拼音（二）

五、拼音中的语音结合

语音教学通常不是以音节为单位的单一教学过程，而是由音节分析和音素拼合的不同阶段交替进行训练，这是语音教学的方便快捷的途径。拼音就是按照音节的结构规律，把音素和音素接续拼合起来，构成音节的教学过程。

音素与音素在音节中的结合，彼此不是孤立的毫不关联的依次发音。在第七讲已经描述了元音与元音复合构成复韵母（复合元音）的情况，在第八讲描述了元音在前、鼻辅音在后（鼻音韵尾）复合构成的鼻韵母（复合鼻尾音）的情况。下面着重讲述辅音在前、元音在后的结合过程，实际就是辅音声母和韵母的拼合过程。

辅音和元音的结合过程不是从一个音素跳到一个音素，而要经过一个人们不易察觉的过渡阶段，叫做"过渡音"或"音渡"。发生在音素前面的过渡音是"前流"，发生在音素后的过渡音是"后流"。颤动声带的过渡音是"浊流"，不颤动声带的过渡音是"清流"。辅音后的过渡音"后流"，关系到辅音声母和韵母的接续过渡,是在音节拼合中值得注意的。

普通话辅音声母和韵母的拼合的过渡阶段,可以粗略的归纳为下面四种情况:

1. 浊辅音声母与韵母(元音)相拼

普通话浊辅音声母 m、n、l、r 同韵母(元音)相拼,声母发音声带振颤,除阻后与元音相接没有间断声带振颤,浊音声母后的过渡音是浊音浊流。

2. 清擦音声母与韵母(元音)相拼

普通话清擦音声母 f、h、x、sh、s 凭借擦音自身可以延长的气流,接续后面的元音。擦音声母后面的过渡音是清音清流。

3. 送气声母与韵母(元音)相拼

普通话送气的塞音、塞擦音声母 p、t、k、q、ch、c 除阻后并没有立即接元音的声带振颤,而在这一瞬间内继续让声门敞开,肺部气流快速流出,在声门以及声道的狭窄处产生摩擦,形成送气的过渡音。表现为清辅音送气声母的后流,即清音清流。

4. 不送气声母与韵母(元音)相拼

普通话不送气的塞音、塞擦音 b、d、g、j、zh、z 在辅音中音长最短,它的过渡音也比送气音短。实验语音学证明:不送气音特别是不送气的塞音的过渡音带有韵母的信息,即元音前流的过渡,表现为清音不送气的声母除阻后紧接着声带颤动,过渡音是清音浊流。

以上对辅音与元音的过渡音的分析是为了教学的方便,把比较复杂的发音过程简单化了,是极其粗略的。实验语音学已经从声学的角度对普通话音节结构进行了分析,提出一种普通话音节的声学语音学结构框架(见下图)。这个结构框架分为9个音段,1—4段属于声母,6—9段属于韵母,而第5段既属于声母又属于韵母。这种分析适合于普通话所有音节,但不同的音节会有不同的音段。1—2段是塞音和塞擦音特有的,第3段几乎对所有声母都有意义。4—5段相当于前面所述的“过渡音”或称“音渡”。简单地说,不送气的塞音和塞擦音没有送气段。第6段相当于介音。第7段相当于主要元音。第8段相当于前响复合元音、三合元音中的元音韵尾。第9段是鼻音韵尾,不过有时它仅仅表现为对元音的鼻化。

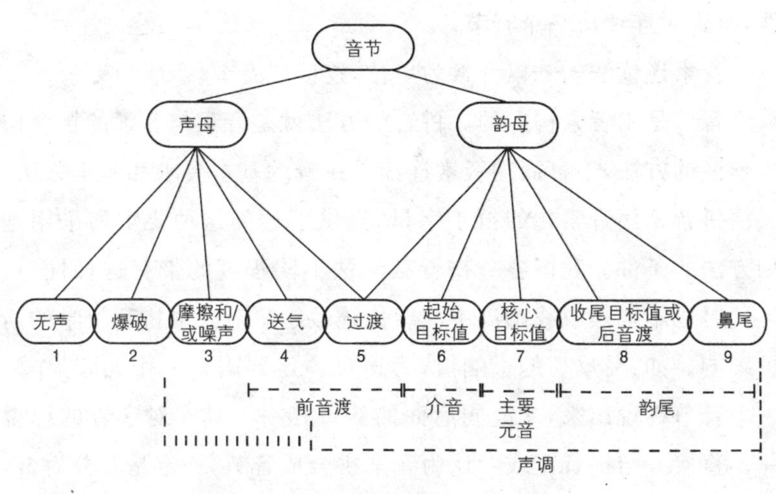

普通话音节的声学语音学结构框架

六、拼音的教学方法

自1958年推行汉语拼音方案以来,我国汉语拼音教学积累了丰富的经验，常见的拼音教学法有：

声母支架拼音法（简称“支架法”）——先找准声母发音部位，摆好发音架势，然后一口念出韵母，拼成音节。

声介合母教学法——主要特点是把声母和介音（介母）拼合起来，构成一个拼音部件，再同随后的韵母相拼。“声介合母”共30个：bi、pi、mi、di、ti、ni、li、ji、qi、xi、du、tu、nu、lu、gu、ku、hu、zhu、chu、shu、ru、zu、cu、su、nü、lü、ju、qu、xu、yu。

三拼连读法——是把带介音的音节分析成声、介、韵三个部件，拼音时连读成一个音节。

音素连读法——以音素为单位，连读成音节。

音节是由音素构成的。拼音的方法就是音素与音素的拼合构成音节的方法，不言而喻音素连读是拼音的基本要求和基本方法。汉语拼音采用音素化的拉丁字母，提供了达到这种要求和采用这种方法的条件。我国各种拼音教学法不同程度的带有这种性质，但同时也不能摆脱我国汉字注音传统教学法对汉语拼音教学的消极影响。如：受反切的影响，认为声母一定要附上一个元音，作为一个音节称说出来，才能同后面的韵母相拼。其实对字母的称说并不直接参与拼音。或者认为音素拼合成音节，一定是先分后合，等等。

下面根据普通话音节的特点提出几点拼音教学的建议：

1. 复韵母、鼻韵母拼音训练的整体性原则。

无论采用什么方法教学，应该把复韵母和鼻韵母作为一个整体来认识和训练。这不仅是因为韵母在音节结构中占四分之三的位置，而且复韵母和鼻韵母的音素间都是复合的关系，整体训练可以体现这一特点，同时也便于教学某些韵母的发音变化。例如：iou、uei、uen、ian、üan。通常拼音教学中把整体性强的前响复韵母 ai、ei、ao、ou 和鼻韵母中一个元音音素和鼻辅音韵尾复合的 an、en、in、ün、ang、eng、ing、ong 等韵母作为一个整体，是有语音学道理的。除此之外，加入介音 i-、u-、ü- 的整体韵母的训练也应该成为拼音训练的过程之一。例如：ian uang 的训练过程可以分解为两步：

ian　　a—n → an

　　　　i—an → ian

uang　a—ng → ang

　　　　u—ang → uang

所谓"音素连读法"可以分为两步，而"三拼连读法"则只需加入第二步的训练。

2. 声韵相拼关键在声母与韵母开头的衔接部分，拼音要着重训练，例如：ba、ge、tu、zu、ju 等。这方面的教学"声介合母"教学法已经提供了的经验，我们与之的差异是仅把这种方法看成是一个拼音的训练过程，不限于"声母"与"介母"的结合。

3. 利用音节练习声母、韵母的发音是必不可少的训练阶段。尤其是声母的练习，利用音节可以摆脱所谓声母"呼读音"附带元音的干扰，充分体会辅音声母的本音。可以用同一个声母跟不同的韵母构成音节，练习某一个声母。例如：练习声母 b，可以列举一些带 b 的音节：ba、bei、bang、biao、bian、bu。这种方法还可以充分体会同一声母在跟随不同韵母结合时出现的不同变体。例如：在 ba 、 bu 中 b 的唇形是不同的，这种细微差别只有通过音节训练体会，不必要求学生了解。另外，可以用同一韵母与不同的声母构成音节，练习同一发音部位（发音方法不同）的不同声母或同一发音方法（发音部位不同）的不同声母。例如：列出 ba 、 pa 、 ma 、 fa 等音节，练习体会唇音声母的区别。列出 ba—pa da—ta ga—ka jia—qia zha—cha za—ca 的音节对比，训练送气与不送气声母的区别。

4. 多重互补性拼音训练。无论采用什么拼音教学法，把音节分解成什么样的部件，在拼音训练的过程中，都可以采用多重训练方法。训练内容可以设计为以下几个方面：

1）韵腹（主要元音）同韵尾的连读练习。例如：a—i → ai，a—ng → ang 。“音素连读法”可以在拼合音节练习前，首先进行这种训练。

2）韵头（介音）同韵腹（主要元音）的连读训练，例如：i—a → ia，u—a → ua 。注意：这种训练只限于不带尾音（韵尾）的音节。

3）韵头（介音）与韵腹、韵尾的整体拼合。例如：u—an→ uan，i—ang → iang 。

4）声母同单韵母（单元音）的拼合，也可以把其中声母同单韵母 i 、 u 、 ü 的拼合，看成是声母和介音的拼合。例如：ba 、 ge 、zha 、pi 、 li 、 du 、 ku 、 chu 、 zu 等。

5）音节整体性拼音练习。在以上训练的基础上，整体拼音就不是什么难事了，可以分解为以下步骤：

例如：jiang ① a—ng → ang ② i—ang → iang ③ j—i → ji ④ ji→ iang，最后拼合成音节 jiang。

无论采用何种教学法,并不影响我们选择音节练习的某种方式。例如:采用"三拼连读法"并不影响我们对 jian 进行 i—an → ian 、 j—i →ji 、 ji—an → jian 、 j—i—an→ jian 等多重训练。

七、直呼音节的要求

汉语拼音无论是给汉字注音,还是帮助学习普通话,都是以拼音的音节形式作为独立运用的单位。是否熟练掌握和运用汉语拼音主要是看能否不经过现拼的阶段直接运用拼音音节。

"直呼音节"指的是认读汉语拼音音节时,不需要边想、边拼、边读,而是在熟练的基础上直接呼读整个音节。这是我国汉语拼音教学中针对传统的"三呼"拼音方法提出的一个教学术语。所谓"三呼",即一呼声母(呼读音),二呼韵母,三呼成音节。例如:b(o) → a → ba 。有的甚至一呼声母(呼读音)、韵母,二呼再重复读一遍声母(呼读音)、韵母,紧连着才呼读成音节。例如:b(o) → a,b(o) → a → ba 。学生如果不随着拼音的熟练,摆脱这种"呼必有三"的习惯程序,就很难把音节作为独立运用的单位。拼音教学就是要着眼于音节,把音节的教学作为重点,把"直呼音节"作为拼音教学的基本要求。

直呼音节最初也表现为音素与音素的拼合过程,实际成为一种完整的带调音节的缓读。随着拼音音节重复出现而逐步熟练,达到整体"扫读"的水平。因此,直呼音节需要一个熟练的过程,大体可以分三个阶段进行训练。

直呼音节训练三个阶段的基本要求和测试方法:

第一阶段　每秒钟可以正确地读出一个常用音节，每 2 秒钟可以正确地读出一个不常用的音节。朗读拼音短文不要求读出语气，中间可以出现停顿，允许有“暗拼”（即不出声音的拼读）的音节，每次停顿不超过 3 秒钟。最低速度每分钟不少于 60 个音节。这是直呼音节的最低要求。低于每秒钟一个常用音节或每分钟 60 个音节应视为不具备直呼音节的能力。

测试方法：用音节卡片，分为常用音节和不常用音节（参见第九讲语音训练 七 ）。打乱顺序不断出示卡片，看学生直呼的准确性和平均速度。也可选用至少 60 个（或 120 个、 180 个、 240 个……可根据人数、时间确定选用音节的多少。音节适当多选用些，测试对直呼音节的实际水平会更可靠些）音节的拼音短文测试，1 分钟内读完（选用更多音节的测试可由此比例推算，下同）。单个音节和拼音短文的测试可以选用其中一种方法，也可以两种方法并用。

第二阶段　平均每秒可以正确地读出 2 个音节。朗读拼音短文能够带上语气，但中间可能出现不连贯的情况。每分钟允许偶尔出现停顿，每次停顿均不得超过 3 秒钟。最低速度达到每分钟不少于 120 个音节。

测试方法：选用至少 120 个（或 240 个、 360 个……）音节的拼音短文，在 1 分钟内朗读完。

第三阶段　平均每秒钟正确读出 3 个音节。可以流畅地有感情地朗读拼音短文，不出现中断语气的停顿。最低速度每分钟不少于 180 个音节。为了提高学生掌握、运用拼音音节的能力，可以增加一项书写要求——1 分钟内可以正确地书写（默写或给汉字语句注音)20 至 30 个音节。这个阶段是直呼音节的最高要求。

测试方法:选用 180 个～200 个（或 360 个～400 个)音节的拼音短文,在 1 分钟内朗读完。可以用秒表记时,精确核算直呼速度。选用 40 个音节的汉字材料,教师记时,2 分钟后停止书写,检查学生实际书写了多少音节,是否达到基本要求。书写时,只要求学生用小写字母分单个音节正确书写,运用大写字母和按词连写等方面不作统一要求。

思考题:

1）辅音在前、元音在后的语音结合有几种形式？各举几个例子说明。

2）根据直呼音节的基本要求和自己拼音的熟练程度,确定自己直呼音节近期达到的目标,选择一组或几组材料进行训练。

语音训练(八)

直呼音节训练

1. 认读由声母和单韵母构成的音节

第 1 组 ba pa ma fa, da ta na la, ga ka ha,
zha cha sha, za ca sa.
de te ne le, ge ke he, zhe che she re,
ze ce se.
zhi chi shi ri, zi ci si.
bi pi mi, di ti ni li, ji qi xi.

bu pu mu fu，du tu nu lu，gu ku hu，

zhu chu shu ru，zu cu su.

ju qu xu nü lü.

2. 由声母、介音、主要元音构成的音节的练习

（圆点·表示前后两者之间不是连接的关系，圆点前一般是为体会整个韵母安排的，下同）

第 2 组	jia	i—a→ia	ji—ia→ jia
	lia	i—a→ia	li—ia→ lia
	bie	ie • bi—ie→ bie	
	tie	ie • ti—ie→ tie	
	xie	ie • xi—ie→ xie	
	gua	u—a→ ua	gu—ua→ gua
	shua	u—a→ ua	shu—ua→ shua
	duo	u—o→ uo	du—uo→ duo
	kuo	u—o→ uo	ku—uo→ kuo
	ruo	u—o→ uo	ru—uo→ ruo
	zuo	u—o→ uo	zu—uo→ zuo
	lüe	üe • lü—üe→ lüe	
	xue	üe • xu—üe→ xue	

说明：为了解决声母和韵母之间拼合的难点，在第 1 组练习的基础上，出现了 ji—ia→ jia 的练习过程，元音 i 在音节中处于介音的位置，前后出现两次，自然地承担起连接声母、韵母的桥梁作用。ie、üe 中的 ê 实际是舌面前中元音，因此小学拼音教学往往把

它作为一个整体看待,这样安排是合理的。直呼音节训练也不必拆开,只是在前面加一次整体认读。

3. 由声母、主要元音(韵腹)、尾音(韵尾)构成的音节练习

拼音教学中通常把韵腹和韵尾构成的韵母作为一个整体看待。直呼音节的训练也可以从这样的整体出发,先读韵母再加上声母拼合成音节。这样训练比声母在前、韵母在后的方式更容易拼合成音节。注意:韵腹和韵尾构成的韵母整体性强,其中开口呼的韵母不可采取分离韵腹、韵尾后进行声母和韵腹的拼合的训练。

第 3 组 bai　ai·b—ai → bai
tai　ai·t—ai → tai
hai　ai·h—ai → hai
chai　ai·ch—ai → chai
zai　ai·z—ai → zai
mei　ei·m—ei → mei
nei　ei·n—ei → nei
hei　ei·h—ei → hei
zhei　ei·zh—ei → zhei
zei　ei·z—ei → zei
mao　ao·m—ao → mao
tao　ao·t—ao → tao
kao　ao·k—ao → kao
zhao　ao·zh—ao → zhao

rao　ao · r—ao → rao

sao　ao · s—ao → sao

mou　ou · m—ou → mou

tou　ou · t—ou → tou

gou　ou · g—ou → gou

chou　ou · ch—ou → chou

zou　ou · z—ou → zou

ben　en · b—en → ben

nen　en · n—en → nen

ken　en · k—en → ken

zhen　en · zh—en → zhen

sen　en · s—en → sen

fang　ang · f—ang → fang

dang　ang · d—ang → dang

gang　ang · g—ang → gang

shang　ang · sh—ang → shang

cang　ang · c—ang → cang

peng　eng · p—eng → peng

neng　eng · n—eng → neng

keng　eng · k—eng → keng

sheng　eng · sh—eng → sheng

ceng　eng · c—eng → ceng

bin　in · bi—in → bin

lin　in · li—in → lin

qin　in • qi—in→ qin

ming　ing • mi—ing→ ming

ding　ing • di—ing→ ding

xing　ing • xi—ing→ xing

tong　ong • tu—ong→ tong

gong　ong • gu—ong→ gong

chong　ong • chu—ong→ chong

zong　ong • zu—ong→ zong

xun　ün • xu—ün→ xun

4. 声母、介音、主要元音、尾音俱全的音节练习

第4组	biao	i—ao→iao	iao • bi—iao→biao
	liao	i—ao→iao	iao • li—iao→liao
	miu	(i—ou→iou)	iu • mi—iu→miu
	diu	(i—ou→iou)	iu • di—iu→diu
	qiu	(i—ou→iou)	iu • qi—iu→qiu
	pian	i—an→ian	ian • pi—ian→pian
	dian	i—an→ian	ian • di—ian→dian
	xian	i—an→ian	ian • xi—ian→xian
	niang	i—ang→iang	iang • ni—iang→niang
	jiang	i—ang→iang	iang • ji—iang→jiang
	guai	u—ai→uai	uai • gu—uai→guai
	shuai	u—ai→uai	uai • shu—uai→shuai
	tui	(u—ei→uei)	ui • tu—ui→tui

gui （u—ei→uel） ui · gu—ui→gui

shui （u—ei→uei） ui · shu—ui→shui

zui （u—ei→uei） ui · zu—ui→zui

nuan u—an→uan uan · nu—uan→nuan

guan u—an→uan uan · gu—uan→guan

zhuan u—an→uan uan · zhu—uan→zhuan

suan u—an→uan uan · su—uan→suan

dun （u—en→uen） un · du—un→dun

hun （u—en→uen） un · hu—un→hun

chun （u—en→uen） un · chu—un→chun

zun （u—en→uen） un · zu—un→zun

guang u—ang→uang uang · gu—uang→guang

huang u—ang→uang uang · hu—uang→huang

zhuang u—ang→uang uang · zhu—uang→zhuang

quan ü—an→üan üan · qu—üan→quan

xuan ü—an→üan üan · xu—üan→xuan

qiong iong · qi—iong→qiong

xiong iong · xi—iong→xiong

说明：1）带有韵母 -iu 、-ui 、-un 音节练习，括号（ ）里是韵母还原形式。

2）韵母 iong 作为一个整体练习。

5. 零声母音节的练习

第 5 组 ya i—a→ia yao i—ao→iao

you　i—ou→iou　　yan　i—an→ian
yang　i—ang→iang　　wa　u—a→ua
wo　u—o→uo　　wai　u—ai→uai
wei　u—ei→uei　　wan　u—an→uan
wen　u—en→uen　　wang　u—ang→uang
weng　u—eng→ueng　　yuan　ü—an→üan

6. 整体练习音节

是指汉语拼音拼写中以 y-、w-、y-(yu)开头的,又宜于整体训练的音节,与小学汉语拼音教学中"整体认读音节"不同。(斜线后为音节拼写形式)

第 6 组 i/yi ie/ye in/yin ing/ying u/wu
ü/yu üe/yue ün/yun iong/yong

7. 常用音节训练(参见第九讲语音训练)

8. 难点音节训练(参见第九讲语音训练)

9. 朗读拼音短文:

Zì yǐwéi cōngming de rén wǎngwǎng shì méi•yǒu hǎo xiàchǎng,shìjiè shàng zuì cōngming de rén shì zuì lǎoshi de rén,yīn•wèi zhǐyǒu lǎoshi de rén cái néng jīngdeqǐ shìshí hé lìshǐ de kǎoyàn.(50 个音节)

——周恩来

……Gěi zǐnǚmen liú·xià de qián yuè duō,háizimen jiù yuè ruǎnruò wúnéng. Wǒmen gěi zǐnǚ zuì hǎo de yíchǎn jiùshì fàngshǒu ràng tā zì bèn qiánchéng,wánquán yīkào tā zìjǐ de liǎng tiáo tuǐ zǒu zìjǐ de lù.(54 个音节)

——邓肯(美国女舞蹈家)

Jiàoshī shì xuéxiào lǐ zuì zhòngyào de shībiǎo(师表),shì zhíguān de zuì yǒu jiàoyì(教益)de mófàn,shì xuésheng de zuì huóshēngshēng de bǎngyàng.

Tā xīwàng yǐndǎo biéren zǒu zhèngquè de dàolù, jīfā biéren duì zhēn hé shàn de kěqiú,shǐ biéren de sùzhì hé nénglì dédào zuì hǎo de fāzhǎn,yīncǐ tā yīngdāng shǒuxiān fāzhǎn tā běnshēn de zhèxiē yōuxiù pǐnzhì.

Zhǐyǒu dāng nǐ bùduàn zhìlì yú zìwǒ jiàoyù de shíhou,nǐ cáinéng jiàoyù biéren.(117 个音节)

——第斯多惠(德国教育家)

Xuéxiào de mùbiāo yīngdāng shì péiyǎng yǒu dúlì xíngdòng hé dúlì sīkǎo de gèrén.

Rúguǒ yī gè rén zhǎngwòle tā de xuékē de jīchǔ lǐlùn, bìngqiě xuéhuìle dúlì de sīkǎo hé gōngzuò, tā bìdìng huì zhǎodào tā zìjǐ de dàolù,érqiě bǐqǐ nàzhǒng zhǔyào yǐ huòdé xìjié zhīshi wéi qí péixùn nèiróng de rén lái,tā yīdìng huì gèng hǎo de shìyìng jìnbù hé biànhuà. Zài xuéxiào hé zài shēnghuó zhōng,gōngzuò de zuì zhòngyào dōngxi shì gōngzuò zhōng de lèqù,shì gōngzuò huòdé jiéguǒ de lèqù,yǐjí duì zhège jiéguǒ de shèhuì jiàzhí de rènshi.(191 个音节)

——爱因斯坦

Wǒ chángcháng yǒu zhè zhǒng qíngkuàng,zài tǎng•xià shàngwèi shuìzháo de shíhou,huòzhě shì bànyè xǐnglái de shíhou,huòzhě shì zài dāndú yī gè rén zǒulù de shíhou,huòzhě shì zài biéren jiǎng mǒu jùhuà de shíhou,nǎozi lǐ huì tūrán chǎnshēng yī zhǒng xiǎngfǎ,zìjǐ juéde hěn yǒu yìsi,kěshì suíhòu biàn wàngjì le. Yúshì wǒ yǐhòu měi yùdào zhè zhǒng qíngkuàng,biàn suíshí yòng bǐ jìlù xiàlai. Yīncǐ zài yǒuxiē shīmián zhī yè wǒ duōcì kāidēng,zài chuáng shàng de xiǎoběnzi shàng jìlù xià zhèxiē xiǎngfǎ.(133 个音节)

吴汝康(中国科学家)

Qǐng yǔnxǔ wǒ xiàng gèwèi péngyou jièshào Shā Wēng(莎翁,指莎士比亚)de《Zhòngxià yè zhī mèng》dì wǔ mù de yī duàn huà:

Qíngrénmen hé fēngzimen dōu fùyú fēnluàn de sīxiǎng hé chéngxíng de huànjué,tāmen suǒ lǐhuì dào de yǒngyuǎn bù shì lěngjìng de lǐjiě suǒ néng chōngfèn liǎojiě de. Fēngzi,qíngrén hé shīrén,dōu shì kōngxiǎng de chǎn'ér(产儿):fēngzi yǎn•lǐ suǒ jiàn de guǐ,duō guò yú guǎngdà de dìyù suǒ néng róngnà;qíngrén,tóngyàng shì nàme kuángwàng de néng cóng Āijí(埃及)de hēi liǎn shàng kàn•jiàn Hǎilún(海伦)de měimào;shīrén de yǎnjing zài shénqí de kuángfàng(狂放)de yī zhuàn zhōng,biàn néng cóng tiānshang kàndào dìxia,cóng dìxia kàndào tiānshang. Xiǎngxiàng huì bǎ bù zhīmíng de shìwù yòng lìng yī zhǒng fāngshì chéngxiàn chū•lái, shīrén de bǐ zài shǐ tāmen jùyǒu rúshí de xíngxiàng, kōngxū de wúwù yěhuì yǒule jūchù (居处) hé míngzi. Qiánglìè de xiǎngxiàng wǎngwǎng jùyǒu zhè zhǒng běnlǐng, zhǐyào yī lǐnglüè dào yīxiē kuàilè, jiù huì xiāngxìn'nàzhǒng kuàilè de bèihòu yǒu yī gè cìyǔ(赐予) de rén, yèjiān yī zhuǎndào kǒngjù de niàntou, yī cóng guànmù yīxiàzi biàn huì biànchéng yī tóu xióng……(248 个音节)

——莎士比亚

注:这篇拼音短文(包括开头的一句话)包容了普通话中所有的声母、韵母、声调以及轻声、"一"的变调的情况,共出现 110 个音节(重复出现的不计),其中 36 个属最常用音节。(参见第九讲"语音训练",此处不一一列出。)

Qiáozhì•Huáshèngdùn shì Měilìjiān Hézhòngguó de dì－yī rèn zǒngtǒng. Jiùshì tā lǐngdǎo Měiguó rénmín wèile zìyóu wèile dúlì yùxuè fènzhàn, gǎnzǒule tǒngzhìzhě.

Qiáozhì•Huáshèngdùn shì ge wěirén, dàn bìngfēi hòuláirén suǒ xiǎngxiàng de, tā zhuān zuò wěidà de shì, bǎ bù wěidà de shì dōu liúgěi bù wěidà de rén qù zuò. Shíjì shàng, tā ruò zài nǐ miànqián, nǐ huì juéde tā pǔtōng de jiù hé nǐ yīyàng, yīyàng de chéngshí、yīyàng de rèqíng、yīyàng de yǔrén－wéishàn.

Yǒu yī tiān, tā shēnchuān mòxī(没膝) de dàyī, dúzì yī rén zǒuchū yíngfáng. Tā suǒ yùdào de shìbīng, méi yī gè rènchū tā. Zài yī chù, tā kàndào yī gè xiàshì lǐngzhe shǒuxià de shìbīng zhù jiēlěi.(街垒)

"Jiā bǎ jìn!"Nàge xiàshì duì táizhe jùdà shuǐníkuài de shìbīngmen hǎndào:"Yī,èr,jiā bǎ jìn!"

Dànshì,nà xiàshì zìjǐ de shuāngshǒu lián shíkuài dōu bù pèng yī xià. Yīn•wèi shíkuài hěn zhòng,shìbīngmen yīzhí méi néng bǎ tā fàngdào wèizhi•shàng. Xiàshì yòu hǎn:"Yī、èr,jiā bǎ jìn!"Dànshì shìbīngmen háishi bù néng bǎ shíkuài fàngdào wèizhi shàng. Tāmen de lìqi jīhū yòngjìn,shíkuài jiù yào gǔnluò xiá•lái.

Zhèshí,Huáshèngdùn yǐjing jíbù pǎodào gēnqián,yòng tā qiángjìng de bìbǎng,dǐngzhù shíkuài. Zhè yī yuánzhù hěn jíshí, shíkuài zhōngyú fàngdàole wèizhi•shàng. Shìbīngmen zhuǎnguo shēn,yōngbào Huáshèngdùn,biǎoshì gǎnxiè.

"Nǐ wèishénme guāng hǎn jiā bǎ jìn ér ràng zìjǐ de shǒu fàng zài yīdài•lǐ ne?"Huáshèngdùn wèn nà xiàshì.

"Nǐ wèn wǒ? nándào nǐ kànbuchū wǒ shì zhèli de xiàshì ma?"

"Ò,zhè dào shì zhēn de!"Huáshèngdùn shuōzhe,jiěkāi dàyī niǔkòu,xiàng zhè wèi bíkǒng cháotiān,bèijiǎo shuāng-shǒu de xiàshì lòuchū tā de jūnfú. "Àn yīfu kàn, wǒ jiùshì shàngjiàng. Búguò, xià cì zài tái zhòng dōngxi shí, nǐ jiù jiàoshang wǒ!"

Nǐ kěyǐ xiǎngxiàng, nà wèi xiàshì kàndào zhàn zài zìjǐ miànqián de shì Huáshèngdùn běnrén, shì duōme xiūkuì, dàn zhìcǐ tā yě cái zhēnzhèng dǒngde：Wěidà de rén zhī suǒyǐ wěidà，jiù zàiyú tā jué bù zuò bī rén zūnzhòng de rén suǒ zuòchū de nà zhǒng dǎo rén wèikǒu de chǔnshì.

——《上将与下士》刘云喜译

Méi•yǒu yī piàn lǜyè，méi•yǒu yī lǚ chuīyān，méi•yǒu yī lì nítǔ，méi • yǒu yī sī huāxiāng，zhǐyǒu shuǐ de shìjiè，yún de hǎiyáng.

Yī zhèn táifēng xíguò，yī zhī gūdān de xiǎoniǎo wújiā-kě guī，luòdào bèi juǎndào yáng•lǐ de mùbǎn•shàng，chéng liú ér xià，shānshān ér lái，jìn le，jìn le！……

Hūrán，xiǎoniǎo zhāngkāi chìbǎng，zài rénmen tóudǐng pánxuánle jǐ quānr，“pūlā”yī shēng luòdàole chuán•shàng. Xǔ shì lèi le？ Háishì fāxiànle“xīn dàlù”？ Shuǐshǒu niǎn tā tā bù zǒu，zhuā tā，tā guāiguāi de luò zài zhǎngxīn. Kě’ài de xiǎoniǎo hé shànliáng de shuǐshǒu jiéchéngle péngyou. Qiáo，tā duō měilì，jiāoqiǎo de xiǎozuǐr，zhuólǐzhe lǜsè de yǔmáo，yāzi yàng de biǎnjiǎo，chéngxiàn chū chūncǎo de éhuáng. Shuǐshǒumen bǎ tā dàidào cāng•lǐ，gěi tā “dāpù”，ràng tā zài chuán•shàng ānjiā-luòhù，měi tiān，bǎ fēndào de yī sùliàotǒng dànshuǐ yúngěi tā hē，bǎ cóng zǔguó dài•lái de xiānměi de yúròu fēngěi tā chī，tiāncháng-rìjiǔ，xiǎoniǎo hé shuǐshǒu de gǎnqíng rìqū dǔhòu. Qīngchén，dāng dì-yī shù yángguāng shèjìn xiánchuāng shí，tā biàn chǎngkāi měilì de gēhóu，chàng a chàng，yīngyīng-yǒuyùn，wǎnrú chūnshuǐ cóngcóng. Rénlèi gěi tā yī shēngmìng, tā háobù qiānlìn de bǎ zìjǐ de yìshù qīngchūn fèngxiàn gěile bǔyù tā de rén. Kěnéng dōu shì zhèyàng? Yìshùjiāmen de qīngchūn zhǐ huì xiàngěi zūnjìng tāmen de rén.

Xiǎoniǎo gěi yuǎnháng shēnghuó méng·shàngle yī céng làngmàn sèdiào. Fǎnháng shí, rénmen àibùshìshǒu, liànliàn-bùshě de xiǎng bǎ tā dàidào yìxiāng. Kě xiǎoniǎo qiáocuì le, gěi shuǐ, bù hē! Wèi ròu, bù chī! Yóuliàng de yǔmáo shīqù le guāngzé. Shì a, wǒmen yǒu zìjǐ de zǔguó, xiǎoniǎo yě yǒu tā de guīsù, rén hé dòngwù dōu shì yīyàng a, nǎr yě bùrú gùxiāng hǎo!

Cí'ài de shuǐshǒumen juédìng fàngkāi tā, ràng tā huídào dàhǎi de yáolán·qù, huídào lánsè de gùxiāng·qù. Líbié qián, zhège dàzìrán de péngyou yǔ shuǐshǒumen liúyǐng jìniàn. Tā zhàn zài xǔduō rén de tóu·shàng, jiān·shàng, zhǎng·shàng, gēbo shàng, yǔ wèiyǎngguo tā de rénmen, yīqǐ róngjìn nà lánsè de huàmiàn……

——王文杰《可爱的小鸟》

Xiǎngshòu xìngfú shì xūyào xuéxí de, dāng tā jíjiāng láilín de shíkè xūyào tíxǐng. Rén kěyǐ zìrán'érrán de xuéhuì gǎnguān de xiǎnglè, què wúfǎ tiānshēng de zhǎngwò xìngfú de yùnlǜ. Línghún de kuàiyì tóng qìguān de shūshì xiàng yī duì luánshēng xiōngdì, shí'ér xiāngbàng-xiāngyī, shí'ér nányuán-běizhé.

Xìngfú shì yī zhǒng xīnlíng de zhènchàn. Tā xiàng huì qīngtīng yīnyuè de ěrduo yīyàng, xūyào bùduàn de xùnliàn.

Jiǎn'éryánzhī, xìngfú jiùshì méi•yǒu tòngkǔ de shíkè. Tā chūxiàn de pínlǜ bìng bù xiàng wǒmen xiǎngxiàng de nàyàng shǎo. Rénmen chángcháng zhǐshì zài xìngfú de jīn mǎchē yǐ•jīng shǐ guò•qù hěn yuǎn shí, cái jiǎnqǐ dì•shàng de jīn zōngmáo（金鬃毛）shuō, yuánlái wǒ jiànguo tā.

Rénmen xǐ'ài huíwèi xìngfú de biāoběn, què hūlüè tā pīzhe lù•shuǐ sànfā qīngxiāng de shíkè. Nà shíhou wǒmen wǎngwǎng bùlǚ cōngcōng, zhānqián-gùhòu bù zhī zài mángzhe shénme.

Shì•shàng yǒu yùbào táifēng de, yǒu yùbào huángzāi de, yǒu yùbào wēnyì de, yǒu yùbào dìzhèn de. Méi•yǒu rén yùbào xìngfú.

Qíshí xìngfú hé shìjiè wànwù yīyàng, yǒu tā de zhēngzhào.

Xìngfú chángcháng shì ménglóng de, hěn yǒu jiézhì de xiàng wǒmen pēnsǎ gānlín. Nǐ bù•yào zǒng xīwàng hōnghōng-lièliè de xìngfú, tā duōbàn zhǐshì qiāoqiāo de pūmiàn ér lái. Nǐ yě bùyào qǐtú bǎ shuǐlóngtóu nǐng de gèng dà, shǐ tā hěn kuài de liúshī. Nǐ xūyào jìngjìng de yǐ pínghé zhīxīn, tǐyàn tā de zhēndì.

Xìngfú jué dà duōshù shì pǔsù de. Tā bù huì xiàng xìnhàodàn shìde, zài hěn gāo de tiānjì shǎnshuò hóngsè de guāngmáng. Tā pīzhe běnsè de wàiyī, qīnqiè wēnnuǎn de bāoguǒqǐ wǒmen.

Xìngfú bù xǐhuan xuānxiāo fúhuá, tā chángcháng zài àndàn zhōng jiànglín. Pínkùn zhōng xiāngrúyǐmò de yī kuài gāobǐng (糕饼), huànnàn zhōng xīnxīn-xiāngyìn de yī gè yǎnshén, fù•qīn yī cì cūcāo de fǔmō, nǚyǒu yī zhāng wēnxīn de zìtiáo……Zhè dōu shì qiānjīn nán mǎi de xìngfú a. Xiàng yī lìlì zhuì zài jiù chóuzi•shàng de hóngbǎoshí, zài qīliáng zhōng yùfā yìyì duómù.

——毕淑敏《提醒幸福》

Zài Wānzǎi, Xiānggǎng zuì rènao de dìfang, yǒu yī kē róngshù, tā shì zuì guì de yī kē shù, bùguāng zài Xiānggǎng, zài quánshìjiè, dōu shì zuì guì de.

Shù, huó de shù, yòu bù mài hé yán qí guì? Zhǐ yīn tā lǎo, tā cū, shì Xiānggǎng bǎinián cāngsāng de huó jiànzhèng, Xiānggǎngrén bùrěn kànzhe tā bèi kǎnfá, huòzhě bèi yízǒu, biàn gēn yào zhànyòng zhè piàn shānpō de jiànzhùzhě tán tiáojiàn: Kěyǐ zài zhèr jiàn dàlóu gài shāngshà, dàn yī bùzhǔn kǎn shù, èr bùzhǔn nuó shù, bìxū bǎ tā yuándì jīngxīn yǎng qǐ•lái, chéngwéi Xiānggǎng nàoshì zhōng de yī jǐng. Tàigǔ Dàshà de jiànshèzhě zuìhòu qiānle hétong, zhànyòng zhège dà shānpō jiàn háohuá shāngshà de xiānjué tiáojiàn shì tóngyì bǎohù zhè kē lǎoshù.

Shù zhǎng zài bànshānpō•shàng, jìhuà jiāng shù xià•miàn

de chéngqiān-shàngwàn dūn shānshí quánbù tāokōng qǔzǒu, téngchū dìfang•lái gài lóu, bǎ shù jià zài dàlóu shàng•miàn, fǎngfú tā yuánběn shì zhǎng zài lóudǐng•shàng shìde.

Jiànshèzhě jiùdì zàole yī gè zhíjìng shíbā mǐ、shēn shí mǐ de dà huāpén, xiān gùdìng hǎo zhè kē lǎoshù, zài zài dà huāpén dǐ•xià gài lóu. Guāng zhè yī xiàng jiù huāle liǎngqiān sānbǎi bāshíjiǔ wàn gǎngbì, kānchēng shì zuì ángguì de bǎohù cuòshī le.

Tàigǔ Dàshà luòchéng zhīhòu, rénmen kěyǐ chéng gǔndòng fútī yī cì dàowèi, láidào Tàigǔ Dàshà de dǐngcéng, chū hòumén, nàr shì yī piàn zìrán jǐngsè. Yī kē dàshù chūxiàn zài rénmen miànqián, shùgàn yǒu yī mǐ bàn cū, shùguān zhíjìng zú yǒu èrshí duō mǐ, dúmù-chénglín, fēicháng zhuàngguān, xíngchéng yī zuò yǐ tā wéi zhōngxīn de xiǎo gōngyuán, qǔ míng jiào "róngpǔ（榕圃）". Shù qián•miàn chāzhe tóngpái, shuōmíng yuányóu. Cǐqíngcǐjǐng, rú bù kàn tóngpái de shuōmíng, juéduì xiǎng•bùdào jù shùgēn dǐ•xià háiyǒu yī zuò hóngwěi de xiàndài dàlóu.

——舒乙《香港：最贵的一棵树》

Zài fánhuá de Bālí dàjiē de lùpáng. Zhànzhe yī gè yīshān lánlǚ、tóufa bānbái、shuāngmù shīmíng de lǎorén. Tā bù xiàng qítā qǐgài nàyàng shēnshǒu xiàng guòlùxíngrén qǐtǎo, ér shì zài shēnpáng lì yī kuài mùpái, shàng•miàn xiězhe: "Wǒ shénme yě kàn•bù jiàn!" Jiē•shàng guòwǎng de xíngrén hěn duō, kànle mùpái•shàng de zì dōu wúdòngyúzhōng, yǒude hái dàndàn yī xiào, biàn shānshān ér qù le.

Zhè tiān zhōngwǔ, Fǎguó zhùmíng shīrén Ràng•Bǐhàolè（让•彼浩勒）yě jīngguò zhè•lǐ. Tā kànkan mùpái•shàng de zì, wèn máng lǎorén:“Lǎo•rén•jiā, jīntiān shàngwǔ yǒu rén gěi nǐ qián ma?”

Máng lǎorén tànxīzhe huídá:“Wǒ, wǒ shénme yě méi• yǒu dédào.” Shuōzhe, liǎn•shàng de shénqíng fēicháng bēishāng.

Ràng•Bǐhàolè tīng le, náqǐ bǐ qiāoqiāo de zài nà háng zì de qián•miàn tiān•shàngle “chūntiān dào le, kěshì”jǐ gè zì, jiù cōngcōng de líkāi le.

Wǎnshang, Ràng•Bǐhàolè yòu jīngguò zhè•lǐ, wèn nàge máng lǎorén xiàwǔ de qíngkuàng. Máng lǎorén xiàozhe huídá shuō:“Xiānsheng, bù zhī wèishénme, xiàwǔ gěi wǒ qián de rén duō jí le!” Ràng•Bǐhàolè tīng le, mōzhe húzi mǎnyì de xiào le.

“Chūntiān dào le, kěshì wǒ shénme yě kàn•bù jiàn!”Zhè fùyǒu shīyì de yǔyán, chǎnshēng zhème dà de zuòyòng, jiù zàiyú tā yǒu fēicháng nónghòu de gǎnqíng sècǎi. Shìde, chūntiān shì měihǎo de, nà lántiān báiyún, nà lǜshù hónghuā, nà yīnggē-yànwǔ, nà liúshuǐ rénjiā, zěnme bù jiào rén táozuì ne? Dàn zhè liángchén měijǐng, duìyú yī gè shuāngmù shīmíng de rén lái shuō, zhǐshì yī piàn qīhēi.

Dāng rénmen xiǎngdào zhège máng lǎorén, yīshēng zhōng jìng lián wànzǐ-qiānhóng de chūntiān dōu bùcéng kàndào,zěn néng bù duì tā chǎnshēng tóngqíng zhī xīn ne?

——《语言的魅力》选自小学《语文》

第十一讲 声调(一)

声调是依附在音节上，发生在一定时间内，由声带颤动频率的高低长短的变化来辨义的语音现象。因此，从物理特性上分析，声调主要是音高变化现象，同时也表现在音长变化上。音高决定于发音体在一定时间内颤动次数的多少。次数越多，声音越高，反之声音越低。生理上与发音体(声带)的长短、薄厚、松紧也有密切关系。

由于男女、老幼声带的长短、薄厚、松紧不同，因此音高也不同。这种人与人之间的差异，包括同一个人受情绪影响产生的音高变化，我们称它为"绝对音高"。汉语中起辨义作用的不是这种"绝对音高"，而是指"相对音高"。相对音高是指同一种语言(或方言)的音节，让同一个人发音，而且在同一时间内，情绪保持不变的情况下声音表现出来的音高现象。

汉字字音的结构是由三部分构成的：字音的起始部分是声母，声母后面的部分是韵母。除此之外，还有贯穿整个字音的声调，在字音里负担重要的辨义作用，也叫"字调"或"单字调"。

一、调值和调类

调值指声调高低、升降、曲直、长短的实际发音，也称作“调形”(也有写作“调型”的)。调值高低、升降、曲直的不同是由声带的松紧造成的。

调值的记录通常采用“五度制标记法”。先用一条竖线表示“音高”,分为四等分,共有五个点。从下面最低点开始共分为五度,即“低”、“半低”、“中”、“半高”、“高”,分别用 1 、2 、3 、4 、5 表示。(见下图)

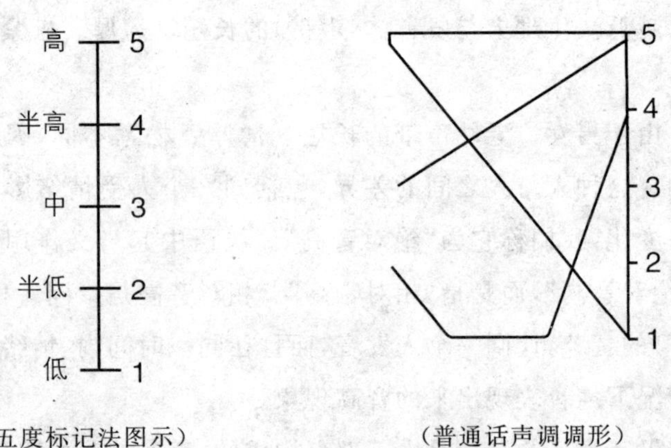

(五度标记法图示)　　(普通话声调调形)

这种标记法的竖线本身只是个尺度,竖线左边表示调值的高低、升降、曲折。从左到右,表示调值的起止点,显示声调调值的基本形状(调形)。

声调的基本调形：

平调——声带紧张度基本保持不变,声音延长。例如：

˥(高平)˦(半高平)˧(中平)˩(低平)

升调——声带由松到紧。例如：

˧˥(高升)˨˦(中升)˩˧(低升)

降调——声带由紧到松。例如：

˥˧(高降)˦˨(中降)˧˩(低降)˥˩(全降)

曲折调——是以上三种基本形式结合构成的,常见的是降升调、升降调。例如：

˥˧˥(高降升)˨˩˦(低降升)˧˥˧(高升降)˩˧˩(低升降)

调类是指一种语言或方言对声调(字调)的分类。将相同调值的字归为一类,有几种不同调值的实际读音,这种语言或方言就有几种调类。汉语方言中调类最多的有10个,例如广西博白;最少的有3个声调,例如河北滦县、宁夏银川等。北方方言中最为常见的是4个声调,如北京、兰州、成都、汉口等地。

由于现代汉语各方言里大致保留古代四声的系统,我们仍沿用古代调类的名称——平、上、去、入。汉语方言的声调往往由于古音声母的清浊不同使平、上、去、入分化为"阴""阳"两类。例如北方方言区主要趋势是:平分阴阳,入声消失。因此,北京语音4个声调的调名是"阴平"、"阳平"、"上声"、"去声"。山西盂县是:平声、入声分阴阳,加上上声和去声,共6个声调,即"阴平"、"阳平"、"上声"、"去声"、"阴入"、"阳入"。广东潮州则是平、上、去、入各分阴阳,共8个声调:即"阴平"、"阳平"、"阴上"、"阳上"、"阴去"、"阳去"、"阴入"、"阳入"。汉语方言用这样的调类名称可以看出历史演变的痕迹,同时方便汉语各方言之间,普通话与方言之间的相互比较。注意:由于沿用古音的旧名,调类名称只是代表某种汉语方言的声调类别,并不表示实际的调值。例如调类名称同是称作“阴平”,在北京话调值是55(高平调),在山西盂县话调值是412(降升调),在广东潮州话的调值是33(中平调)。

二、普通话的声调

普通话有4个调类:阴平声、阳平声、上声、去声。

普通话声调调值的特点是:1)调形区分明显,教学过程中容易区分。4个调类的调值表现为一平、二升、三曲、四降。2)调值高扬成分多。阴平是高平调,阳平是高升调,去声的起点高,上声虽然基本特征是低调,但在单字调的后半段也表现为上扬,止点在4度。

普通话4个声调的发音:

阴平声——高平调,调形为[˥55]。发音时,声带绷到最紧,始终没有明显变化,保持高音。(“最紧”是相对的,下同。)实验语音学证明:在发音开始和收尾都存在一个人们不易察觉的阶段。开始阶段有个向上升的“弯头”,而收尾阶段有个向下的“降尾”。这可能与声带颤动准备、开始的强调,或者声带运动的惯性有关。了解这一点对认识自然状态下的声调会有一定帮助。

发音例字:

阿 ā　埃 āi　安 ān　烟 yān　弯 wān　冤 yuān
妈 mā　拉 lā　方 fāng　编 biān　端 duān　亏 kuī
宣 xuān　装 zhuāng　酸 suān　挑 tiāo

阳平声——高升调,调形为[˧˥35]。发音时,声带从不松不紧开始,逐渐绷紧,到最紧为止,声音由不低不高升到最高。语音测定表明，开始阶段也出现一个上升的“弯头”。发音过程中，中间阶段略前的位置常出现小的弯曲。

发音例字：

鹅 é　昂 áng　严 yán　文 wén　员 yuán　麻 má
泥 ní　离 lí　然 rán　人 rén　棉 mián　连 lián
年 nián　全 quán　怀 huái　情 qíng

上声——降升调，调形为［˨˩˦ 214］。发音时，声带从略微有些紧张开始，立刻松弛下来，稍稍延长，然后迅速绷紧，但没有绷到最紧。发音过程中，声音主要表现在低音段 1-2 度之间，成为上声的基本特征。上声的音长在普通话 4 个声调中是最长的。

发音例字：

以 yǐ　矮 ǎi　养 yǎng　晚 wǎn　远 yuǎn　马 mǎ
哪 nǎ　里 lǐ　惹 rě　秒 miǎo　碾 niǎn　脸 liǎn
广 guǎng　九 jiǔ　闯 chuǎng　扁 biǎn

去声——全降调，调形为［˥˩ 51］。发音时，声带从紧开始，到完全松弛为止。声音由高到低。语音测定表明，开始阶段出现一个向上升的“弯头”。去声的音长在普通话 4 个声调中是最短的。

发音例字：

饿 è　爱 ài　验 yàn　望 wàng　院 yuàn　骂 mà
那 nà　辣 là　热 rè　卖 mài　浪 làng　闹 nào
肉 ròu　放 fàng　面 miàn　片 piàn　掉 diào　换 huàn
袖 xiù　状 zhuàng　算 suàn

三、古今调类的比较

现代汉语的声调系统是从古代汉语发展演变而来的。现代汉语声调调类沿用了古代汉语的调类名称,这便于找出现代汉语声调演变的规律,便于方言与方言、普通话和方言之间声调调类的比较。下面简要说明古调类(中古音)与普通话(北京语音)调类的关系。

古平声清声母字普通话读阴平。例如:高、天、飞。

古平声浊声母字普通话读阳平。例如:唐、时、人。

古上声清声母字、次浊声母字普通话读上声。例如:古、草、暖。

古上声全浊声母字普通话读去声。例如:近、似。

古去声字不论古声母的清浊普通话一律读去声。例如:正、大、怒。

古入声清声母字普通话读阴平、阳平、上声、去声的都有。例如:黑、急、窄、各。

古入声全浊声母字普通话读阳平。例如:杂、服。

古入声次浊声母字普通话读去声。例如:入、药。

从上面的对比关系可以看出,古入声调类在普通话声调中消失,分别归入"阴平"、"阳平"、"上声"、"去声"四个调类。

古入声字在汉语各方言的分化也是不同的。是不是保留入声调类,可以说是南方方言与北方方言的重要差别,也常常成为区别划分不同方言的主要依据之一。北方方言多数没有入声,调类较少,4 个声调的较为常见,甚至还有 3 个声调的。南方方言都有入声,调类一般在 5 个以上。粤方言的声调调类多达 9 至 10 个。如广州话 9 个声调,入声占了 3 个(上阴入、下阴入、阳入);广西博白 10 个声调,入声占了 4 个(上阴入、下阴入、上阳入、下阳入)。

汉语方言的入声韵一般带有不除阻的辅音韵尾[p][t][k]或喉塞音[ʔ],读音短促。例如:粤方言、客家方言有[p][t][k];吴方言只有一个[ʔ];闽方言则既有[p][t][k],还有[ʔ]。湘方言有入声调类,但不带塞音韵尾,韵母读音可以延长。

普通话没有入声,古入声字分别归入阴平、阳平、上声、去声,其中古清声母的入声字分化没有什么规律性。加上各汉语方言古入声字的分化不同,给学习普通话的声调带来一定的困难。

思考题:

1) 什么是声调? 什么是调值? 什么是调类?

2) 体会普通话四个声调的调值,找出自己学习普通话声调存在的主要问题。

语音训练(九)

1. 调值的听辨、发音练习

用单元音 ɑ 练习,先练习基本的调形,只分辨出平调、升调、降升调、降调即可,暂不计较调值的高低度。如方言中缺少某种调形，练习时尽量采用“全升”˩˥ 15 、“全降”˥˩ 51，曲折调也要采用大起大落的夸张方法训练。然后，再安排不同调值的对比听辨、发音训练。

第1组

ɑ平——ɑ升　ɑ平——ɑ升　ɑ平——ɑ升——ɑ平

ɑ升——ɑ平　ɑ升——ɑ平　ɑ升——ɑ平——ɑ升

ɑ平——ɑ降　ɑ平——ɑ降　ɑ平——ɑ降——ɑ平

ɑ降——ɑ平　ɑ降——ɑ平　ɑ降——ɑ平——ɑ降

ɑ升——ɑ降　ɑ升——ɑ降　ɑ升——ɑ降——ɑ升

ɑ降——ɑ升　ɑ降——ɑ升　ɑ降——ɑ升——ɑ降

ɑ平——ɑ降——ɑ升——ɑ降——ɑ平——ɑ升

ɑ升——ɑ平——ɑ降——ɑ升——ɑ降——ɑ平

第2组

ɑ升——ɑ降升　ɑ降升——ɑ升

ɑ升——ɑ降升——ɑ升

ɑ降升——ɑ升　ɑ降升——ɑ升

ɑ降升——ɑ升——ɑ降升

ɑ升——ɑ降升——ɑ升——ɑ升——ɑ降升

第3组

˥ 55 —— ˩ 11 —— ˧ 33 —— ˥ 55

˩ 11 —— ˥ 55 —— ˧ 33 —— ˥ 55

˧ 33 —— ˥ 55 —— ˩ 11 —— ˥ 55

˩˧ 13 —— ˧˥ 35 —— ˩˧ 13 —— ˧˥ 35

˧˥ 35 —— ˩˧ 13 —— ˧˥ 35

˥˩51 —— ˧˩31 —— ˥˧53 —— ˥˩51

˧˩31 —— ˥˧53 —— ˥˩51 —— ˥˩51

˧˩˧313 —— ˥˧˥535 —— ˧˩˧313

˥˧˥535 —— ˧˩˧313 —— ˥˧˥535

˧˩˧313 —— ˥˧˥535 —— ˥˧˥535 —— ˧˩˧313

˧˥35 —— ˨˩˦214 —— ˧˥35

˨˩˦214 —— ˧˥35 —— ˨˩˦214

˧˥35 —— ˨˩˦214 —— ˨˩˦214 —— ˧˥35

2. 普通话阴平、阳平、上声、去声的发音练习

普通话声调练习要跟排除方言声调对学习普通话声调的干扰结合起来进行。这种干扰主要表现为:1)用方音读汉字成了习惯,改用标准音读汉字时,常常读错;2)普通话声调跟方言声调的调值(调形)差别越大的,相对而言,倒是容易掌握(读准),而越是接近的越不容易读准;往往以方言里跟普通话里相近、相似的声调,代替普通话的声调。说起普通话来就会带“乡音”,就是方言腔。

要克服方言声调的影响,掌握普通话声调相对音高的结构形式,提高分辨相似但不同的声调调值的能力,要靠音节与音节声调的对比练习,选择双音节词语进行声调训练是最常用的有效方法。

普通话阴平声的调值是˥55(高平调),如果方言里没有高平调值,发音练习主要克服调值不够高的问题。可以在阴平音节前面加上一个阳平(˧˥35)音节,构成词语练习。这是利用阳平调值末尾是 5 度的便利条件，声带不要松下来，继续绷紧发音，辅助后一个阴平音节读准高平调 55。

第 4 组

阳平一阴平

鼻音 bíyīn　皮衣 píyī　实施 shíshī　行星 xíngxīng
回音 huíyīn　齐心 qíxīn　白灰 báihuī　爬山 páshān
棉衣 miányī　明天 míngtiān　房间 fángjiān　福音 fúyīn
夺标 duóbiāo　图钉 túdīng　同乡 tóngxiāng　童心 tóngxīn
泥沙 níshā　年初 niánchū　农村 nóngcūn　镰刀 liándāo
箩筐 luókuāng　来宾 láibīn　联欢 liánhuān　隔开 gékāi
国歌 guógē　葵花 kuíhuā　魁星 kuíxīng　红花 hónghuā
回声 huíshēng　黄蜂 huángfēng　河山 héshān　黄昏 huánghūn
航空 hángkōng　决心 juéxīn　桥墩 qiáodūn　晴天 qíngtiān
旗杆 qígān　前方 qiánfāng　骑兵 qíbīng　钳工 qiángōng
其他 qítā　霞光 xiáguāng　协商 xiéshāng　职称 zhíchēng
茶杯 chábēi　船舱 chuáncāng　重新 chóngxīn　除非 chúfēi
时光 shíguāng　熟知 shúzhī　昨天 zuótiān　藏书 cángshū
随身 suíshēn

普通话阳平声的调值是˧˥35（高升调）。不少方言地区缺少这种高升的调值。发音练习主要克服调值往往升得不够高，而起点又偏高的问题。可以在阳平音节前面加上一个去声音节，构成词语练习。去声是个“全降调”，末尾声带完全松弛，利用这种状态辅助后面一个阳平音节，使之开头声带不至于过分紧张。注意：中间不要拖长形成曲折，避免与上声调值相混。

第5组

去声－阳平

近年 jìnnián　皱纹 zhòuwén　汽油 qìyóu　要文 yàowén

事实 shìshí　命名 mìngmíng　变革 biàngé　报仇 bàochóu

配合 pèihé　面条 miàntiáo　漫谈 màntán　放行 fàngxíng

富强 fùqiáng　对联 duìlián　地图 dìtú　调查 diàochá

特长 tècháng　逆流 nìliú　落实 luòshí　路程 lùchéng

干活 gànhuó　告别 gàobié　克服 kèfú　课堂 kètáng

空白 kòngbái　后勤 hòuqín　会员 huìyuán　教材 jiàocái

季节 jìjié　去年 qùnián　信徒 xìntú　制服 zhìfú

治疗 zhìliáo　撤除 chèchú　善良 shànliáng　上学 shàngxué

热情 rèqíng　自觉 zìjué　菜园 càiyuán　赛球 sàiqiú

普通话上声的调值是˨˩˦214(降升调)。发音练习主要克服发音中段调值偏高,不能显示上声基本是低调的特征和先低降后升的曲折形式。在发音不准和缺乏语感的时候,常常同阳平相混。可以在上声音节前面加上一个去声音节,构成词语练习。利用去声音节末尾声带松弛的状态辅助,使开始读上声音节时声带松弛,调值尽量降低一些。注意:上声开头的降段,起点不要太高,更要避免中段音过短。

第6组

去声－上声

制止 zhìzhǐ　致使 zhìshǐ　入伍 rùwǔ　跳舞 tiàowǔ

遇雨 yùyǔ　地理 dìlǐ　办法 bànfǎ　报纸 bàozhǐ

聘请 pìnqǐng 面粉 miànfěn 密码 mìmǎ 饭碗 fànwǎn

大脑 dànǎo 电影 diànyǐng 特有 tèyǒu 探险 tànxiǎn

呐喊 nàhǎn 录取 lùqǔ 猎手 lièshǒu 购买 gòumǎi

个体 gètǐ 候补 hòubǔ 敬礼 jìnglǐ 旧址 jiùzhǐ

汽艇 qìtǐng 窃取 qièqǔ 信仰 xìnyǎng 戏曲 xìqǔ

战友 zhànyǒu 至少 zhìshǎo 忏悔 chànhuǐ 翅膀 chìbǎng

誓死 shìsǐ 率领 shuàilǐng 绕嘴 ràozuǐ 热水 rèshuǐ

字典 zìdiǎn 字母 zìmǔ 次品 cìpǐn 饲养 sìyǎng

普通话去声的调值是╲51(全降调)。发音练习容易出现的主要问题是调值起点不够高。可以在去声音节前加上一个阴平或阳平音节,利用头尾相接时的声带状态,辅助后面的去声音节开头声带紧张,提高调值高度。

第7组

阴平—去声

公共 gōnggòng 出处 chūchù 夫妇 fūfù 相像 xiāngxiàng

黑夜 hēiyè 区域 qūyù 机要 jīyào 帮助 bāngzhù

搬运 bānyùn 偏僻 piānpì 抛弃 pāoqì 抹布 mābù

方向 fāngxiàng 封建 fēngjiàn 丰富 fēngfù 冬至 dōngzhì

端正 duānzhèng 推荐 tuījiàn 通过 tōngguò 捏造 niēzào

拉锯 lājù 工作 gōngzuò 观众 guānzhòng 歌颂 gēsòng

开放 kāifàng 开会 kāihuì 欢乐 huānlè 花絮 huāxù

接受 jiēshòu 经验 jīngyàn 侵略 qīnlüè 亲密 qīnmì

消灭 xiāomiè 鲜艳 xiānyàn 希望 xīwàng 中外 zhōngwài

枝叶 zhīyè 吃饭 chīfàn 初赛 chūsài 深夜 shēnyè

书架 shūjià	灾难 zāinàn	租用 zūyòng	操练 cāoliàn
粗细 cūxì	松树 sōngshù	私自 sīzì	

阳平一去声

时事 shíshì	别墅 biéshù	白菜 báicài	排队 páiduì
疲倦 píjuàn	矛盾 máodùn	迷路 mílù	缝纫 féngrèn
服务 fúwù	独唱 dúchàng	的确 díquè	同伴 tóngbàn
题目 tímù	年代 niándài	牛肉 niúròu	劳动 láodòng
楼道 lóudào	革命 gémìng	国策 guócè	狂热 kuángrè
回忆 huíyì	急躁 jízào	决定 juédìng	
群众 qúnzhòng	情趣 qíngqù	学校 xuéxiào	习性 xíxìng
折断 zhéduàn	乘客 chéngkè	尝试 chángshì	食物 shíwù
实验 shíyàn	容易 róngyì	杂志 zázhì	足够 zúgòu
存在 cúnzài	残酷 cánkù	俗话 súhuà	随便 suíbiàn
颜色 yánsè	茁壮 zhuózhuàng		

注意:采用以上方法,起引导作用的音节声调必须准确。发音过程注意体会声带的松紧状态。

3. 双音节词语的声调练习

前面的双音节词语是为了训练四个声调安排的比较好的搭配方式,适用于初学者。在反复训练并且比较巩固的基础可以进行下面两组的练习。第 8 组的前后音节声调的搭配难易适中。而第 9 组的前后音节搭配对初学者有比较大的困难,适用于声调学习的巩固提高阶段的训练,初学者避免使用。

(上声在前的双音节词的训练见“语音训练十”)

第 8 组

阴平一阴平

标兵 biāobīng	扑空 pūkōng	分工 fēngōng
冬天 dōngtiān	通知 tōngzhī	垃圾 lājī
关心 guānxīn	空间 kōngjiān	花生 huāshēng
交通 jiāotōng	青春 qīngchūn	星期 xīngqī
招生 zhāoshēng	山坡 shānpō	资金 zījīn
村庄 cūnzhuāng	司机 sījī	

阳平一阳平

博学 bóxué	频繁 pínfán	棉田 miántián
服从 fúcóng	达成 dáchéng	同时 tóngshí
农民 nóngmín	联合 liánhé	国防 guófáng
狂言 kuángyán	红旗 hóngqí	结局 jiéjú
球鞋 qiúxié	循环 xúnhuán	执行 zhíxíng
长途 chángtú	食堂 shítáng	人民 rénmín
责成 zéchéng	辞职 cízhí	随从 suícóng

去声一去声

毕业 bìyè	破坏 pòhuài	密切 mìqiè
复信 fùxìn	大概 dàgài	特地 tèdì
内部 nèibù	陆地 lùdì	顾问 gùwèn
扩大 kuòdà	互助 hùzhù	竞赛 jìngsài
庆祝 qìngzhù	项目 xiàngmù	注意 zhùyì
岔路 chàlù	示范 shìfàn	锐利 ruìlì
自治 zìzhì	脆弱 cuìruò	散步 sànbù

第 9 组

阴平—阳平

包含 bāohán　批评 pīpíng　分头 fēntóu
单元 dānyuán　通俗 tōngsú　观摩 guānmó
欢迎 huānyíng　经营 jīngyíng　青年 qīngnián
心得 xīndé　支持 zhīchí　车床 chēchuáng
生词 shēngcí　钻研 zuānyán　粗俗 cūsú
私营 sīyíng

阴平—上声

英勇 yīngyǒng　冰冷 bīnglěng　喷吐 pēntǔ
摸底 mōdǐ　风险 fēngxiǎn　灯塔 dēngtǎ
推理 tuīlǐ　拉倒 lādǎo　钢笔 gāngbǐ
开水 kāishuǐ　黑板 hēibǎn　家属 jiāshǔ
亲手 qīnshǒu　辛苦 xīnkǔ　真理 zhēnlǐ
出口 chūkǒu　生产 shēngchǎn　增长 zēngzhǎng
操场 cāochǎng　思考 sīkǎo

阳平—上声

博览 bólǎn　平等 píngděng　毛笔 máobǐ
烦恼 fánnǎo　读本 dúběn　停止 tíngzhǐ
牛奶 niúnǎi　联想 liánxiǎng　国土 guótǔ
魁伟 kuíwěi　回想 huíxiǎng　结尾 jiéwěi
全体 quántǐ　狭窄 xiázhǎi　直属 zhíshǔ
除草 chúcǎo　食品 shípǐn　如果 rúguǒ
杂草 zácǎo　磁铁 cítiě　随手 suíshǒu

去声一阴平

步枪 bùqiāng	配音 pèiyīn	陌生 mòshēng
饭厅 fàntīng	大家 dàjiā	特征 tèzhēng
内心 nèixīn	列车 lièchē	故乡 gùxiāng
客观 kèguān	互相 hùxiāng	竞争 jìngzhēng
气功 qìgōng	信心 xìnxīn	治安 zhì'ān
唱歌 chànggē	盛开 shèngkāi	认真 rènzhēn
再三 zàisān	措施 cuòshī	丧失 sàngshī

附：古入声字的普通话声调表

ba　①八扒※捌 ②拔※跋

bai　②白 ③百伯(大～子)柏

bao　①剥(～花生) ②雹薄

bei　③北

bi　①逼 ②鼻※荸 ③笔 ④必毕辟(复～)碧壁※璧

bie　①※憋瘪(～三)鳖 ②别(分～) ③※瘪(干～)
④别(～扭)

bo　①拨剥(～削) ②伯驳泊柏 (～林)脖博搏膊薄(淡～)
※勃舶渤

bu　③卜(占～) ④不

ca　①擦

ce　④册厕侧测策

cha　①插 ②察 ④※刹(～那)

chai　①拆

che ④彻撤※澈

chi ①吃 ③尺 ④斥赤

chu ①出 ④畜(牲~)触※矗

chuo ①※戳 ④绰

cu ④促※簇

cuo ④错

da ①搭答(~应) ②达答(~案)※瘩(~背)

de ②得(~失)德 ○的(助词)得(助词)

dei ③得(我~走了)

di ①滴 ②的(~确)敌笛※涤嘀(~咕)嫡

die ①跌 ②叠蝶※谍碟

du ①督 ②毒独读※渎

duo ②夺度(忖~)※踱

e ②额 ③恶(~心) ④恶(凶~)※扼遏愕噩鳄

fa ①发 ②乏伐罚阀※筏 ④发(理~)

fo ②佛(~家)

fu ②伏佛(仿~)服幅福※拂袱辐蝠 ④复腹覆※缚

ga ①夹(~肢窝)

ge ①胳鸽搁 ②葛(~藤)隔※蛤(~蜊) ③合(十~一升)
葛(姓) ④个各

gei ③给(交~)

gu ①骨(~碌) ③谷骨

gua ①刮

guo ①※郭 ②国

he　①喝
hei　①黑※嘿
hu　①忽 ②核(～儿)
hua　②猾滑 ④划
huo　①※豁(～口) ②活 ④或获惑※霍豁(～亮)
ji　①击圾积激※唧 ②及吉级极即急疾集籍※棘辑嫉 ③给(供～)脊 ④迹绩※寂鲫
jia　①夹(攻～) ②夹(～袄)※荚颊 ③甲※钾
jiao　②嚼(～舌) ③角饺脚
jie　①节(～骨眼)结(～巴)接揭 ②节(～目)劫杰洁结(～合)捷截竭
ju　①鞠 ②局菊橘 ④剧
jue　②决角(～色)觉(感～)绝掘脚(～儿)嚼(咀～) ※诀倔(～强)爵 ④倔(脾气～)
ke　①※磕 ②壳(贝～)咳(～嗽) ③渴 ④克刻客
ku　①哭※窟 ④酷
kuo　④扩括阔※廓
la　①拉 ④落(～下)腊蜡辣
lao　④络(～子)落(～枕)※烙(～饼)酪
le　④乐(～观)勒(～令)
lei　①勒(～紧) ④肋
li　④力历立栗粒※沥砾雳
lie　④列劣烈猎裂
liu　④六陆("六"的大写)碌(～碡)

lu　④六(～安,地名)陆(大～)录鹿绿(～林)碌(忙 ～)

lü　④律率(效～)绿(～色)※氯

lüe　④略掠

luo　④骆络落(～后)※洛烙(炮～)

ma　①抹(～布)

mai　④麦脉

mei　②没

mi　④秘密蜜※觅泌

mie　④灭蔑

mo　①摸 ②膜 ③抹(涂～) ④末没(埋～)抹(～墙)沫脉(含情～～)莫漠墨默※茉陌寞

mu　④木目牧幕※沐睦穆

na　④纳※呐钠捺

ni　④逆※昵匿溺

nie　①捏 ④※聂镊孽

nüe　④※疟(～疾)虐

nuo　④※诺

pai　①拍 ③迫(～击炮)

pi　①劈(～木头)※霹 ③匹劈(～叉) ④辟(开～)僻

piao　②朴(姓)

pie　①撇(～开) ③撇(～嘴)

po　①朴(～刀)泊(湖～)泼 ④朴(～硝)迫(～害)魄

pu　①仆(前～后继)扑 ②仆(～人) ③朴(～素)④※瀑

qi　①七戚漆※柒 ③乞 ④※迄泣

qia ①※掐

qiao ④壳(地～)

qie ①切(～削) ④切(亲～)窃※怯

qu ①曲(～折)屈 ③曲(歌～)

que ①缺 ④却雀(孔～)确鹊

re ④热

ri ④日

rou ④肉

ru ③辱 ④入※褥

ruo ④若弱

sa ①撒(～谎) ③撒(～种) ④※飒萨

sai ①塞(～子)

se ④色(颜～)塞(堵～)※涩瑟

sha ①杀※刹(～车)煞(～尾) ④煞(～费苦心)霎

shai ③色(掉～)

shao ②勺※芍

she ②舌折(树枝～了) ④设涉摄

shi ①失湿※虱 ②十什(～锦)石(～头)识(～别)实拾食蚀 ④式饰适室释※拭

shou ②熟(饭～了)

shu ①叔※淑 ②熟(～悉) ③属(～于) ④术(技～) 束述

shua ①刷(用～子～)

shuai ④率(～领)※蟀

shuo ①说 ④※烁硕

su　②俗 ④肃速宿(～舍)缩(～砂密)※粟

suo　①缩(收～) ③索

ta　①塌踏(～实) ③塔 ④踏(～步)※拓(～本)蹋

te　④特

ti　①踢※剔 ④惕

tie　①帖(妥～)贴 ③帖(请～)铁 ④帖(字～)

tu　①突秃※凸

tuo　①托脱 ④拓(开～)

wa　①挖 ④袜

wo　④沃握

wu　①屋 ④勿物

xi　①夕吸析息悉惜锡熄膝※昔晰蜥 ②习席袭※媳 ④隙

xia　①瞎 ②峡狭※匣侠辖 ④吓(～唬)

xiao　①削(～苹果)

xie　①歇※楔蝎 ②叶(～韵)协胁※挟 ③血(流～了) ④泄屑

xiu　③宿(住了一～)

xu　④畜(～牧)续蓄※旭恤

xue　①削(剥～)※薛 ②穴学 ③雪 ④血(～液)

ya　①压(～力)鸭押 ④轧(～花机)压(～根儿)

yao　①约(～一～重量) ④药钥(～匙)※疟(～子)

ye　①掖(～在怀里) ④业叶页咽(呜～)液※掖(～县)谒腋

yi　①一※揖壹 ③乙 ④亿忆亦役译易疫益翼※屹抑邑绎奕逸溢

yu　④玉育狱浴欲※郁尉(～迟，姓)蔚(～县)

yue　①约 ④月乐(音～)钥(北门锁～)阅悦跃越※岳粤

za　①扎(包～) ②杂砸

zao　②凿

ze　②则责择泽

zei　②贼

zha　①扎(～实) ②挣(～扎)轧(～钢)闸炸(油～)※铡 ③眨 ④栅(～栏)

zhai　①摘 ②宅择(～菜) ③窄

zhao　①着(没～了) ②着(～急)

zhe　①折(～腾) ②折(～叠)哲※辙 ○着

zhi　①支(一～铅笔)汁织 ②执直值侄职植殖 ③只(～有) ④帜质秩※挚掷窒

zhou　①粥 ②轴(～承) ④轴(压～子)

zhu　②术(白～)竹逐烛 ③属(～意)嘱 ④祝筑

zhuo　①捉桌※拙 ②浊啄着(衣～)※灼茁卓酌琢(雕～)

zu　②足族※卒

zuo　①作(～坊) ②昨※琢(～磨) ③※撮(一～毛儿) ④作(～业)

第十二讲　声调(二)

普通话的四个声调是单读一个音节的声调,因此又称为"字调"或"单字调"。每个音节、每个字不是一个个孤立的单位,在词语、句子中音节与音节相连单个音节的声调发生的变化,称作"变调"或"连读变调"。

变调是汉语方言里普遍存在的语音现象,普通话也有这种现象。一般说来,音节与音节相连都会或多或少地产生声调的变化,普通话语音教学只分析、掌握最明显的变调现象,其中"两字组""三字组"的变调是学习的重点。

(注意:本书汉语拼音原则上只注"一""不"变调,其他均注原调,不注变调。特别注明的除外,如叠字形容词。)

四、两字组的变调

普通话里的两字组(即两个音节相连)可以有16种声调组合方式。词语中重读音节一般不会变调。

1. 上声的变调

上声在普通话四个声调中音长最长,基本上是个低调,调值实际可以描写为 2114 。前段 21 和后段 14 都比较短暂，特别是后段 14 最容易失落。因此，上声在阴平、阳平、上声、去声前都会产生变调，只有在单念或处在词语、句子的末尾才有可能读原调。上声的两种变调是：

1）上声在阴平、阳平、去声、轻声前，即在非上声前，丢掉后半段“14“上升的尾巴，调值由 214 变为半上声 211，变调调值描写为 ⅃|∟ 214-211 。(调形符号标在竖线的右边表示变调调值，下同)例如：

上声－阴平

百般 bǎibān　摆脱 bǎituō　保温 bǎowēn　饼干 bǐnggān
打通 dǎtōng　纺织 fǎngzhī　海关 hǎiguān　小说 xiǎoshuō
许多 xǔduō　首先 shǒuxiān　省心 shěngxīn　警钟 jǐngzhōng
火车 huǒchē　老师 lǎoshī　奖杯 jiǎngbēi　马车 mǎchē
旅居 lǚjū　恐慌 kǒnghuāng　铁丝 tiěsī　野心 yěxīn
简称 jiǎnchēng　雨衣 yǔyī　北方 běifāng　海军 hǎijūn
取经 qǔjīng　指标 zhǐbiāo　酒精 jiǔjīng　卷烟 juǎnyān

上声－阳平

祖国 zǔguó　旅行 lǚxíng　导游 dǎoyóu　改革 gǎigé
朗读 lǎngdú　考察 kǎochá　古文 gǔwén　口型 kǒuxíng
讲台 jiǎngtái　打球 dǎqiú　鲤鱼 lǐyú　简洁 jiǎnjié
偶然 ǒurán　浅薄 qiǎnbó　酒席 jiǔxí　耳闻 ěrwén
海拔 hǎibá　几何 jǐhé　柳条 liǔtiáo　抢夺 qiǎngduó
坦白 tǎnbái　取材 qǔcái　漂白 piǎobái　两极 liǎngjí
紧急 jǐnjí　储存 chǔcún　语言 yǔyán　早霞 zǎoxiá

上声－去声

广大 guǎngdà　讨论 tǎolùn　挑战 tiǎozhàn　土地 tǔdì
感谢 gǎnxiè　稿件 gǎojiàn　统治 tǒngzhì　雪亮 xuěliàng
铁道 tiědào　守候 shǒuhòu　美术 měishù　把握 bǎwò
骨干 gǔgàn　感动 gǎndòng　典范 diǎnfàn　款待 kuǎndài
悔过 huǐguò　妥善 tuǒshàn　拐杖 guǎizhàng　努力 nǔlì
纽扣 niǔkòu　诡辩 guǐbiàn　柳树 liǔshù　讲话 jiǎnghuà
马上 mǎshàng　请假 qǐngjià　小麦 xiǎomài　总共 zǒnggòng

上声在轻声前调值也变成半上声 211 。例如：

上声－轻声

矮子 ǎizi　斧子 fǔzi　奶奶 nǎinai　姐姐 jiějie
尾巴 wěiba　老婆 lǎopo　耳朵 ěrduo　马虎 mǎhu
口袋 kǒudai　伙计 huǒji

2）两个上声相连，前一个上声的调值变为35。实验语音学从语图和听辨实验证明，前字上声、后字上声构成的组合与前字阳平、后字上声构成的组合在声调模式上是相同的。说明两个上声相连，前字上声的调值变得跟阳平的调值一样。变调调值描写为˨˩˦˧˥ 214-35 。例如：

上声－上声

懒散 lǎnsǎn　手指 shǒuzhǐ　母语 mǔyǔ　鬼脸 guǐliǎn
海岛 hǎidǎo　旅馆 lǚguǎn　解渴 jiěkě　广场 guǎngchǎng
首长 shǒuzhǎng　主讲 zhǔjiǎng　简短 jiǎnduǎn　古典 gǔdiǎn
粉笔 fěnbǐ　小组 xiǎozǔ　减少 jiǎnshǎo　水井 shuǐjǐng
土法 tǔfǎ　保险 bǎoxiǎn　许久 xǔjiǔ　友好 yǒuhǎo

勇敢 yǒnggǎn	彼此 bǐcǐ	反省 fǎnxǐng	起早 qǐzǎo
洗澡 xǐzǎo	远景 yuǎnjǐng	表姐 biǎojiě	水桶 shuǐtǒng

2. “一”、“不”的变调

“一”、“不”都是古清声母的入声字。普通话没有入声，古入声字分别归入其他声调。普通话“一”的单字调是阴平声 55，“不”的单字调是去声 51，在单念或处在词句末尾的时候，不变调。这两个字的变调取决于后一个连读音节的声调，因此我们把它们看成是“两字组”的变调。

“一”有两种变调：

1）在去声音节前调值变为 35，跟阳平的调值一样。变调调值描写为˥˧˥ 55-35。

例如：

（去声前）

一半 yíbàn	一旦 yídàn	一定 yídìng	一度 yídù
一概 yígài	一共 yígòng	一贯 yíguàn	一晃 yíhuàng
一路 yílù	一律 yílǜ	一切 yíqiè	一色 yísè
一味 yíwèi	一向 yíxiàng	一样 yíyàng	一阵 yízhèn
一致 yízhì	一次 yícì	一类 yílèi	一倍 yíbèi
一处 yíchù	一件 yíjiàn	一个 yígè	一带 yídài
一道 yídào	一面 yímiàn	一瞬 yíshùn	一再 yízài
一线 yíxiàn			

2）在阴平、阳平、上声前，即在非去声前，调值变为 51，跟去声的调值一样。变调调值描写为 ˥˥˩ 55-51。

例如：

（阴平前）

一般 yìbān　一边 yìbiān　一端 yìduān　一发 yìfā
一经 yìjīng　一瞥 yìpiē　一身 yìshēn　一生 yìshēng
一天 yìtiān　一些 yìxiē　一心 yìxīn　一朝 yìzhāo
一杯 yìbēi　一家 yìjiā　一批 yìpī　一张 yìzhāng
一枝 yìzhī

（阳平前）

一连 yìlián　一齐 yìqí　一如 yìrú　一时 yìshí
一同 yìtóng　一头 yìtóu　一行 yìxíng　一直 yìzhí
一群 yìqún　一条 yìtiáo

（上声前）

一举 yìjǔ　一口 yìkǒu　一览 yìlǎn　一起 yìqǐ
一手 yìshǒu　一体 yìtǐ　一统 yìtǒng　一早 yìzǎo
一准 yìzhǔn　一总 yìzǒng　一所 yìsuǒ　一朵 yìduǒ

当“一”作为序数表示“第一”时不变调。例如:“一楼”的“一”不变调,表示“第一楼”或“第一层楼”,而变调表示“全楼”。“一连”的“一”不变调表示“第一连”,而变调则表示“全连”。副词“一连”中的“一”也变调,如“一连五天”。

“不”字只有一种变调。当“不”在去声音节前调值变为 35,跟阳平的调值一样。变调调值描写为˥˩˧˥ 51-35。例如:

（去声前）

不必 búbì　不变 búbiàn　不便 búbiàn　不测 búcè
不错 búcuò　不待 búdài　不但 búdàn　不定 búdìng
不断 búduàn　不对 búduì　不够 búgòu　不顾 búgù

不过 búguò　不讳 búhuì　不会 búhuì　不济 bújì

不快 búkuài　不愧 búkuì　不利 búlì　不力 búlì

不料 búliào　不论 búlùn　不妙 búmiào　不善 búshàn

不是 búshì　不适 búshì　不外 búwài　不幸 búxìng

不逊 búxùn　不厌 búyàn　不要 búyào　不用 búyòng

不在 búzài　不振 búzhèn　不致 búzhì　不去 búqù

不信 búxìn　不像 búxiàng

（注意：以上“一”“不”均注变调）

当“一”嵌在重叠式的动词之间，“不”夹在动词或形容词之间，夹在动词补语之间轻读，属于“次轻音”。例如：听一听、学一学、写一写、看一看、穿不穿、谈不谈、买不买、去不去、会不会、缺不缺、红不红、好不好、大不大、看不清、起不来、拿不动、打不开。由于“次轻音”的声调仍依稀可辨，当“一”和“不”夹在两个音节中间时，不是依前一个音节变为轻声的调值，而是当音量稍有加强，就依后一个音节产生变调，变调规律如前。

3. 其他变调

当两个去声相连，前面的去声音节不读重音的时候，调值没有降到最低，调值变为高降调 53，变调调值描写为˥˩˥˧ 51-53，称作“半去”。从音高看，后面的去声音节受前面去声调值末尾的影响，比前面的去声音节起点略低。例如：

去声－去声

饭店 fàndiàn　贵重 guìzhòng　介绍 jièshào　借鉴 jièjiàn

密切 mìqiè　戏剧 xìjù　裂缝 lièfèng　迫害 pòhài

木料 mùliào	电话 diànhuà	再见 zàijiàn	外地 wàidì
算术 suànshù	善意 shànyì	注意 zhùyì	汉字 hànzì
降落 jiàngluò	自治 zìzhì	大会 dàhuì	办事 bànshì
互助 hùzhù	预告 yùgào	见面 jiànmiàn	示范 shìfàn
路费 lùfèi	照相 zhàoxiàng	竞赛 jìngsài	致谢 zhìxiè

(北京语音在两个去声相连时,前面一个去声音节的调值也有变为高升调˥˩˧˥ 51-35 的情况,我们把这种变调作为方言看待。)

另外,实验语音学认为,声调的变化有时同声母的清浊有关。譬如后字是浊音声母或零声母音节的时候,两个音节衔接处由于声带颤动没有间断,对音高模式产生影响。当前字是阴平、阳平时,调值结尾高,后面的阳平、上声音节开头的调值受到影响,起头较高。而当前字是上声(变为"半上")、去声时,调值结尾低,后面的阴平、阳平音节开头的调值受到影响,起头也较低。这对普通话声调训练方法很有启发。例如:工人、腰围、轮流、怀疑、真理、中午、牛奶、谜语、马鞍、雨衣、鸟笼、古文、治安、兽医、麦苗、皱纹。

五、三字组的变调

普通话里三字组可以有 64 种声调组合方式。(除三个上声相连外)受轻重音格式的影响,末尾音节一般都保持原有的调形。开头音节一般按两字组的变调规律变调。当中音节受前后音节的影响而发生变调。

1. 当中音节为阳平声的变调

当开头音节是阴平、阳平时，无论末尾音节是什么声调，当中音节的阳平调值变为55，变调调值描写为˧˥˥ 35-55。（以下词语均注原调）例如：

牵牛花 qiānniúhuā　　清华园 Qīnghuáyuán
西洋景 xīyángjǐng　　同情心 tóngqíngxīn
财神爷 cáishényé　　珊瑚岛 shānhúdǎo
白杨树 báiyángshù

这种变调在会话中自然地出现，但一般人不察觉，有意放慢读则不变调。语音教学中不必要求掌握。

2. 当中音节为去声的变调

不论开头、末尾音节是什么声调，当中音节的去声调值变为高降调53，变调调值描写为˥˩˥˧ 51-53。

炊事员 chuīshìyuán　　文化宫 wénhuàgōng
火焰山 huǒyànshān　　大自然 dàzìrán
前半天 qiánbàntiān　　招待所 zhāodàisuǒ

3. 当中音节为上声的变调(三个上声相连除外)

无论开头音节是什么声调，当中上声音节依末尾音节变调，与两字组上声变调规律相同。例如：

参考书 cānkǎoshū　　龙井茶 lóngjǐngchá
老百姓 lǎobǎixìng　　数理化 shùlǐhuà
水果糖 shuǐguǒtáng　　农产品 nóngchǎnpǐn
大扫除 dàsǎochú

4. 三个上声相连的变调

三个上声音节相连,如果后面没有紧跟着其他音节,也不带什么语气,末尾音节一般不变调。开头、当中的上声音节有两种变调:

1) 当词语的结构是"双单格"时,开头、当中的上声音节调值变为35,跟阳平的调值一样。例如:

手写体 shǒuxiětǐ　　展览馆 zhǎnlǎnguǎn

管理组 guǎnlǐzǔ　　选举法 xuǎnjǔfǎ

洗脸水 xǐliǎnshuǐ　　蒙古语 Měnggǔyǔ

水彩笔 shuǐcǎibǐ　　打靶场 dǎbǎchǎng

勇敢者 yǒnggǎnzhě　　敏感点 mǐngǎndiǎn

虎骨酒 hǔgǔjiǔ　　考古所 kǎogǔsuǒ

2) 当词语的结构是"单双格",开头音节处在被强调的逻辑重音时,读作"半上",调值变为211,当中音节则按两字组变调规律变为35。例如:

冷处理 lěngchǔlǐ　　耍笔杆 shuǎbǐgǎn

小两口 xiǎoliǎngkǒu　　搞管理 gǎoguǎnlǐ

好导演 hǎodǎoyǎn　　海产品 hǎichǎnpǐn

纸老虎 zhǐlǎohǔ　　老保守 lǎobǎoshǒu

小拇指 xiǎomǔzhǐ

也有个别两可的情况,既可以看作是"单双格",也可以看作是"双单格"。例如:小组长。

六、叠字形容词的变调

1. A A 式的变调

叠字形容词 A A 式第二个音节原字调是阳平、上声、去声(非阴平)时,声调可以变为高平调 55,跟阴平的调值一样。例如:

(为了教学方便,以下叠字形容词均注变调,但在注音读物中通常注原调,不注变调。)

红红 hónghōng　满满 mǎnmān　饱饱 bǎobāo　大大 dàdā

在口语中常带上"儿尾",读作"儿化韵",大多表示期望、祈令、要求,语气温和婉转。例如:

平平儿(的) píngpīngr(de)　长长儿(的)chángchāngr(de)

好好儿(地) hǎohāor(de)　慢慢儿(地) mànmānr(de)

稳稳儿(地) wěnwēnr(de)　满满儿(的) mǎnmānr(de)

快快儿(地) kuàikuāir(de)

注意:① 附加"儿尾"的变调口语色彩很浓,书面语形式一般不加"儿尾"。例如:"好好学习,天天向上"。

② 用 A A 式描写当时的情况,可以不变调。例如:大大(眼睛睁得~的),满满(满满地斟了一杯酒)。

③ 当口语中 AA 式读"儿化韵"时,第二个音节均要变调。

2. A B B 式、A A B B 式的变调

当后面两个叠字音节的声调是阳平、上声、去声,即非阴平调时,调值变为高平调 55,跟阴平的调值一样。例如:

ABB式：

绿茸茸 lùróngróng　　绿莹莹 lǜyīngyīng

绿油油 lǜyōuyōu　　红彤彤 hóngtōngtōng

懒洋洋 lǎnyāngyāng　　乱蓬蓬 luànpēngpēng

慢腾腾 màntēngtēng　　毛茸茸 máoróngróng

热腾腾 rètēngtēng　　软绵绵 ruǎnmiānmiān

湿淋淋 shīlīnlīn　　笑吟吟 xiàoyīnyīn

亮堂堂 liàngtāngtāng　　明晃晃 mínghuānghuāng

白晃晃 báihuānghuāng　　金晃晃 jīnhuānghuāng

黑洞洞 hēidōngdōng　　火辣辣 huǒlālā

热辣辣 rèlālā

(以上词语在 1996 年《现代汉语词典》(修订本)中均注为变调)

AABB式：

慢慢腾腾 mànmàntēngtēng　　马马虎虎 mǎmǎhūhū

哭哭啼啼 kūkūtītī　　断断续续 duànduànxūxū

明明白白 míngmíngbāibāi　　清清楚楚 qīngqīngchūchū

实实在在 shíshízāizāi　　吞吞吐吐 tūntūntūtū

稳稳当当 wěnwěndāngdāng　　欢欢喜喜 huānhuānxīxī

陆陆续续 lùlùxūxū

注意：① ABB式、AABB式读得缓慢，也可以不变调。

② 一部分书面语的叠字形容词不能变调。例如：白皑皑、金闪闪、轰轰烈烈、堂堂正正、沸沸扬扬、呜呜咽咽、闪闪烁烁。

思考题：

1）描述上声的调值，简单说明上声变调产生的条件。

2）试比较“骑马·起码”、“埋马·买马”、“油井·有井”，体会两个上声相连，前面上声的变调。

语音训练（十）

1. 上声变调的发音练习

第 1 组

上声—非上声

※有些 yǒuxiē	产生 chǎnshēng	指挥 zhǐhuī	统一 tǒngyī
紧张 jǐnzhāng	打击 dǎjī	普通 pǔtōng	眼光 yǎnguāng
展开 zhǎnkāi	武装 wǔzhuāng	主观 zhǔguān	主张 zhǔzhāng
纺织 fǎngzhī	本身 běnshēn		
※可能 kěnéng	以前 yǐqián	祖国 zǔguó	仿佛 fǎngfú
女人 nǚrén	委员 wěiyuán	有时 yǒushí	本来 běnlái
感情 gǎnqíng	小时 xiǎoshí	以来 yǐlái	感觉 gǎnjué
总结 zǒngjié	改革 gǎigé	举行 jǔxíng	保持 bǎochí
演员 yǎnyuán	海洋 hǎiyáng	语言 yǔyán	警察 jǐngchá
※主义 zhǔyì	准备 zhǔnbèi	伟大 wěidà	只要 zhǐyào
感到 gǎndào	只是 zhǐshì	整个 zhěnggè	马上 mǎshàng
总是 zǒngshì	理论 lǐlùn	表示 biǎoshì	使用 shǐyòng
土地 tǔdì	主任 zhǔrèn	改变 gǎibiàn	广大 guǎngdà
反映 fǎnyìng	美丽 měilì	讨论 tǎolùn	掌握 zhǎngwò
保证 bǎozhèng	武器 wǔqì	赶快 gǎnkuài	巩固 gǒnggù

眼泪 yǎnlèi　宇宙 yǔzhòu　广泛 guǎngfàn　考虑 kǎolǜ

※我们 wǒmen　你们 nǐmen　懂得 dǒngde　显得 xiǎnde

耳朵 ěrduo　尾巴 wěiba　老爷 lǎoye　脑子 nǎozi

老实 lǎoshi　奶奶 nǎinai　姐姐 jiějie　嫂子 sǎozi

椅子 yǐzi

上声一上声

所以 suǒyǐ　影响 yǐngxiǎng　所有 suǒyǒu　只好 zhǐhǎo

引起 yǐnqǐ　管理 guǎnlǐ　指导 zhǐdǎo　采取 cǎiqǔ

老板 lǎobǎn　赶紧 gǎnjǐn　往往 wǎngwǎng　尽管 jǐnguǎn

可以 kěyǐ　品种 pǐnzhǒng　本领 běnlǐng　选举 xuǎnjǔ

理解 lǐjiě　勇敢 yǒnggǎn　打倒 dǎdǎo　彼此 bǐcǐ

厂长 chǎngzhǎng　首长 shǒuzhǎng　手指 shǒuzhǐ

小组 xiǎozǔ　表演 biǎoyǎn　水果 shuǐguǒ　友好 yǒuhǎo

古老 gǔlǎo　雨水 yǔshuǐ　美好 měihǎo　勉强 miǎnqiǎng

保守 bǎoshǒu　广场 guǎngchǎng　女子 nǚzǐ　岛屿 dǎoyǔ

领导 lǐngdǎo　也许 yěxǔ　小姐 xiǎojiě

2. "一""不"变调的发音练习

第 2 组

一板一眼 yìbǎn-yìyǎn　一唱一和 yíchàng-yíhè

一模一样 yìmú-yíyàng　一丝一毫 yìsī-yìháo

一字一板 yízì-yìbǎn　一朝一夕 yìzhāo-yìxī

一心一意 yìxīn-yíyì　一问一答 yíwèn-yìdá

一张一弛 yìzhāng-yìchí　一起一落 yìqǐ-yíluò

一上一下 yíshàng-yíxià　一前一后 yìqián-yíhòu

一左一右 yìzuǒ-yíyòu　一物降一物 yíwùxiángyíwù

一窍不通 yíqiàobùtōng　一丝不苟 yìsībùgǒu

一丝不挂 yìsībúguà　一尘不染 yìchénbùrǎn

一成不变 yìchéngbúbiàn　一蹶不振 yìjuébúzhèn

一毛不拔 yìmáobùbá　不可一世 bùkěyíshì

不赞一词 búzànyìcí

不管三七二十一 bùguǎnsānqī'èrshíyī

一不做,二不休 yībúzuò, èrbùxiū

不经一事,不长一智 bùjīngyíshì, bùzhǎngyízhì

不管不顾 bùguǎn-búgù　不卑不亢 bùbēi-búkàng

不伦不类 bùlún-búlèi　不三不四 bùsān-búsì

不干不净 bùgān-bújìng　不折不扣 bùzhé-búkòu

不大不小 búdà-bùxiǎo　不上不下 búshàng-búxià

不见不散 bújiàn-búsàn

第十三讲　声调(三)

七、轻声

1. 普通话词的轻重音格式

普通话的轻声现象与轻重音有密切关系。轻重音表现在词和语句里,词的轻重音是最基本的。根据普通话词的语音结构,我们把普通话轻重音细分为四个等级,即:重音、中音、次轻音、最轻音。

重音——即词的重读音节。普通话中双音节、三音节、四音节词处在末尾的音节大多数读作重音。重音音节一般情况下不产生变调。例如:拼音、冰激凌、展览馆 二氧化碳。

中音——既不强调重读也不特别轻读的一般的音节,又称为“次重音”。例如:汽车、出版、语法。

次轻音——比“中音”略轻,声调受到影响,调值不够稳定,但调形的基本特征仍然依稀可辨。声母和韵母没有明显变化。例如:老虎、诗人、战士、男子、看一看、去不去、西红柿、无线电、慌慌张张。

最轻音——特别轻读的音节。比正常重读音节的音长短得多,完全失去原调调值,重新构成自己特有的调值。韵母或声母往往发生明显变化。最轻音音节就是普通话的轻声音节，绝大多数出现在双音节词中，在双音节词中只出现在后一个音节。例如：桌子、衣裳、豆腐。

普通话词的多音节语音结构中“次轻音”“最轻音”不会出现在第一个音节。

普通话词的主要轻重音格式：

（一）单音节词绝大多数重读，只有极少数固定读作次轻音或最轻音。

用在名词、代词后面的表示方位的词（或语素）“上、下、里、边”等，读作次轻音。例如：太阳下、地下、桌子上、树上、屋子里、碗里、这面、那边。

用在动词后面表示趋向的词，读作次轻音。例如：进来、起来、出去、下去。

助词“的、地、得、着（zhe、zhao）、了、过”，读作最轻音。例如：你的、跳舞的、高兴地、跑得快、坐着（zhe）、找着（zhao）、睡了、学过。

语气词“啊、吧、吗、呢”，读作最轻音。例如：（语气词“啊”可以根据实际音变写作“呀”“哇”“哪”，参见第十四讲）你啊（呀）、好啊（哇）、干啊（哪）、行啊、是啊、开门儿啊、什么字啊、说吧、去吗、人呢。

上面列举的助词、语气词是最轻音，在普通话里固定读轻声。这些单音节词的轻声调值要依据前一个音节确定。这部分单音节词数量极少，但出现频率较高。

（二）双音节词的轻重音格式：

1）中・重——前一个音节读中音，后一个音节读重音。双音节词绝大多数是这个格式。例如:国家、伟大、雷锋、陆军、蝴蝶、出版、人人。

2) 重・次轻——前一个音节读重音，后一个音节读次轻音。后面轻读的音节,声母、韵母一般没有变化,原调调值仍依稀可辨。这类词语一般轻读,偶尔(间或)重读,读音不太稳定。我们可以称为“可轻读词语”。例如:工人、手艺、老鼠、娇气、女士、男子。

《现代汉语词典》在给这类词语注音时,一部分在轻读音节标注声调符号,但在音节前加圆点。例如:新鲜 xīn・xiān,客人 kè・rén,风水 fēng・shuǐ,匀称 yún・chèn。另一部分词语,则未作明确标注。例如:分析 fēnxī、臭虫 chòuchóng、老虎 lǎohǔ、制度 zhìdù。尽管词典用汉语拼音标注出轻读音节的声调符号,但实际读音可以允许后一个音节轻读(次轻音)。

3) 重・最轻音——前一个音节读重音,后一个音节读最轻音。这是轻声词的主要语音结构(详见下文)。例如:椅子、我们、石头、女儿、妈妈、衣服、耳朵。

粗略地描述也可将“重・次轻”和“重・最轻”合并为一种格式“重・轻”,但这样不利于认识轻声词的语音结构。

(三) 三音节词的轻重音格式:

1) 中・次轻・重——末尾的音节读重音,第一个音节读中音,中间的音节读次轻音,声调不太稳定,在慢速的读音中仍保持原调调形,而在一般的会话速度里,会产生某种变调。这是绝大多数三音节词的轻重音格式。例如:炊事员、西红柿、太平庄、打字机。

2) 中・重・最轻——中间的音节读重音,第一个音节读中音，末尾的音节读最轻音。这种格式在三音节词中占少数。其中有的相当于双音节"重·最轻"格式前加上一个限制修饰成分或词缀。有的相当于双音节"中·重"格式后加一个轻读的词缀。例如：胡萝卜、好家伙、老头子、小伙子、同学们、老乡们。

3）重·最轻·最轻——第一个音节读重音，后面两个音节都读最轻音。其中有的相当于双音节"重·最轻"格式后加上一个轻读的词缀。这种格式的三音节词数量较少。例如：姑娘家、朋友们、娃娃们。

（四）四音节词的轻重音格式

1）中·次轻·中·重——末尾的音节读重音，第一个和第三个音节读中音，第二个音节读次轻音。这个格式在四音节词中占绝大多数，包括四字成语在内。例如：二氧化碳、清清楚楚、慌里慌张、嘻嘻哈哈、一马当先、心明眼亮。

2）中·次轻·重·最轻——重音在第三音节，第一个音节读中音。有两个轻读音节，第二个音节读次轻音，末尾的音节读最轻音。这种格式在四音节词中占极少数。例如：如意算盘、外甥媳妇（儿）。

五个音节以上的，大多是词组（短语），可以划分为双音节、三音节、四音节，参照上面的格式读音。

2. 什么是轻声

轻声是一种特殊的变调现象。由于它长期处于口语轻读音节的地位，失去了原有声调的调值，又重新构成自身特有的音高形式，听感上显得轻短模糊。普通话的轻声都是从阴平、阳平、上声、去声四个声调变化而来，例如：哥哥、婆婆、姐姐、弟弟。说它“特殊”,是因为这种变调总是根据前一个音节声调的调值决定后一个轻声音节的调值,而不论后一个音节原调调值的具体形式。

轻声作为一种变调的语音现象,一定体现在词语和句子中,因此轻声音节的读音不能独立存在。固定读轻声的单音节助词、语气词也不例外,它们的实际轻声调值也要依靠前一个音节的声调来确定。绝大多数的轻声现象表现在一部分老资格的口语双音节词中,长期读作“重·最轻”的轻重音格式,使后一个音节的原调调值变化,构成轻声调值。

3. 轻声的语音特性

从声学上分析,轻声音节的能量较弱,是音高、音长、音色、音强综合变化的效应,但这些语音的要素在轻声音节的辨别中所起作用的大小是不同的。语音实验证明,轻声音节特性是由音高和音长这两个比较重要的因素构成的。从音高上看,轻声音节失去原有的声调调值,变为轻声音节特有的音高形式,构成轻声调值。从音长上看,轻声音节一般短于正常重读音节的长度,甚至大大缩短,可见音长短是构成轻声特性的另一重要因素。尽管轻声音节音长短,但它的调形仍然可以分辨,并在辨别轻声时起着不可忽视的作用。

普通话轻声音节的调值有两种形式:

(1) 当前一个音节的声调是阴平、阳平、去声的时候,后一个轻声音节的调形是短促的低降调,调值为˧˩ $\underline{31}$。(调形符号标在竖线的右边表示变调调值,调值下加短横线表示音长短,下同)例如:

（阴平·轻声）

他的 tāde　桌子 zhuōzi　说了 shuōle　哥哥 gēge

先生 xiānsheng　休息 xiūxi　苍蝇 cāngying　姑娘 gūniang

清楚 qīngchu　家伙 jiāhuo　庄稼 zhuāngjia

（阳平·轻声）

红的 hóngde　房子 fángzi　晴了 qíngle　婆婆 pópo

活泼 huópo　泥鳅 níqiu　粮食 liángshi　胡琴 húqin

萝卜 luóbo　行李 xíngli　头发 tóufa

（去声·轻声）

坏的 huàide　扇子 shànzi　睡了 shuìle　弟弟 dìdi

丈夫 zhàngfu　意思 yìsi　困难 kùnnan　骆驼 luòtuo

豆腐 dòufu　吓唬 xiàhu　漂亮 piàoliang

（2）当前一个音节的声调是上声的时候，后一个轻声音节的调形是短促的半高平调，调值为 ˦ $\underline{44}$。（实际发音受前面上声的影响，往往开头略低于 4 度，形成一个微升调形，由于轻声音节音长短，这种细微之处不易察觉）例如：

（上声·轻声）

我的 wǒde　斧子 fǔzi　起了 qǐle　姐姐 jiějie

喇叭 lǎba　老实 lǎoshi　脊梁 jǐliang　马虎 mǎhu

耳朵 ěrduo　使唤 shǐhuan　嘱咐 zhǔfu　口袋 kǒudai

轻声音节的音色也或多或少发生变化。最明显的是韵母发生弱化。元音（指主要元音）舌位趋向中央。例如：哥哥 gēge [kɤkə]。历史较长的轻声词甚至固定读作轻声，韵母发生明显变化后，有的已难于还原。例如：助词“的” di ＞ de，助词“了”

liao>le，词缀“子”zi > ze（注意：“子”读音可以还原为 zi，在语音训练中不提倡读 ze）。有的轻声音节的韵母在口语中有时仿佛消失了，例如：“豆腐”、“丈夫”、“工夫”中的“腐”“夫”fu > f，“意思”的“思”si > s，助词“的”、词缀“子”也会发生这种变化，di > de > d，zi > ze > z。轻声音节的韵母是前响复合元音的，容易变为单元音，例如：“妹妹”[mei > me]、“奶奶”[nai > nɛ]、“眉毛”的“毛”[mɑʊ > mɔ]、“牲口”的“口”[k‘əʊ > k‘ o]。

轻声音节的声母也可能发生变化。不送气的清塞音、清塞擦音声母变为浊塞音、浊塞擦音声母。例如：“爸爸”[pᴀ > bᴀ]、“疙瘩”的“瘩”[tᴀ > dᴀ]、“秧歌”的“歌”[kə > gə]、“亲家”的“家”[tɕiᴀ >dʑiə]、“拿着”的“着”[tʂə> dʐə]、“椅子”的“子”[tsɿ > dzɿ]。送气音变为不送气音。例如：“胡涂”的“涂”tu > du，“馄饨”的“饨”tun > dun，“活泼”的“泼”po > bo。塞擦音变为擦音。例如：“钥匙”的“匙”chi > shi，“衣裳”的“裳”chang > shang。有时舌尖后清擦音声母的音节变为舌尖浊擦音（或浊通音）自成音节。例如：“就是”“要是”的“是”。[ʂʅ > ʐ]。

轻声音节的音色变化是不稳定的。语音训练只要求学生掌握已经固定下来的轻声现象（字典、词典已收入的）。例如：助词“的”读 de，“了”读 le，词缀“子”读 zi，“钥匙”读 shi，“衣裳”读 shang。其他轻声语音变化不要求掌握。

实验语音学认为，音强在辨别轻重音方面起的作用很小。在普通话轻声音节中音强不起明显作用。轻声音节听感上轻短模糊，是心理感知作用。由于轻声音节音长短，读音时所需能量明显减少，但音强并不一定比正常重读音节小。

思考题：

1）普通话词有哪些轻重音格式？轻声出现在哪种轻重音格式中？

2）从声学的语音四要素分析，轻声主要表现出哪些特性？

3）“轻音”与“轻声”有区别吗？给词语注音标上声调符号的音节是否都不轻读，为什么？

语音训练（十一）

1. 轻声的发音训练

轻声的发音训练首先要体会轻声音节音长短的特点。为了发音练习的方便，连同轻声音节前面的音节，把这两个音节看成两拍，前面的音节读音延长，读作一拍半，后面的轻声音节读作半拍。同时注意轻声音节在阴平、阳平、去声后的音高形式是短促的低降调 $\underline{31}$，而在上声后是短促的半高平调$\underline{44}$。例如：

第1组

（阴平·轻声）

黑的 hēide　喝的 hēde　丢了 diūle　梳子 shūzi

跟头 gēntou　多么 duōme　叔叔 shūshu　听过 tīngguo

追呀 zhuīya　他吗 tāma　巴掌 bāzhang

（阳平·轻声）

红的 hóngde　拿着 názhe　熟了 shóule　篮子 lánzi

石头 shítou　什么 shénme　爷爷 yéye　学过 xuéguo

人呢 rénne　行吗 xíngma　云彩 yúncai

(上声·轻声)

粉的 fěnde	打着 dǎzhe	好了 hǎole	本子 běnzi
里头 lǐtou	怎么 zěnme	姐姐 jiějie	想过 xiǎngguo
走哇 zǒuwa	管吗 guǎnma	打算 dǎsuan	

(去声·轻声)

绿的 lǜde	坐着 zuòzhe	错了 cuòle	凳子 dèngzi
木头 mùtou	这么 zhème	妹妹 mèimei	念过 niànguo
对呀 duìya	是啊 shì(r) a	豆腐 dòufu	

2. 常用轻声词的发音训练

(选自《现代汉语频率词典》使用度最高、频率最高的前 8000 个词)

第 2 组

我们 wǒmen	他们 tāmen	你们 nǐmen	人们 rénmen
咱们 zánmen	它们 tāmen	她们 tāmen	什么 shénme
怎么 zěnme	这么 zhème	为什么 wèishénme	
那么 nàme	为了 wèile	除了 chúle	极了 jíle
得了 déle	算了 suànle	罢了 bàle	对了 duìle
好了 hǎole	妈妈 māma	爸爸 bàba	爷爷 yéye
太太 tàitai	哥哥 gēge	叔叔 shūshu	弟弟 dìdi
老太太 lǎotàitai	奶奶 nǎinai	妹妹 mèimei	谢谢 xièxie
姐姐 jiějie	婶婶 shěnshen	星星 xīngxing	伯伯 bóbo
娃娃 wáwa	舅舅 jiùjiu	姑姑 gūgu	婆婆 pópo
猩猩 xīngxing	嫂嫂 sǎosao	似的 shìde	有的 yǒude

接着 jiēzhe　觉着 juézhe　跟着 gēnzhe　石头 shítou
里头 lǐtou　骨头 gǔtou　前头 qiántou　馒头 mántou
木头 mùtou　舌头 shétou　指头 zhǐtou　拳头 quántou
上头 shàngtou　念头 niàntou　后头 hòutou　枕头 zhěntou
外头 wàitou　罐头 guàntou　丫头 yātou　跟头 gēntou
锄头 chútou

第 3 组

*东西 dōngxi　*地方 dìfang　先生 xiānsheng
事情 shìqing　认识 rènshi　部分 bùfen
朋友 péngyou　学生 xuésheng　知识 zhīshi
*人家 rénjia　*多少 duōshao　姑娘 gūniang
困难 kùnnan　明白 míngbai　衣服 yīfu
清楚 qīngchu　意思 yìsi　喜欢 xǐhuan
队伍 duìwu　师傅 shīfu　消息 xiāoxi
大夫 dàifu　老爷 lǎoye　休息 xiūxi
意识 yìshi　头发 tóufa　粮食 liángshi
面积 miànji　少爷 shàoye　工夫 gōngfu
耳朵 ěrduo　尾巴 wěiba　棉花 miánhua
骆驼 luòtuo　商量 shāngliang　家伙 jiāhuo
老实 lǎoshi　脑袋 nǎodai　舒服 shūfu
窗户 chuānghu　招呼 zhāohu　牲口 shēngkou
漂亮 piàoliang　嘴巴 zuǐba　麻烦 máfan
丈夫 zhàngfu　结实 jiēshi　收拾 shōushi
便宜 piányi　糊涂 hútu　衣裳 yīshang

*买卖 mǎimai	活泼 huópo	葡萄 pútao
*大爷 dàye	打听 dǎting	老婆 lǎopo
胳膊 gēbo	模糊 móhu	包袱 bāofu
心思 xīnsi	打量 dǎliang	咳嗽 késou
苍蝇 cāngying	吆喝 yāohe	闺女 guīnü
高粱 gāoliang	合同 hétong	灯笼 dēnglong
耽误 dānwu	眉毛 méimao	秀才 xiùcai
功夫 gōngfu	笑话 xiàohua	豆腐 dòufu
哆嗦 duōsuo	规矩 guīju	*本事 běnshi
出息 chūxi	葫芦 húlu	委屈 wěiqu
相声 xiàngsheng	喇叭 lǎba	萝卜 luóbo
含糊 hánhu	弟兄 dìxiong	参谋 cānmou
嘱咐 zhǔfu	帐篷 zhàngpeng	称呼 chēnghu
约莫 yuēmo	下巴 xiàba	在乎 zàihu
*大方 dàfang	衙门 yámen	迷糊 míhu
和尚 héshang	佩服 pèifu	马虎 mǎhu
宽敞 kuānchang	神仙 shénxian	琢磨 zuómo
叫唤 jiàohuan	狐狸 húli	收成 shōucheng
使唤 shǐhuan	疙瘩 gēda	扎实 zhāshi
稳当 wěndang	铃铛 língdang	折腾 zhēteng
庄稼 zhuāngjia	篱笆 líba	机灵 jīling
指甲 zhǐjia	鼻涕 bíti	吓唬 xiàhu
岁数 suìshu	见识 jiànshi	嘀咕 dígu
窝棚 wōpeng	唾沫 tuòmo	刺猬 cìwei

钥匙 yàoshi　扫帚 sàozhou　动弹 dòngtan
养活 yǎnghuo　* 地道 dìdao　耷拉 dāla
运气 yùnqi　手巾 shǒujin　蘑菇 mógu
芝麻 zhīma　蜈蚣 wúgong　记性 jìxing
应酬 yìngchou　秧歌 yāngge　棺材 guāncai
街坊 jiēfang　点心 diǎnxin　踏实 tāshi
甘蔗 gānzhe　云彩 yúncai　停当 tíngdang
名堂 míngtang　架势 jiàshi　柴火 cháihuo
比方 bǐfang　抬举 táiju

第 4 组

孩子 háizi　样子 yàngzi　房子 fángzi　儿子 érzi
日子 rìzi　身子 shēnzi　肚子 dùzi　肚子 dǔzi
院子 yuànzi　桌子 zhuōzi　一阵子 yīzhènzi　小伙子 xiǎohuǒzi
鬼子 guǐzi　村子 cūnzi　帽子 màozi　鼻子 bízi
脑子 nǎozi　嫂子 sǎozi　叶子 yèzi　椅子 yǐzi
脖子 bózi　老头子 lǎotóuzi　影子 yǐngzi　绳子 shéngzi
虫子 chóngzi　胡子 húzi　种子 zhǒngzi　小子 xiǎozi
铺子 pùzi　个子 gèzi　嗓子 sǎngzi　橘子 júzi
小孩子 xiǎoháizi　亭子 tíngzi　凳子 dèngzi　担子 dànzi
法子 fǎzi　拢子 lǒngzi　谷子 gǔzi　斧子 fǔzi
辫子 biànzi　麦子 màizi　盖子 gàizi　车子 chēzi
袜子 wàzi　蚊子 wénzi　果子 guǒzi　筷子 kuàizi
篮子 lánzi　步子 bùzi　车轮子 chēlúnzi　笼子 lóngzi
箱子 xiāngzi　疯子 fēngzi　本子 běnzi　席子 xízi

厂子 chǎngzi	炉子 lúzi	链子 liànzi	瓶子 píngzi
汉子 hànzi	盒子 hézi	院子 yuànzi	管子 guǎnzi
圈子 quānzi	条子 tiáozi	狮子 shīzi	框子 kuàngzi
骡子 luózi	牌子 páizi	鸭子 yāzi	沙子 shāzi
根子 gēnzi	胆子 dǎnzi	鞭子 biānzi	摊子 tānzi
旗子 qízi	辈子 bèizi	领子 lǐngzi	梯子 tīzi
钳子 qiánzi	窗子 chuāngzi	袖子 xiùzi	妹子 mèizi
带子 dàizi	金子 jīnzi	钉子 dīngzi	刀子 dāozi
椰子 yēzi	褂子 guàzi	豹子 bàozi	班子 bānzi
* 老子 lǎozi	帘子 liánzi	扣子 kòuzi	性子 xìngzi
刷子 shuāzi	裤子 kùzi	稿子 gǎozi	头子 tóuzi
轮子 lúnzi	钩子 gōuzi	兔子 tùzi	台子 táizi
锭子 dìngzi	爪子 zhuǎzi	毯子 tǎnzi	笛子 dízi
路子 lùzi	柜子 guìzi	裙子 qúnzi	珠子 zhūzi
靴子 xuēzi	老婆子 lǎopózi	鸽子 gēzi	膀子 bǎngzi
银子 yínzi	乱子 luànzi	耗子 hàozi	崽子 zǎizi
曲子 qǔzi	片子 piānzi	片子 piànzi	饺子 jiǎozi
豆子 dòuzi	池子 chízi	梆子 bāngzi	苇子 wěizi
桃子 táozi	扇子 shànzi	句子 jùzi	点子 diǎnzi

注：加 * 的轻声词，普通话中读作轻声或不轻声有意义上的差别。

第十四讲　音变

一、儿化

1. 什么是儿化

普通话以北方话为基础方言。儿化现象则是北方话的特点之一，它主要由词尾“儿”变化而来。据考证，从唐代开始汉语产生了一个重要的词尾“儿”。如唐代金昌绪诗“打起黄莺儿，莫教枝上啼。”但当时还是个独立的音节，也不读作 er。直到明清时代，词尾“儿”才读成 er。

词尾“儿”本是一个独立的音节，由于口语中处于轻读的地位，长期与前面的音节流利地连读而产生音变，“儿”(er) 失去了独立性，“化”到前一个音节，只保持一个卷舌动作，使两个音节融合成为一个音节，前面的音节或多或少地发生变化。这种语音现象就是“儿化”。我们把这种带有卷舌色彩的韵母称作“儿化韵”。

普通话“儿化”的作用主要是：表示温和、喜爱的感情色彩。例如：花猫儿、女孩儿、好玩儿、慢慢儿。形容细小、轻微的状态和性质。例如：火柴棍儿、小鱼儿、门缝儿、一会儿、没事儿。确定名词词性。在兼作动词、名词或兼作形容词、名词的词，儿化后确定为名词词性。例如:盖儿、画儿、尖儿、准儿。区别词义。例如:头(脑袋),头儿(带头的、领导人);白面(面粉),白面儿(白色粉末或指毒品海洛因)。

少数带词尾“儿”的词不读作儿化,或者在文艺作品中起某种修辞作用,“儿”独立为一个音节,读成“次轻音”。例如:女儿、月儿、云儿、蚕儿。在对仗整齐的诗歌或词语的节律中需要占一个音节的时候,“儿”不读儿化。例如:花儿朵朵向阳开。

2. 儿化韵音变规则

儿化音变的基本性质是使一个音节的主要元音带上卷舌色彩。(-r 是儿化韵的形容性符号,不把它作为一个音素看待。)儿化韵的音变条件取决于是否利于卷舌动作。

1) 儿化音变是从后向前使韵腹(主要元音)、韵尾(尾音)发生变化,对声母、韵头(介音)-i-、-ü-没有影响。

2) 丢掉韵尾 -i、-n、-ng。

3) 在主要元音上(主要元音是 i、ü 时除外) 加卷舌动作。这些主要元音大多数变为带有卷舌色彩的央元音 ɑr[ɐr] 和 er[ər]。

4) 在主要元音 i、ü 后面加上 er[ər]。包括原形韵母 5 个:i、in、ing、ü、ün。另外,儿化时舌尖元音 -i[ɿ]和[ʅ]被丢掉而加上一个 er。

5) 后鼻尾音韵母儿化时,除丢掉韵尾 -ng 外,往往使主要元音鼻化。

3. 儿化韵的实际读音分类

普通话 39 个韵母,除本身已是卷舌韵母的 er 外,理论上都可以儿化。但口语中韵母 ê 只出现在叹词中，未见儿化词；韵母 o 只出现在 bo、po、mo、fo 中，实际是 uo 拼写上的省略，可以不另列为一类。实际只有 36 个韵母可以儿化。儿化韵的实际发音可以分为三大类：

1）主要元音读作 ar[ɐr]。如果丢掉韵尾，加上韵头成为 ar、iar、uar、üar 四种形式。（为了对比方便，把儿化前的韵母称作“原形韵母”。例词前为原形韵母，下同）

ar		iar		uar		üar	
a	刀把儿	ia	豆芽儿	ua	花儿		
ai	小孩儿			uai	一块儿		
an	笔杆儿	ian	一点儿	uan	玩儿	üan	圆圈儿
ang	帮忙儿	iang	唱腔儿	uang	蛋黄儿		

注意：ang、iang、uang 儿化后 -ng 丢掉，主要元音鼻化，舌位稍稍偏后。

2）主要元音读作 er [ər]，或者加上 er。如果丢掉韵尾，加上韵头成为 er、ier、uer、üer 四种韵母形式。

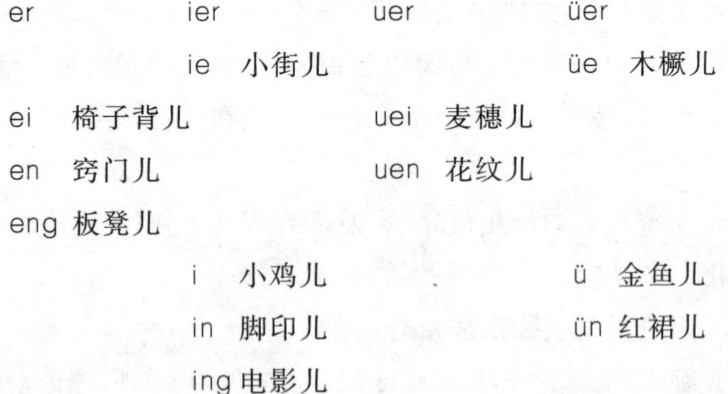

er		ier		uer		üer	
		ie	小街儿			üe	木橛儿
ei	椅子背儿			uei	麦穗儿		
en	窍门儿			uen	花纹儿		
eng	板凳儿						
		i	小鸡儿			ü	金鱼儿
		in	脚印儿			ün	红裙儿
		ing	电影儿				

-i(前)棋子儿

铁丝儿

-i(后)没事儿

树枝儿

注意：

(1) 主要元音是 i、ü 的韵母儿化后是在原韵母后加上 er，读儿化韵时 i、ü 仍然是主要元音，不能当作韵头（介音），要读得长些，可以描写为 i:er、ü:er。注意体会"小鸡儿" ji:er 与"小街儿" jier 的读音差别。

(2) ie、üe 儿化后主要元音受前元音的影响变为稍稍偏前的卷舌央元音。

(3) eng、ing 儿化后带有鼻化音。

3) 主要元音读作或带韵尾 ur。带韵尾 -u (-o)的韵母读作 -ur[-ʊr]或[-ɔr]。ao、iao、ou、iou 四个韵母儿化时，韵尾保留，而且从主要元音向韵尾 -u(-o)方向滑动的全过程中都带有卷舌动作。ao、iao 儿化时，一般只滑到[ɔ]。

ur	[ur]	u	白兔儿			
	[ʊ̃r]	ong	小虫儿	[iʊ̃r]	iong	小熊儿
-ur	[ɑɔr]	ao	草稿儿	[iɑɔr]	iao	小鸟儿
	[əʊr]	ou	小猴儿	[iəʊr]	iou	打球儿

除了这三大类外，没有概括进来的还有 2 个韵母。

uor　[uo̜r]　干活儿　山坡儿

er　[ɤr]　山歌儿

二、语气助词"啊"的音变

语气助词"啊"单独的读音是 ɑ [A],出现在句末或句中的停顿处,表示语气缓和,增加感情色彩。由于"啊"总是在其他音节之后读作轻声,因此,常跟前面音节末尾的音素连读产生音变。

1. 当前面音节末尾音素是 i、ü 时(包括单韵母 i、ü 或韵尾是 -i 的情况),ɑ [A]"啊"读 yɑ[jA],汉字写作"啊"和"呀"。

(由于"啊"处于轻读地位,在单元音 ü 后不能继续保持圆唇,而音变为 yɑ。)

例如:千万注意啊!Qiānwàn zhùyì yɑ!

这是谁啊?Zhè shì shuí yɑ?

真可爱啊!Zhēn kě'ài yɑ!

好大的雨啊!Hǎo dà de yǔ yɑ!

当前面的音节末尾是元音 ɑ、o、e、ê 时,ɑ[A]"啊"也读 yɑ [jA],汉字写作"啊"或"呀"。(这类音变有时也可能在 ɑ[A]"啊"前面加上舌根浊通音[ɰ],听起来还像 ɑ[A])

例如:是他啊!Shì tā yɑ!

快,吃西瓜啊!Kuài, chī xīguā yɑ!

真多啊!Zhēn duō yɑ!

这是什么车啊!Zhè shì shénme chē yɑ!

大家一起学啊!Dàjiā yīqǐ xué yɑ!

2. 音变为 wɑ[wA],汉字写作"啊"或"哇"。当前面一个音节末尾的音素是 u 时(包括单韵母 u 或韵尾 -u(-o) 两种情况),

a [A]"啊"读 wa[wA]，汉字写作"啊"或 "哇"。

例如：身上这么多土啊！Shēnshàng zhème duō tǔ wa!

在哪儿住啊？Zài nǎr zhù wa?

大家跳啊！Dàjiā tiào wa!

这是金丝猴啊！Zhè shì jīnsīhóu wa!

3. 当前面一个音节韵母是舌尖后元音 -i[ʅ]、卷舌元音 er[ər]，或者是儿化韵时，a[A]"啊"读 ra[ʐA]，汉字只能写作"啊"。

例如：这是一件大事啊！Zhè shì yī jiàn dàshì ra!

我的好女儿啊！Wǒde hǎo nǚ'ér ra!

快开门儿啊！Kuài kāiménr ra!

4. 当前面一个音节韵母是舌尖前元音 -i[ɿ]时，a[A]"啊"读 [zA]，汉字只能写作"啊"。([z]是个舌尖前浊擦音)

例如：孩子啊！Háizi [z]a!

去过几次啊？Qù guò jǐcì [z]a?

他五十四啊！Tā wǔshísì [z]a!

5. 当前面一个音节的韵尾是 -n 时，a[A]"啊"读 na [nA]，汉字写作"啊"或"哪"。

例如：大家加油干啊！Dàjiā jiāyóu gàn na!

怎么办啊？Zěnmebàn na?

这么沉啊！Zhème chén na!

6. 当前面一个音节韵尾是 -ng 时，a[A]"啊" 读 nga[ŋA]，汉字只能写为"啊"。(ng 是两个字母表示一个舌面后的鼻音，与 g、k、h 同部位。)

例如：弟兄们，冲啊！Dìxiōngmen，chōng nga!

大家唱啊！Dàjiā chàng nga!

她弹的电子琴多好听啊！Tā tán de diànzǐqín duō hǎotīng nga!

思考题：

1）儿化韵的音变为什么只对原形韵母的韵腹、韵尾产生影响？韵尾 -ng 是舌面后鼻音，似乎并不影响卷舌动作，为什么也在儿化韵的音变中丢掉了？

2）体会“鱼儿”与“裙儿”、“些儿”与“心儿”、“歌儿”与“根儿”之间读作儿化韵时的不同。

3）说明儿化的作用，并各举出 3 个儿化词。

4）给下列句子中“啊”的音变注音：

天啊！

快走啊！

没有事儿啊！

你倒是去啊！

好大的锅啊！

谁啊？他啊！

今天你值日啊！

语音训练（十二）

儿化韵和儿化词的发音练习

为了练习方便，下面列出每个原形韵母，用符号 > 表示由哪个原形韵母变为儿化韵。并用汉语拼音字母和国际音标逐一描写出儿化后这个韵母的实际发音。列出的儿化词，逐一按汉语拼音的拼写规则注音。

a > ar [ɐr]

那儿 nàr	哪儿 nǎr	把儿 bàr
碴儿 chár	刀把儿 dāobàr	话把儿 huàbàr
号码儿 hàomǎr	价码儿 jiàmǎr	在哪儿 zàinǎr
找茬儿 zhǎochár	打杂儿 dǎzár	板擦儿 bǎncār

ai > ar [ɐr]

带儿 dàir	盖儿 gàir	名牌儿 míngpáir
鞋带儿 xiédàir	窗台儿 chuāngtáir	壶盖儿 húgàir
小孩儿 xiǎoháir	女孩儿 nǚháir	男孩儿 nánháir
加塞儿 jiāsāir		

an > ar [ɐr]

坎儿 kǎnr	快板儿 kuàibǎnr	腰板儿 yāobǎnr
老伴儿 lǎobànr	蒜瓣儿 suànbànr	脸盘儿 liǎnpánr
脸蛋儿 liǎndànr	收摊儿 shōutānr	栅栏儿 zhàlanr
包干儿 bāogānr	白干儿(白酒)báigānr	笔杆儿 bǐgǎnr
光杆儿 guānggǎnr	门槛儿 ménkǎnr	

ang > ar [ɐr] 严式描写为[ɑ̃r]

帮忙儿 bāngmángr	药方儿 yàofāngr	赶趟儿 gǎntàngr
香肠儿 xiāngchángr	瓜瓤儿 guārángr	

ia > iar [iɐr]

掉价儿 diàojiàr	一下儿 yīxiàr	豆芽儿 dòuyár

纸匣儿 zhǐxiár

ian > iar [iɐr]

片儿 piànr　沿儿 yánr　燕儿 yànr

小辫儿 xiǎobiànr　照片儿 zhàopiānr　扇面儿 shànmiànr

差点儿 chàdiǎnr　一点儿 yīdiǎnr　雨点儿 yǔdiǎnr

有点儿 yǒudiǎnr　聊天儿 liáotiānr　拉链儿 lāliànr

冒尖儿 màojiānr　坎肩儿 kǎnjiānr　牛角尖儿 niújiǎojiānr

牙签儿 yáqiānr　露馅儿 lòuxiànr　心眼儿 xīnyǎnr

iang > iar [iɐr] 严式描写为[iɑ̃r]

鼻梁儿 bíliángr　娘儿(俩)niángr(liǎ)　透亮儿 tòuliàngr

花样儿 huāyàngr　看样儿 kànyàngr　像样儿 xiàngyàngr

好样儿(的)hǎoyàngr(de)

ua > uar [uɐr]

画儿 huàr　脑瓜儿 nǎoguār　大褂儿 dàguàr

麻花儿 máhuār　笑话儿 xiàohuar　牙刷儿 yáshuār

uai > uar [uɐr]

一块儿 yīkuàir

uan > uar [uɐr]

茶馆儿 cháguǎnr　饭馆儿 fànguǎnr　火罐儿 huǒguànr

猪倌儿 zhūguānr　落款儿 luòkuǎnr　打转儿 dǎzhuànr

拐弯儿 guǎiwānr　好玩儿 hǎowánr　撒欢儿 sāhuānr

大碗儿 dàwǎnr

uang > uar [uɐr] 严式描写为[uɑ̃r]

像框儿 xiàngkuàngr　蛋黄儿 dànhuángr　打晃儿 dǎhuàngr

天窗儿 tiānchuāngr

üan > üar [yɐr]

烟卷儿 yānjuǎnr　手绢儿 shǒujuànr　出圈儿 chūquānr

包圆儿 bāoyuánr　人缘儿 rényuánr　绕远儿 ràoyuǎnr

杂院儿 záyuànr

ei > er [ər]

刀背儿 dāobèir　椅子背儿 yǐzi bèir　摸黑儿 mōhēir

倍儿（棒）bèir（bàng）

en > er [ər]

老本儿 lǎoběnr　花盆儿 huāpénr　嗓门儿 sǎngménr

把门儿 bǎménr　调门儿 diàoménr　串门儿 chuànménr

哥们儿 gēmenr　纳闷儿 nàmènr　后跟儿 hòugēnr

高跟儿 gāogēnr　压根儿 yàgēnr　别针儿 biézhēnr

一阵儿 yīzhènr　走神儿 zǒushénr　大婶儿 dàshěnr

杏仁儿 xìngrénr　刀刃儿 dāorènr

小人儿（书）xiǎorénr（shū）

eng > er [ər] 严式描写为[ə̃r]

钢镚儿 gāngbèngr　夹缝儿 jiāfèngr　板凳儿 bǎndèngr

脖颈儿 bógěngr　八成儿 bāchéngr　提成儿 tíchéngr

麻绳儿 máshéngr

ie > ier [iər]

锅贴儿 guōtiēr　半截儿 bànjiér　小街儿 xiǎojiēr

一些儿 yīxiēr　小鞋儿 xiǎoxiér

üe > üer [yər]

旦角儿 dànjuér　　主角儿 zhǔjuér　　木橛儿 mùjuér

uei > uer [uər]

会儿 huìr　　跑腿儿 pǎotuǐr　　一会儿 yīhuìr

这会儿 zhèhuìr　　多会儿 duōhuìr　　耳垂儿 ěrchuír

墨水儿 mòshuǐr　　围嘴儿 wéizuǐr　　烟嘴儿 yānzuǐr

走味儿 zǒuwèir　　洋味儿 yángwèir

uen > uer [uər]

准儿 zhǔnr　　打盹儿 dǎdǔnr　　胖墩儿 pàngdūnr

屁股墩儿 pìgu dūnr　　砂轮儿 shālúnr

三轮儿 sānlúnr　　冰棍儿 bīnggùnr　　光棍儿 guānggùnr

没准儿 méizhǔnr　　开春儿 kāichūnr

i > i:er [i:ər]

针鼻儿 zhēnbír　　垫底儿 diàndǐr　　肚脐儿 dùqír

玩意儿 wányìr　　没好气儿 méi hǎo qìr

in > i:er [i:ər]

有劲儿 yǒujìnr　　卖劲儿 màijìnr　　一个劲儿 yīge jìnr

一股劲儿 yīgǔ jìnr　　胡琴儿 húqinr　　送信儿 sòngxìnr

脚印儿 jiǎoyìnr

ing > i:er [i:ər] 严式描写为[i:ə̃r]

零儿 língr　　花瓶儿 huāpíngr　　打鸣儿 dǎmíngr

图钉儿 túdīngr　　门铃儿 ménlíngr　　眼镜儿 yǎnjìngr

蛋清儿 dànqīngr　　火星儿 huǒxīngr　　人影儿 rényǐngr

ü ＞ ü:er [yːər]

毛驴儿 máolǘr　　蛐蛐儿 qūqur　　小曲儿 xiǎoqǔr

金鱼儿 jīnyúr　　痰盂儿 tányúr

ün ＞ ü:er [yːər]

合群儿 héqúnr　　花裙儿 huāqúnr

-i(前) ＞ er [ər]

瓜子儿 guāzǐr　　铜子儿 tóngzǐr　　石头子儿 shítouzǐr

没词儿 méicír　　毛刺儿 máocìr　　挑刺儿 tiāocìr

-i(后) ＞ er [ər]

侄儿 zhír　　墨汁儿 mòzhīr　　锯齿儿 jùchǐr

记事儿 jìshìr　　没事儿 méishìr　　年三十儿 niánsānshír

e ＞ er [ɤr]

这儿 zhèr　　个儿 gèr　　嗝儿 gér

模特儿 mótèr　　逗乐儿 dòulèr　　唱歌儿 chànggēr

挨个儿 āigèr　　打嗝儿 dǎgér　　饭盒儿 fànhér

在这儿 zàizhèr　　下巴颏儿 xiàbakēr

u ＞ ur [ur]

主儿 zhǔr　　碎步儿 suìbùr　　没谱儿 méipǔr

媳妇儿 xífur　　纹路儿 wénlùr　　手鼓儿 shǒugǔr

泪珠儿 lèizhūr　　有数儿 yǒushùr　　梨核儿 líhúr

煤核儿 méihúr　　身子骨儿 shēnzi gǔr　　指头肚儿 zhǐtou dùr

ong ＞ or [ur] 严式描写为[ũr]

空儿 kòngr　　果冻儿 guǒdòngr　　门洞儿 méndòngr

胡同儿 hútòngr　　抽空儿 chōukòngr　　酒盅儿 jiǔzhōngr

小葱儿 xiǎocōngr　萤火虫儿 yínghuǒchóngr

iong > ior [iʊr] 严式描写为[iʊ̃r]

小熊儿 xiǎoxióngr

ao > aor [ɑɔr]

着儿（招儿） zhāor　红包儿 hóngbāor　灯泡儿 dēngpàor

半道儿 bàndàor　小道儿 xiǎodàor　走道儿 zǒudàor

手套儿 shǒutàor　跳高儿 tiàogāor　好好儿 hǎohǎor

符号儿 fúhàor　口罩儿 kǒuzhàor　绝招儿 juézhāor

口哨儿 kǒushàor　早早儿 zǎozǎor　蜜枣儿 mìzǎor

一股脑儿 yīgǔ nǎor

iao > iaor [iɑɔr]

鱼漂儿 yúpiāor　火苗儿 huǒmiáor　跑调儿 pǎodiàor

面条儿 miàntiáor　小鸟儿 xiǎoniǎor　豆角儿 dòujiǎor

开窍儿 kāiqiàor

ou > our [əʊr]

兜儿 dōur　猴儿 hóur　衣兜儿 yīdōur

年头儿 niántóur　老头儿 lǎotóur　两头儿 liǎngtóur

小偷儿 xiǎotōur　炕头儿 kàngtóur　个头儿 gètóur

头头儿 tóutour　两口儿 liǎngkǒur　门口儿 ménkǒur

纽扣儿 niǔkòur　线轴儿 xiànzhóur　小丑儿 xiǎochǒur

高手儿 gāoshǒur　加油儿 jiāyóur

iou > iour [iəʊr]

顶牛儿 dǐngniúr　蜗牛儿 wōniúr　一溜儿 yīliùr

抓阄儿 zhuājiūr　打球儿 dǎqiúr　棉球儿 miánqiúr

uo(o) > uor [uo̞r]

朵儿 duǒr	坐儿 zuòr	蝈蝈儿 guōguor
火锅儿 huǒguōr	做活儿 zuòhuór	大伙儿 dàhuǒr
饭桌儿 fànzhuōr	邮戳儿 yóuchuōr	小说儿 xiǎoshuōr
被窝儿 bèiwōr	酒窝儿 jiǔwōr	心窝儿 xīnwōr
大家伙儿 dàjiāhuǒr	末儿 mòr	土坡儿 tǔpōr
粉末儿 fěnmòr	耳膜儿 ěrmór	

第十五讲　语音规范化

语音规范化是现代汉语规范化的组成部分。此处现代汉语指现代汉民族共同语。规范化的现代汉民族共同语就是我们所说的"普通话"。这里所谓规范化就是使汉民族共同语更加明确、更加一致、更加统一的标准。不言而喻，语音规范化是指确立并推行普通话的语音标准。在推广普通话工作中，标准音的推广占首要的地位。

一、普通话语音与北京语音

普通话以北京语音为标准音，也就是以北京语音系统为标准音。由于北京在历史上长期是全国政治、经济、文化的中心，北京话成为北方方言的代表，北京话的语音系统成为普通话的语音标准，这是历史发展的必然结果，不是人们主观意愿所能任意取舍的。

北京话毕竟是一种汉语方言。普通话采取北京语音系统（音系）作为标准音，并不是不加分析、不加选择囫囵采用，语音规范化就是要排除北京话的特殊土语成分。虽然，我们很难在普通话语音和北京语音之间划一条绝对的界限，但我们还是能够区别普通话和北京话的特殊土语成分。

北京话的特殊土语成分可以表现在语音的许多方面。（参见《普通话与北京土音的界限》徐世荣）

在声母上，例如：一部分年轻女性把普通话舌面前音 j、q、x 读作舌尖前音 z、c、s。也有人把 z、c、s 读作齿间音[tθ][tθʻ][θ]。

在声调（变调）上，例如：

通红 tōng > tòng　　　自个儿 gèr > gěr

跟前儿 qiánr > qiǎnr　　　没法儿 fǎr > fār

真个的 gè > gé

在音节上，例如：

biā　贴，如“～在墙上”。

dèn　拉，扯，如“把绳子～直”。也写作“扽”。

tēi　是“忒”tuī 的变读。

sēi　是“塞”sāi 的变读。

（以上几个例子是普通话音节没有收入的）

piǎn　自吹，炫耀，也写作“谝”。

bíng　是“甭”béng 的又读。

liān　是“连”lián 的变读。

（以上几个例子没有超出普通话音节，但一般没有这个声调的音节）

二、轻声词和儿化词的读音规范

我们分别在第十三讲、第十四讲学习了普通话轻声和儿化的读音，并在“语音训练”中编入“常用轻声词的发音训练”和“儿化韵和儿化词的发音训练”的内容。尽管如此，在实际教学中，还会发现一些词语在不同的工具书、教科书中标注轻声、儿化读音的处理上是不同的，人们无所适从。这是目前语音规范化需要尽快解决的问题，有关方面正在着手研制普通话轻声词、儿化词的读音规范。在尚未正式公布实施这些规范和标准之前，普通话语音教学可以参考《现代汉语词典》的注音。

三、普通话异读词的审音问题

异读词是指同一个词或语素有两种或几种读音。异读词是受方言的影响，主要是受北京话的影响产生的。北京语音内部的这种分歧有的是在语音发展过程中个别词或词素读音发生了变化，产生新旧两读。例如：“危险”的“危”、“期望的“期”旧读阳平，今读阴平。北京语音有的词存在文白两读（“文”指书面语，“白”指口语）。例如：“单薄”口语读 dānbáo，书面语读 dānbó（正确读音为 dānbó）。有的是由于口语变读产生的分歧。例如：“波浪”读作 bōlàng 或 pōlàng（正确读音为 bōlàng）。有的则是按汉字的“声旁”误读产生两读，久而久之，形成异读。例如：“酵母”读作 jiàomǔ 或 xiàomǔ（正确读音为 jiàomǔ）。少数是由于普通话吸收方言词，同时吸收了方言读音产生的。例如：吸收吴方言“揩油”这个词，读作 kāiyóu 或 kāyóu（正确读音为 kāiyóu）。

1956 年，普通话审音委员会成立，以审定异读词为主。普通话审音委员会于 1957 年至 1962 年分三次发表了《普通话异读词审音表初稿》，并于 1963 年辑录成《普通话异读词审音总表初稿》

(以下简称《初稿》)。随着语言的发展,作为语音规范化的标准,《初稿》中原审的一些词语的读音需要重新审定,也亟需定稿。在1982年6月重建了普通话审音委员会,对《初稿》进行了修订。1985年12月27日,国家语言文字工作委员会、国家教育委员会(现为教育部)、广播电视部(现为广播电影电视总局)正式公布了《普通话异读词审音表》。在三个部委联合发出的通知中决定:"自公布之日起,文教、出版、广播等部门及全国其他部门、行业所涉及的普通话异读词的读音、标音,均以本表为准。"

下面列出正式公布的《普通话异读词审音表》对《初稿》修订、增补的词条(按正式公布的读音为序,增补的词条前面加※),并加以简要说明,以便大家学习。

词条	注音	说明
※曝光	bào	用作"日晒"义时,如"一曝十寒"读作 pù。
※猹	chá	统读 chá。
橙子	chéng	取消 chén 音,统读 chéng。
闯荡	chuǎng	取消 chuàng 音,统读 chuǎng。
从容	cóng	取消 cōng 音,统读 cóng。
呆板	dāi	取消 ái 音,统读 dāi。
幅儿	fúr	取消 fǔ 音,统读 fú。
诸葛(姓)	gě	作姓氏都读 gě。
骨头	gǔ	取消 gú 音,除"骨碌""骨朵"读 gū 外,统读 gǔ。
汲	jí	字典、词典注音不一致,不取 jī,统读 jí。
脊梁	jǐ	取消 jí 音,统读 jǐ。

成绩　jì　取消 jī 音,统读 jì。

踪迹　jì　取消 jī 音,统读 jì。

※嗟叹　jiē　取消又音 juē,统读 jiē。

苤蓝　lan　lan 轻声作 lan,不作 la。

擂鼓　léi　除在"擂台""打擂"中读 lèi 音外,都读 léi。

潦草　liáo　在"潦草""潦倒"中读 liáo。

※拎　līn　字典、词典注音不一致,不取 līng,统读 līn。

※牤　māng　不取俗读 máng,统读 māng。

麦芒　máng　取消 wáng 音,统读 máng。

盟誓　méng　取消 míng 音,统读 méng。

眯眼　mí　用作"尘土入眼"义时读 mí,也写作"迷";用作"微微合眼"义时读作 mī。

便秘　mì　除"秘鲁"读 bì 外,都读 mì。

嬷嬷　mómo　不取 mā 音,统读 mó。

澎湃　péng　取消 pēng 音,统读 péng。

※落魄　pò　字典、词典注音为"bó",写作"泊";注音为"tuò",写作"拓"。

※蹼　pǔ　不取 pú,统读 pǔ。

槭树　qì　取消 qī 音,统读 qì。

荨麻　qián　文读 qián,口语读 xún。如在"荨麻疹"中读 xún。

缠绕　rào　取消 rǎo 音,统读 rào。

※任(姓、地名)　rén　不取误读 rèn。

啥	shá	取消 shà 音，统读 shá。
红杉	shān	文读 shān，口语读 shā。
苫布	shàn	“草帘、草垫子”名物义仍读 shān，其余都读 shàn。
胜任	shèng	统读 shèng。(《初稿》注：“旧读 shēng。)
※螫	shì、zhē	文读 shì，口语读 zhē。
※往	wǎng	取消 wàng 音，统读 wǎng。
唯唯诺诺	wéi	取消 wěi 音，统读 wéi。
萎缩	wěi	取消 wēi 音，统读 wěi。(《初稿》注：“萎”单用念阴平，如“气萎，买卖萎”)
※霰	xiàn	统读 xiàn。《现代汉语词典》二音二义，不取。
咆哮	xiào	取消 xiāo 音，统读 xiào。
血	xiě、xuè	文读 xuè，口语读 xiě。
乳臭	xiù	此处“臭”指气味，不是“香臭”的“臭”。
铜臭	xiù	参见“乳臭”条。
寻思	xún	取消 xín 音，统读 xún。
驯服	xùn	取消 xún 音，统读 xùn。
※沿	yán	取消 yàn 音，统读 yán。
※荫	yìn	统读 yìn。“树荫”“林荫”应写作“树阴”“林阴”。
锁钥	yuè	文读 yuè，口语读 yào。
穿凿	záo	取消 zuò、zuó 音，统读 záo。
侦察	zhēn	(原审作 zhēn，《初稿》误印为 zhèng)

※装帧 zhēn 取消 zhèng 音,统读 zhēn。

指甲 zhǐ 取消 zhī、zhí 音,统读 zhǐ。

掷色子 zhì 取消 zhī 音,统读 zhì。

※筑 zhù 统读 zhù。

卓见 zhuó 取消 zhuō 音,统读 zhuó。

自作自受 zuò 除“作坊”读 zuō 外,其余都读 zuò。

1996 年版《现代汉语词典》,依照审音表改注了读音,其中一部分附加了某些说明,或作了某种变通处理。(已明确注明〈方〉〈书〉的不在此列)例如:

呆板	dāibǎn	(旧读 áibǎn)
橙子	chéngzi	(旧读 chénzi)
从容	cóngróng	(旧读 cōngróng)
盟	méng	(旧读 míng)
嬷	mó	(旧读 mā)
曝	bào	(旧读 pù)
荨麻疹	xúnmázhěn	(旧读 qiánmázhěn)
帧	zhēn	(旧读 zhèng)
萎	wěi	义项(2)注(口语中多读 wēi)
凿	záo	凿[2]凿[3]后注(也有读 zuò 的)
确凿	quèzáo	(也有读 quèzuò 的)
凿空	záokōng	(也有读 zuòkōng 的)
凿枘	záoruì	(也有读 zuòruì 的)
凿凿	záozáo	(也有读 zuòzuò 的)
指甲	zhǐjia	(口语中多读 zhī · jia)

指头　　zhǐtou　　（口语中多读 zhí・tou）

作弄　　zuònòng　　（口语中多读 zuōnòng）

作死　　zuòsǐ　　（口语中多读 zuōsǐ）

作揖　　zuòyī　　（口语中多读 zuōyī）

作践　　zuòjian　　（口语中多读 zuójian）

作料　　zuòliao　　（口语中多读 zuóliao）

语音规范的内容还包括：由于没有掌握多音多义字的读音、形声字声旁的错误类推以及形近字的错读等产生的一批容易错认误读的字音。不过，这批容易误读的字音，在一般教科书和教学参考书中已经作了详尽的说明，本书不再赘述。

思考题：

1）学习普通话语音应该注意哪些语音规范问题？

2）认真学习《普通话异读词审音表》，记忆自己尚未掌握的读音。

附录

一、汉语拼音方案

一 字母表

字母：	Aa	Bb	Cc	Dd	Ee	Ef	Gg
名称：	ㄚ	ㄅㄝ	ㄘㄝ	ㄉㄝ	ㄜ	ㄝㄈ	ㄍㄝ
	Hh	Ii	Jj	Kk	Ll	Mm	Nn
	ㄏㄚ	ㄧ	ㄐㄧㄝ	ㄎㄝ	ㄝㄌ	ㄝㄇ	ㄋㄝ
	Oo	Pp	Qq	Rr	Ss	Tt	Uu
	ㄛ	ㄆㄝ	ㄑㄧㄡ	ㄚㄦ	ㄝㄙ	ㄊㄝ	ㄨ
	Vv	Ww	Xx	Yy	Zz		
	ㄪㄝ	ㄨㄚ	ㄒㄧ	ㄧㄚ	ㄗㄝ		

V只用来拼写外来语、少数民族语言和方言。

字母的手写体依照拉丁字母的一般书写习惯。

二 声母表

b	p	m	f	d	t	n	l
ㄅ玻	ㄆ坡	ㄇ摸	ㄈ佛	ㄉ得	ㄊ特	ㄋ讷	ㄌ勒
g	k	h		j	q	x	
ㄍ哥	ㄎ科	ㄏ喝		ㄐ基	ㄑ欺	ㄒ希	
zh	ch	sh	r	z	c	s	
ㄓ知	ㄔ蚩	ㄕ诗	ㄖ日	ㄗ资	ㄘ雌	ㄙ思	

在给汉字注音的时候，为了使拼式简短，zh ch sh 可以省

作 ẑ ĉ ŝ。

三　韵母表

	i ㄧ　衣	u ㄨ　乌	ü ㄩ　迂
a ㄚ　啊	ia ㄧㄚ　呀	ua ㄨㄚ　蛙	
o ㄛ　喔		uo ㄨㄛ　窝	
e ㄜ　鹅	ie ㄧㄝ　耶		üe ㄩㄝ　约
ai ㄞ　哀		uai ㄨㄞ　歪	
ei ㄟ　欸		uei ㄨㄟ　威	
ao ㄠ　熬	iao ㄧㄠ　腰		
ou ㄡ　欧	iou ㄧㄡ　忧		
an ㄢ　安	ian ㄧㄢ　烟	uan ㄨㄢ　弯	üan ㄩㄢ　冤
en ㄣ　恩	in ㄧㄣ　因	uen ㄨㄣ　温	ün ㄩㄣ　晕
ang ㄤ　昂	iang ㄧㄤ　央	uang ㄨㄤ　汪	
eng ㄥ亨的韵母	ing ㄧㄥ　英	ueng ㄨㄥ　翁	
ong (ㄨㄥ)轰的韵母	iong ㄩㄥ　雍		

(1) “知、蚩、诗、日、资、雌、思”等七个音节的韵母用 i，即：知、蚩、诗、日、资、雌、思等字拼作 zhi，chi，shi ri，zi，ci，si。

(2) 韵母儿写成 er，用作韵尾的时候写成 r。例如：“儿童”拼作 ertong，“花儿”拼作 huar。

(3) 韵母ㄝ单用的时候写成 ê。

(4) i 行的韵母，前面没有声母的时候，写成 yi（衣），ya（呀），ye（耶），yao（腰），you（忧），yan（烟），yin（因），yang（央），ying（英），yong（雍）。

u 行的韵母，前面没有声母的时候，写成 wu（乌），wa（蛙），wo（窝），wai（歪），wei（威），wan（弯），wen（温），wang（汪），weng（翁）。

ü 行的韵母，前面没有声母的时候，写成 yu（迂），yue（约），yuan（冤），yun（晕）；ü 上两点省略。

ü 行的韵母跟声母 j，q，x 拼的时候，写成 ju（居），qu（区），xu（虚），ü 上两点也省略；但是跟声母 n，l 拼的时候，仍然写成 nü（女），lü（吕）。

(5) iou，uei，uen 前面加声母的时候，写成 iu，ui，un。例如 niu（牛），gui（归），lun（论）。

(6) 在给汉字注音的时候，为了使拼式简短，ng 可以省作 ŋ。

四 声调符号

阴平	阳平	上声	去声
ˉ	ˊ	ˇ	ˋ

声调符号标在音节的主要母音上。轻声不标。例如：

妈 mā　麻 má　马 mǎ　骂 mà　吗 ma
（阴平）（阳平）（上声）（去声）（轻声）

五　隔音符号

a,o,e 开头的音节连接在其他音节后面的时候，如果音节的界限发生混淆，用隔音符号（’）隔开，例如：pi’ao（皮袄）。

二、汉语拼音字母名称读音

（1982 年 8 月 17 日国家标准局、中国文字改革委员会
联合发出的国标〔1982〕339 号文件）

汉语拼音字母	字母名称读音		
	汉语拼音	注音字母	国际音标
A	a	ㄚ	[a]
B	bê	ㄅㄝ	[b̥ɛ]
C	cê	ㄘㄝ	[ts'ɛ]
D	dê	ㄉㄝ	[d̥ɛ]
E	e	ㄜ	[ə]
F	êf	ㄝㄈ	[ɛf]
G	gê	ㄍㄝ	[g̊ɛ]
H	ha	ㄏㄚ	[xa]
I	yi	ㄧ	[i]
J	jie	ㄐㄧㄝ	[tɕiɛ]
K	kê	ㄎㄝ	[k'ɛ]
L	êl	ㄝㄌ	[ɛl]
M	êm	ㄝㄇ	[ɛm]
N	nê	ㄋㄝ	[nɛ]
O	o	ㄛ	[o]
P	pê	ㄆㄝ	[p'ɛ]
Q	qiu	ㄑㄧㄡ	[tɕ'iu]
R	ar	ㄚㄦ	[ar]
S	ês	ㄝㄙ	[ɛs]
T	tê	ㄊㄝ	[t'ɛ]
U	wu	ㄨ	[u]
V	vê	ㄪㄝ	[vɛ]
W	wa	ㄨㄚ	[wa]
X	xi	ㄒㄧ	[ɕi]
Y	ya	ㄧㄚ	[ja]
Z	zê	ㄗㄝ	[tsɛ]

注：[b̥ɛ][d̥ɛ][g̊ɛ]中的“˳”是清音化符号。

[ts'ɛ][k'ɛ][p'ɛ][tɕ'iu][t'ɛ]中的“'”是送气符号，表示“'”前的音是送气音。

三、国际音标 （修订至 1993 年，1996 年订正）

肺气流辅音

	双唇音	唇齿音	齿间音	齿龈音	齿龈后音	卷舌音	硬腭音	软腭音	小舌音	咽喉音	声门音
塞音	p b			t d		ʈ ɖ	c ɟ	k g	q ɢ		ʔ
鼻音	m	ɱ		n		ɳ	ɲ	ŋ	ɴ		
颤音	ʙ			r					ʀ		
闪音				ɾ		ɽ					
擦音	ɸ β	f v	θ ð	s z	ʃ ʒ	ʂ ʐ	ç ʝ	x ɣ	χ ʁ	ħ ʕ	h ɦ
边擦音				ɬ ɮ							
通音		ʋ		ɹ		ɻ	j	ɰ			
边通音				l		ɭ	ʎ	ʟ			

非肺气流辅音

搭嘴吸气音	内爆缩气音	挤喉音
ʘ 双唇	ɓ 双唇	’ 例如：
ǀ 舌尖	ɗ 舌尖	p’ 双唇
ǃ 龈后	ʄ 硬腭	t’ 舌尖
ǂ 硬腭	ɠ 软腭	k’ 软腭
ǁ 龈边	ʛ 小舌	s’ 齿龈挤擦

其他音标

ʍ 清圆唇软腭通音	ɕ ʑ 齿龈硬腭清浊擦音
w 浊圆唇软腭通音	ɺ 齿龈边闪音
ɥ 浊圆唇硬腭通音	ɧ ʃ 和 x 两音同发
ʜ 清会厌擦音	
ʢ 浊会厌擦音	双部位或塞擦音
ʡ 会厌塞音	需用时可用连线 k͡p t͜s

元音

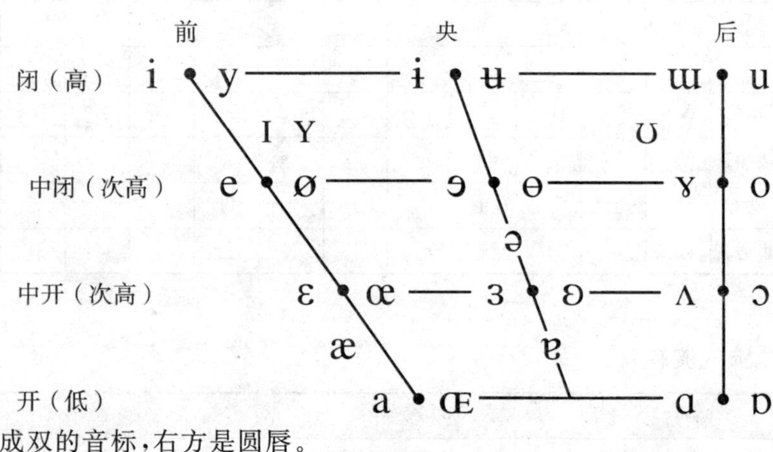

成双的音标，右方是圆唇。

超音质音标

ˈ 重音（左上）	| 小音步
ˌ 次重音（左下） ˌfoʊnəˈtɪʃən	‖ 大音步
ː 长（居中） eː	. 分音节处（在下） ɹi. ækt
ˑ 半长（居中上）eˑ	
˘ 特短（在上） ĕ	‿ 连结

声调

平调	非平调
e̋ 或 ˥ 特高	ě 或 ˩˥ 升
é 或 ˦ 高	ê 或 ˥˩ 降
ē 或 ˧ 中	e᷄ 或 ˦˥ 高升
è 或 ˨ 低	e᷅ 或 ˩˨ 低升
ȅ 或 ˩ 特低	ẽ 或 ˧˦˧ 升降
↓ 降阶	↗ 全升语调
↑ 升阶	↘ 全降语调

附加符号

˳	清化音	n̥ d̥	¨	浊送气音	b̤ a̤	̪	齿音	t̪ d̪
ˬ	浊化音	s̬ t̬	~	紧喉浊音	b̰ a̰	̺	舌尖音	t̺ d̺
h	送气音	tʰ dʰ	̼	舌唇化音	t̼ d̼	̻	舌叶音	t̻ d̻
͗	唇更圆	ɔ̹	w	唇化音	tʷ dʷ	~	鼻化音	ẽ
͑	唇不太圆	ɔ̜	j	硬腭化音	tʲ dʲ	n	鼻除阻音	dⁿ
+	舌位略前移	u̟	ɣ	软腭化音	tˠ dˠ	l	边除阻音	dˡ
—	舌位略后缩	i̠	ʕ	咽音化音	tˤ dˤ	˥	不除阻音	d̚
¨	舌位央化音	ë	~	软腭化或喉壁化音		ɫ		
×	舌位中央化音	e̽	˔	舌位升高		e̝		
ˌ	成音节音	ɹ̩	˕	舌位降低		e̞		
⁀	不成音节音	e̯	˖	舌根略前伸		e̘		
˞	卷舌化音、儿化音	ɚ	˗	舌根略后缩		e̙		

附加符号也可以放在一个符号的上面，如：ŋ̊

四、汉语拼音正词法基本规则

说　明

一、汉语拼音正词法就是用《汉语拼音方案》拼写现代汉语的规则。它的内容包括分词连写法、成语拼写法、外来词语拼写法、人名地名拼写法、标调法、移行规则等。为了适应特殊的需要，同时提出一些可供技术处理的变通方式。

二、这个基本规则，是在1982年开始草拟，并于1984年10月经原中国文字改革委员会批准发表的《汉语拼音正词法基本规则(试用稿)》的基础上，经过多次修订而成的。在制订和修订过程中，参考了过去各方面个人和集体草拟的正词法规则，汉语拼音方案公布以来出版的各种拼音读物，各种以汉语拼音方案为基础并以词为拼写单位的词书，各种信息处理用的汉语拼音分词连写的实践经验。同时，还广泛听取了各方面人士的意见，邀请教育界、出版界、信息界和语文界的专家、学者进行了讨论，并与有关单位协作，进行了10万多词的拼写实验。

三、这个基本规则的制订原则是：

1. 以词为拼写单位，并适当考虑语音、语义等因素，同时考虑词形长短适度；

2. 基本采取按语法词类分节叙述；

3. 规则条目尽可能详简适中，便于掌握应用。

同音词的处理，由于涉及更多的问题，尚需作进一步的深入研究，这个基本规则暂时没有列入。

四、目前这个基本规则只能把一些最基本的拼写法统一起来。对于各种拼写细则，还要另外拟订一些专用规则（如人名、地名、社会单位、书刊名称、大写字母等），并编写出版分类的和音序排列的拼音词汇，以便应用。

五、汉语拼音正词法需要经过长期实践，不断改进，才能做到约定俗成。这个基本规则，将根据使用情况、新的实践经验和研究成果，在今后适当的时候再作必要的修订。

六、汉语拼音正词法委员会由陈定民、杜松寿、杜祥明、郭锡良、姜树森、李大魁、刘涌泉、毛成栋、倪海曙、孙德宣、王均、王宗柏、叶籁士、曾世英、张寿康、张志公、赵慕昂、周有光、朱德熙组成。叶籁士为主任委员，周有光、王均为副主任委员。参加起草和修订工作的还有尹斌庸、李乐毅、金惠淑、曹澄方、凌远征、徐文熠等。

0. 总原则

0.1 拼写普通话基本上以词为书写单位。

rén（人）　pǎo（跑）　hǎo（好）

hé（和）　hěn（很）

fúróng（芙蓉）　qiǎokèlì（巧克力）

péngyou（朋友）　yuèdú（阅读）

dìzhèn（地震）　niánqīng（年轻）

zhòngshì（重视）　wǎnhuì（晚会）

qiānmíng（签名）　shìwēi（示威）

niǔzhuǎn（扭转）　chuánzhī（船只）

dànshì（但是）　　fēicháng（非常）

diànshìjī（电视机）　　túshūguǎn（图书馆）

0.2 表示一个整体概念的双音节和三音节结构，连写。

gāngtiě（钢铁）　　wèndá（问答）

hǎifēng（海风）　　hóngqí（红旗）

dàhuì（大会）　　quánguó（全国）

zhòngtián（种田）　　kāihuì（开会）

dǎpò（打破）　　zǒulāi（走来）

húshuō（胡说）　　dǎnxiǎo（胆小）

qiūhǎitáng（秋海棠）　　àiniǎozhōu（爱鸟周）

duìbuqǐ（对不起）　　chīdexiāo（吃得消）

0.3 四音节以上表示一个整体概念的名称，按词（或语节）分开写，不能按词（或语节）划分的，全部连写。

wúfèng gāngguǎn（无缝钢管）

huánjìng bǎohù guīhuà（环境保护规划）

jīngtǐguǎn gōnglǜ fàngdàqì（晶体管功率放大器）

Zhōnghuá Rénmín Gònghéguó（中华人民共和国）

Zhōngguó Shèhuì Kēxuéyuàn（中国社会科学院）

yánjiūshēngyuàn（研究生院）

hóngshízìhuì（红十字会）

yúxīngcǎosù（鱼腥草素）

gǔshēngwùxuéjiā（古生物学家）

0.4 单音节词重叠，连写；双音节词重叠，分写。

rénrén（人人）　　niánnián（年年）

kànkan（看看） shuōshuo（说说）

dàdà（大大） hónghóng de（红红的）

gègè（个个） tiáotiáo（条条）

yánjiū yánjiū（研究研究） chángshì chángshì（尝试尝试）

xuěbái xuěbái（雪白雪白） tōnghóng tōnghóng（通红通红）

重叠并列即 AABB 式结构，当中加短横。

láilái－wǎngwǎng（来来往往） shuōshuō－xiàoxiào（说说笑笑）

qīngqīng－chǔchǔ（清清楚楚） wānwān－qūqū（弯弯曲曲）

jiājiā－hùhù（家家户户） qiānqiān－wànwàn（千千万万）

0.5 为了便于阅读和理解，在某些场合可以用短横。

huán－bǎo（环保—环境保护）

gōng－guān（公关—公共关系）

bā－jiǔ tiān（八九天）

shíqī－bā suì（十七八岁）

rén－jī duìhuà（人机对话）

zhōng－xiǎoxué（中小学）

lù－hǎi－kōngjūn（陆海空军）

biànzhèng－wéiwùzhǔyì（辩证唯物主义）

1. 名词

1.1 名词与单音节前加成分（副、总、非、反、超、老、阿、可、无等）和单音节后加成分（子、儿、头、性、者、员、家、手、化、们等），连写。

fùbùzhǎng（副部长） zǒnggōngchéngshī（总工程师）

fēijīnshǔ（非金属） fǎndàndào dǎodàn（反弹道导弹）

chāoshēngbō（超声波） fēiyèwù rényuán（非业务人员）

zhuōzi（桌子） mùtou（木头）

chéngwùyuán（乘务员） yìshùjiā（艺术家）

kēxuéxìng（科学性） xiàndàihuà（现代化）

háizimen（孩子们） tuōlājīshǒu（拖拉机手）

1.2 名词和后面的方位词，分写。

shān shàng（山上） shù xià（树下）

mén wài（门外） mén wàimian（门外面）

hé li（河里） hé lǐmian（河里面）

huǒchē shàngmian（火车上面） xuéxiào pángbiān（学校旁边）

Yǒngdìng Hé shàng（永定河上） Huáng Hé yǐnán（黄河以南）

但是，已经成词的，连写。例如："海外"不等于"海的外面"。

tiānshang（天上） dìxia（地下）

kōngzhōng（空中） hǎiwài（海外）

1.3 汉语人名按姓和名分写，姓和名的开头字母大写。笔名、别名等，按姓名写法处理。

Lǐ Huá（李华） Wáng Jiànguó（王建国）

Dōngfāng Shuò（东方朔） Zhūgě Kǒngmíng（诸葛孔明）

Lǔ Xùn（鲁迅） Méi Lánfāng（梅兰芳）

Zhāng Sān（张三） Wáng Mázi（王麻子）

姓名和职务、称呼等分开写；职务、称呼等开头小写。

Wáng bùzhǎng（王部长） Tián zhǔrèn（田主任）

Lǐ xiānsheng（李先生） Zhào tóngzhì（赵同志）

"老""小""大""阿"等称呼开头大写。

Xiǎo Liú（小刘） Lǎo Qián（老钱）

Dà Lǐ（大李） Ā Sān（阿三）

Wú Lǎo（吴老）

已经专名化的称呼，连写，开头大写。

Kǒngzǐ（孔子） Bāogōng（包公）

Xīshī（西施） Mèngchángjūn（孟尝君）

1.4 汉语地名按照中国地名委员会文件（84）中地字第17号《中国地名汉语拼音字母拼写规则（汉语地名部分）》的规定拼写。

汉语地名中的专名和通名分写，每一分写部分的第一个字母大写。

Běijīng Shì（北京市） Héběi Shěng（河北省）

Yālù Jiāng（鸭绿江） Tài Shān（泰山）

Dòngtíng Hú（洞庭湖） Táiwān Hǎixiá（台湾海峡）

专名和通名的附加成分，单音节的与其相关部分连写。

Xīliáo Hé（西辽河） Jǐngshān Hòujiē（景山后街）

Cháoyángménnèi Nánxiǎojiē（朝阳门内南小街）

自然村镇名称和其他不需区分专名和通名的地名，各音节连写。

Wángcūn（王村）　　Jiǔxiānqiáo（酒仙桥）

Zhōukǒudiàn（周口店）　　Sāntányìnyuè（三潭印月）

1.5 非汉语人名、地名本着“名从主人”的原则，按照罗马字母（拉丁字母）原文书写；非罗马字母文字的人名、地名，按照该文字的罗马字母转写法拼写。为了便于阅读，可以在原文后面注上汉字或汉字的拼音，在一定的场合也可以先用或仅用汉字的拼音。

Ulanhu（乌兰夫）　　Seypidin（赛福鼎）

Ngapoi Ngawang Jigme（阿沛·阿旺晋美）

Marx（马克思）　　Darwin（达尔文）

Newton（牛顿）　　Einstein（爱因斯坦）

Akutagawa Ryunosuke（芥川龙之介）

Ürümqi（乌鲁木齐）　　Hohhot（呼和浩特）

Lhasa（拉萨）　　London（伦敦）

Paris（巴黎）　　Washington（华盛顿）

Tokyo（东京）

汉语化的音译名词，按汉字译音拼写。

Fēizhōu（非洲）　　Nánměi（南美）

Déguó（德国）　　Dōngnányà（东南亚）

2. 动词

2.1 动词和“着”“了”“过”连写。

kànzhe（看着） jìnxíngzhe（进行着）

kànle（看了） jìngxíngle（进行了）

kànguo（看过） jìnxíngguo（进行过）

句末的“了”，分写。

Huǒchē dào le（火车到了。）

2.2 动词和宾语，分写。

kàn xìn（看信） chī yú（吃鱼）

kāi wánxiào（开玩笑） jiāoliú jīngyàn（交流经验）

动宾式合成词中间插入其他成分的，分写。

jūle yī gè gōng（鞠了一个躬） lǐguo sān cì fà（理过三次发）

2.3 动词（或形容词）和补语，两者都是单音节的，连写；其余的情况，分写。

gǎohuài（搞坏） dǎsǐ（打死）

shútòu（熟透） jiànchéng（建成〔楼房〕）

huàwéi（化为〔蒸气〕） dàngzuò（当做〔笑话〕）

zǒu jìnlai（走进来） zhěnglǐ hǎo（整理好）

jiànshè chéng（建设成〔公园〕） gǎixiě wéi（改写为〔剧本〕）

3. 形容词

3.1 单音节形容词和重叠的前加成分或后加成分，连写。

mēngmēngliàng（蒙蒙亮） liàngtāngtāng（亮堂堂）

3.2 形容词和后面的“些”“一些”“点儿”“一点儿”，分写。

dà xiē（大些） dà yīxiē（大一些）

kuài diǎnr（快点儿）　kuài yīdiǎnr（快一点儿）

4. 代词

4.1 表示复数的“们”和前面的代词，连写。

wǒmen（我们）　tāmen（他们）

4.2 指示代词“这”“那”、疑问代词“哪”和名词或量词，分写。

zhè rén（这人）　nà cì huìyì（那次会议）

zhè zhī chuán（这只船）　nǎ zhāng bàozhǐ（哪张报纸）

“这”“那”“哪”和“些”“么”“样”“般”“里”“边”“会儿”“个”，连写。

zhèxiē（这些）　zhème（这么）

nàyàng（那样）　zhèbān（这般）

nàli（那里）　nǎli（哪里）

zhèbiān（这边）　zhèhuìr（这会儿）

zhège（这个）　zhèmeyàng（这么样）

4.3 “各”“每”“某”“本”“该”“我”“你”等和后面的名词或量词，分写。

gè guó（各国）　gè gè（各个）

gè rén（各人）　gè xuékē（各学科）

měi nián（每年）　měi cì（每次）

mǒu rén（某人）　mǒu gōngchǎng（某工厂）

běn shì（本市）　běn bùmén（本部门）

gāi kān（该刊）　gāi gōngsī（该公司）

wǒ xiào（我校）　nǐ dānwèi（你单位）

5. 数词和量词

5.1 十一到九十九之间的整数，连写。

shíyī（十一） shíwǔ（十五）

sānshísān（三十三） jiǔshíjiǔ（九十九）

5.2 "百""千""万""亿"与前面的个位数，连写；"万""亿"与前面的十位以上的数，分写。

jiǔyì líng qīwàn èrqiān sānbǎi wǔshíliù

（九亿零七万二千三百五十六）

liùshísān yì qīqiān èrbǎi liùshíbā wàn sìqiān líng jiǔ-shíwǔ

（六十三亿七千二百六十八万四千零九十五）

5.3 表示序数的"第"与后面的数词中间，加短横。

dì-yī（第一） dì-shísān（第十三）

dì-èrshíbā（第二十八） dì-sānbǎi wǔshíliù（第三百五十六）

5.4 数词和量词，分写。

liǎng gè rén（两个人） yī dà wǎn fàn（一大碗饭）

liǎng jiān bàn wūzi（两间半屋子） wǔshísān réncì（五十三人次）

表示约数的"多""来""几"和数词、量词分写。

yībǎi duō gè（一百多个） shí lái wàn rén（十来万人）

jǐ jiā rén（几家人） jǐ tiān gōngfu（几天工夫）

"十几""几十"连写。

shíjǐ gè rén（十几个人） jǐshí gēn gāngguǎn（几十根钢管）

6. 虚词

虚词与其他语词分写。

6.1 副词

hěn hǎo（很好） dōu lái（都来）

gèng měi（更美） zuì dà（最大）

bù lái（不来）

yīng bù yīnggāi（应不应该） gānggāng zǒu（刚刚走）

fēicháng kuài（非常快） shífēn gǎndòng（十分感动）

6.2 介词

zài qiánmiàn（在前面）

xiàng dōngbiān qù（向东边去）

wèi rénmín fúwù（为人民服务）

cóng zuótiān qǐ（从昨天起）

shēng yú 1940 nián（生于 1940 年）

guānyú zhège wèntí（关于这个问题）

6.3 连词

gōngrén hé nóngmín（工人和农民）

guāngróng ér jiānjù（光荣而艰巨）

bùdàn kuài érqiě hǎo（不但快而且好）

Nǐ lái háishi bù lái?（你来还是不来?）

6.4 结构助词"的""地""得""之"

dàdì de nǚ'ér（大地的女儿）

Zhè shì wǒ de shū.（这是我的书。）

Wǒmen guòzhe xìngfú de shēnghuó.（我们过着幸福的生

活。）

Shāngdiàn li bǎimǎnle chī de，chuān de，yòng de.（商店里摆满了吃的、穿的、用的。）

mài qīngcài luóbo de（卖青菜萝卜的）

Tā zài dàjiē shàng mànman de zǒu.（他在大街上慢慢地走。）

Tǎnbái de gàosu nǐ ba.（坦白地告诉你吧。）

Tā yī bù yī gè jiǎoyìnr de gōngzuòzhe.（他一步一个脚印儿地工作着。）

dǎsǎo de gānjìng（打扫得干净）

xiě de bù hǎo（写得不好）

hóng de hěn（红得很）

lěng de fādǒu（冷得发抖）

shàonián zhī jiā（少年之家）

zuì fādá de guójiā zhī yī（最发达的国家之一）

附："的""地""得"在技术处理上，根据需要可分别写作"d""di""de"。

6.5 语气助词

Nǐ zhīdao ma?（你知道吗？）

Zěnme hái bù lái a?（怎么还不来啊？）

Kuài qù ba!（快去吧！）

Tā shì bù huì lái de.（他是不会来的。）

6.6 叹词

A! Zhēn měi!（啊！真美！）

Ng,nǐ shuō shénme?（嗯,你说什么?）

Hm,zǒuzhe qiáo ba!（哼,走着瞧吧!）

6.7 拟声词

pa!（啪!） huahua（哗哗）

jiji-zhazha（叽叽喳喳）

“hōnglōng”yī shēng（“轰隆”一声）

Dà gōngjī wo——wo——tí.（大公鸡喔喔啼。）

Dū——,qìdí xiǎng le.（嘟,汽笛响了。）

7. 成语

7.1 四言成语可以分为两个双音节来念的,中间加短横。

céngchū-bùqióng（层出不穷）

fēngpíng-làngjìng（风平浪静）

àizēng-fēnmíng（爱憎分明）

shuǐdào-qúchéng（水到渠成）

yángyáng-dàguān（洋洋大观）

píngfēn-qiūsè（平分秋色）

guāngmíng-lěiluò（光明磊落）

diānsān-dǎosì（颠三倒四）

7.2 不能按两段来念的四言成语、熟语等,全部连写。

bùyìlèhū（不亦乐乎） zǒng'éryánzhī（总而言之）

àimònéngzhù（爱莫能助）yīyīdàishuǐ（一衣带水）

húlihútu（胡里胡涂） hēibuliūqiū（黑不溜秋）

diào'erlángdāng（吊儿郎当）

8. 大写

8.1 句子开头的字母和诗歌每行开头的字母大写。(举例略)

8.2 专有名词的第一个字母大写。

Běijīng(北京)　Chángchéng(长城)

Qīngmíngjié(清明节)

由几个词组成的专有名词,每个词的第一个字母大写。

Guójì Shūdiàn(国际书店)　Hépíng Bīnguǎn(和平宾馆)

Guāngmíng Rìbào(光明日报)

8.3 专有名词和普通名词连写在一起的,第一个字母要大写。

Zhōngguórén(中国人)　Míngshǐ(明史)

Guǎngdōnghuà(广东话)

已经转化为普通名词的,第一个字母小写。

guǎnggān(广柑)　zhōngshānfú(中山服)

chuānxiōng(川芎)　zàngqīngguǒ(藏青果)

9. 移行

移行要按音节分开,在没有写完的地方加上短横。

…………………………………… guāng-

míng(光明)

不能移作"gu-āngmíng"。

10. 标调

声调一律标原调,不标变调。

yī jià(一架)　yī tiān(一天)　yī tóu(一头)

yī wǎn(一碗)　qīwàn(七万)　qī běn(七本)

bā gè(八个)　qīshàng-bāxià(七上八下)

bù qù（不去）　bù duì（不对）　bùzhìyú（不至于）

但是在语音教学时可以根据需要按变调标写。

附：除了《汉语拼音方案》规定的符号标调法以外，在技术处理上，也可根据需要采用数字或字母作为临时变通标调法。

五、《常用字表（Ⅰ级Ⅱ级Ⅲ级）》

本表依据1988年1月26日国家语言文字工作委员会、国家教育委员会（现为教育部）联合发布的《现代汉语常用字表》，Ⅰ级常用字表收字1500个，Ⅱ级常用字表收字1000个，Ⅲ级常用字表收字1000个，共收字3500个。Ⅰ级和Ⅱ级常用字的区分依据1985年10月原中国文字改革委员会、国家标准局编写的《最常用的汉字是哪些——三千高频度汉字字表》，选出其中频度最高的前1500个字作为Ⅰ级常用字。（该书中前1500个字收入，而《现代汉语常用字表》2500常用字未收入的加括号（　）标明。）从《现代汉语常用字表》的2500个常用字除去这1500个字，剩下的1000个字作为Ⅱ级常用字。《现代汉语常用字表》的1000个次常用字作为Ⅲ级常用字。

Ⅰ级常用字表

a　①阿〇啊

ai　①（埃）④爱

an　①安（氨）④按案暗岸

ba　①巴八②拔③把④罢爸〇吧

bai　②白③百摆④败

ban　①班般③板版④半办

bang　①帮（邦）

bao ①包胞③保饱宝④暴爆抱报

bei ③北④被备背(～后)倍贝

ben ①奔(狂～)③本(苯)

beng ④(泵)

bi ③比笔④必避壁闭币毕

bian ①编边④遍变便辩

biao ①标(彪)③表

bie ②别

bing ①兵冰④并病

bo ①玻波剥(～削)播②伯薄(～弱)

bu ③补④不部步布

ca ①擦

cai ②才材财裁③采彩④菜

can ②残

cang ①仓②藏(～身)

cao ①操③草

ce ④策测侧

cen ①参(～差)

ceng ②层曾(～经)

cha ①插差(～别)②查察茶

chai ②柴

chan ③产

chang ①昌②常长③场厂④唱

chao ①超②潮

che ①车④彻

chen ②陈沉尘臣

cheng ①称(～呼)②成程城承乘呈

chi ①吃②持池③尺齿④赤

chong ①充冲(～锋)②重(～新)虫

chou ①抽

chu ①初出②除③处础楚④触

chuan ①穿川②传(～达)船

chuang ①窗②床④创(～造)

chui ①吹②垂

chun ①春②纯

ci ②磁词③此④次刺

cong ②从

cu ①粗④促

cui ①催

cun ①村②存④寸

cuo ④错(措)

da ②达答③打④大

dai ④代带待袋戴

dan ①单担丹④但蛋淡弹(子～)

dang ①当③党④荡

dao ①刀③导倒(打～)岛④到道稻

de ②德○的地得

deng ①登灯③等

di　①低②敌③底抵④第地的(目～)帝弟

dian　③典点④电店

diao　④调掉

die　①爹

ding　①丁③顶④定订

dong　①东冬③懂④动洞

dou　①都(～是)④斗(～争)豆

du　①督都(首～)②独毒读④度渡

duan　①端③短④段断

dui　①堆④对队

dun　①吨④盾顿

duo　①多②夺

e　②额(俄)④恶(～毒)

en　①恩

er　②而儿(尔)③耳④二

fa　①发②阀罚乏③法

fan　①翻②繁凡③反④犯范饭泛

fang　①方芳②防房③访仿纺④放

fei　①飞非②肥④费废

fen　①分纷③粉④份

feng　①风封丰峰锋②缝(～纫)

fou　③否

fu　①夫②服福符伏幅③府腐④负富副附

gai　①该③改④概盖

gan ①甘③感杆赶敢④干
gang ①钢刚纲③港
gao ①高③搞④告
ge ①哥割②革隔格④个各
gei ③给
gen ①根跟
geng ①耕更
gong ①工公供功攻宫④共贡
gou ①沟④构够购
gu ①姑③古鼓谷骨股④固故顾
gua ④挂
guai ④怪
guan ①关观官③管馆④贯惯
guang ①光③广
gui ①规归③轨鬼④贵
gun ③滚
guo ①锅(郭)②国③果④过
ha ①哈(～腰)
hai ②还孩③海④害
han ②含(函)寒③喊④汉汗
hang ②行(银～)航
hao ②豪③好④号耗
he ①喝②和合何河核荷(～花)④贺
hei ①黑

hen ③很

heng ②衡横(～行)

hong ②红洪

hou ④后候厚

hu ①呼忽乎②湖胡(弧)③虎④护互户

hua ①花②华④化话划画

huai ②怀④坏

huan ①欢②环还(～债)③缓④换

huang ②黄皇

hui ①灰恢挥②回③毁④会汇

hun ①婚④混(～乱)

huo ②活③火伙④或货获

ji ①机基积击激鸡②及级即极集急③几④计济记际技继纪剂既季迹绩寄

jia ①家加夹③甲假(～如)④价架

jian ①间坚监尖艰③减检简(碱)④建件见渐践键(柬)健鉴

jiang ①将江浆③讲奖④降(～落)

jiao ①交胶焦③角脚④较叫

jie ①结接阶揭街②节截洁③解姐④界介借届

jin ①今金斤津③仅紧④进近尽(～力)禁(～止)

jing ①经精京晶睛惊③井景警④静径境竟净镜敬

jiu ①究③九久酒④就旧救

ju ①居②局③举④据具聚距句剧巨

juan ③卷(～烟)

jue ②决觉绝

jun ①军均菌(细～)君

ka ③卡(～车)

kai ①开③凯

kan ①刊④看

kang ①康④抗

kao ③考④靠

ke ①科颗③可④克客刻课

ken ③肯

kong ①空③孔

kou ③口

ku ①哭③苦④库

kua ④跨

kuai ④块

kuan ①宽③款

kuang ④况矿

kun ④困

kuo ④括扩

la ①拉○啦

lai ②来

lan ②兰蓝栏

lang ③朗④浪

lao ②劳③老

le ④乐勒(～索)○了

lei ②雷③累(～计)④类泪

leng ③冷

li ②离璃厘黎③里理李礼④力利立例历粒吏丽励

lian ②联连③脸④练炼链

liang ②粮梁③两④亮量

liao ③了(～解)④料

lie ④列烈裂

lin ②林临磷

ling ②零灵③领④令另

liu ②流留刘(硫)④六

long ②龙隆

lou ②楼

lu ②炉③鲁④路陆(～地)露(～骨)录(记～)

lü ③旅(铝)④律率绿(～色)虑(氯)滤

luan ④乱

lüe ④略

lun ②轮④论

luo ②罗螺④落

ma ①妈②麻③马码〇吗

mai ③买④麦卖脉

man ④满慢

mang ②忙

mao ②毛矛④贸

me 〇么

mei ②没煤梅③美每④妹

men ②门○们

meng ②盟蒙(～蔽)④梦

mi ③米④密秘

mian ②棉③免④面

miao ②苗描

mie ④灭

min ②民

ming ②明名④命

mo ②模(～型)摩磨④末莫墨默

mou ②谋③某

mu ③母亩④目木牧幕

na ②拿③哪④那纳(钠)

nai ③奶④耐

nan ②南难(～题)男

nao ③脑

ne ○呢

nei ④内

neng ②能

ni ②尼泥③你

nian ②年④念

niang ②娘

nin ②您

ning ②宁(安～)凝

niu　②牛

nong　②农浓④弄

nu　②奴③努

nü　③女

ou　①欧

pa　④怕

pai　①拍②排④派

pan　②盘④判

pang　②旁

pao　③跑④炮泡(～沫)

pei　②培④配

pen　①喷(～泉)

peng　②朋④碰

pi　①批②皮

pian　①篇偏④片

pin　②贫(频)③品

ping　②平评

po　①坡④破迫(被～)

pu　③普(埔)

qi　①期七②其齐奇旗③起启企④气器汽

qian　①千铅②前钱潜

qiang　①枪②强墙

qiao　②桥

qie　④切

qin ①亲侵②琴勤(秦)

qing ①清青轻(氢)倾②情③请④庆

qiong ②穷

qiu ①秋②求球

qu ①区③取曲(歌～)④去

quan ①圈(圆～)②全权

que ①缺④确

qun ②群

ran ②然燃③染

rang ③壤④让

rao ④绕(围～)

re ④热

ren ②人④任认

reng ②仍

ri ④日

rong ②容(溶)荣熔

rou ④肉

ru ②如④入

ruan ③软

rui ④瑞锐

run ④润

ruo ④若弱

sa ④(萨)

sai ④赛塞(～外)

san ①三④散

sao ③扫(～除)

se ④色

sen ①森

sha ①沙杀纱

shan ①山③闪④善

shang ①商伤④上尚

shao ①烧稍③少④绍

she ③舍(～弃)④社设射涉

shen ①深身伸申②什③审④甚

sheng ①生声升②绳③省④胜盛(～大)剩

shi ①失师施诗湿②时十实石识食③使史始④是事式世示市适势士视试室释氏

shou ①收③手首守④受售授

shu ①书输殊②熟(～悉)③属数④术树述束

shuai ④率(～领)

shuang ①双

shui ②谁③水④税睡

shun ④顺

shuo ①说

si ①思斯司丝私③死④四似饲

song ①松④送宋(讼)

su ①苏④速素诉塑(～料)

suan ①酸④算

sui ①虽②随④岁碎

sun ①孙③损

suo ①缩③所索

ta ①他她它③塔

tai ②台④太态泰

tan ②谈弹(～性)③坦④探(碳)炭

tang ①汤②糖堂唐

tao ②逃③讨④套

te ④特

ti ②提题③体④替

tian ①天②田

tiao ②条调(～解)③挑(～战)④跳

tie ③铁

ting ①听②停庭廷

tong ①通②同铜童③统筒④痛

tou ②头投④透

tu ①突②图途徒③土

tuan ②团

tui ①推③腿④退

tuo ①脱托拖

wa ①挖③瓦

wai ④外

wan ①湾弯②完③晚④万

wang ②王亡③往(网)④望忘

wei ①微威危②维唯围违③委伟尾④为位未卫味(谓)(魏)

wen ①温②文闻纹③稳④问

wo ③我④握

wu ①屋污②无吴③五武午伍舞④物务误

xi ①吸西息(烯)希稀②习席③喜洗④系细析

xia ④下夏

xian ①先鲜纤②弦③显险④现线县限宪献陷

xiang ①相香乡箱③想响④向象项像

xiao ①消销削③小晓④效笑校

xie ①些②协斜③写④谢械

xin ①新心辛④信

xing ①兴(～奋)②行形型刑④幸姓性

xiong ②雄

xiu ①修休④袖

xu ①需须虚②徐③许④续序

xuan ①宣②旋(～转)③选

xue ②学③雪④血(～液)

xun ②循④迅训

ya ①压②牙芽亚○呀

yan ①烟②研严言盐延颜岩沿③眼演④验

yang ①央②阳洋扬杨③氧养④样

yao ①腰②摇④要药

ye ②爷③也野④业液叶夜

yi ①一依医衣(伊)②移宜遗仪疑③以已乙④义意议易艺益

异亦亿忆

yin ①阴因音②银③引④印

ying ①英应②营迎③影映④硬

yong ①拥③永勇④用

you ①优②由油游尤③有友④又右幼

yu ②于鱼余渔③与语雨予④育预玉域遇欲

yuan ②原员元圆袁源园援缘③远④院愿

yue ①约④月越乐(音～)跃

yun ②云匀③允④运

za ②杂

zai ①灾④在再载(～体)

zan ②咱④赞

zang ④藏(宝～)

zao ①遭③早④造

ze ②则责泽择

zen ③怎

zeng ①增

zha ①扎(～实)②轧(～钢)④炸(～弹)

zhai ④寨

zhan ③展④战占站

zhang ①张章③长掌④障

zhao ①招着(～数)③找④照赵召

zhe ②折哲③者④这○着

zhen ①真针珍④振镇阵

zheng ①争征蒸③整④政正证

zhi ①知之织脂支枝②直值职植执殖③只指止纸④制质治志至置致智

zhong ①中终钟③种④重众(仲)

zhou ①周洲舟②(轴)

zhu ①猪朱株珠诸②逐竹③主④住注助著筑驻柱铸(贮)

zhua ①抓

zhuan ①专④转

zhuang ①装庄④状壮

zhui ①追

zhun ③准

zhuo ①桌

zi ①资③子④自字

zong ①宗(综)③总④纵

zou ③走④奏

zu ②族足③组阻祖

zuan ①钻(～探)

zui ③嘴④最罪

zun ①尊遵

zuo ③左④作做座

附：

下表按Ⅰ级常用字表汉字频度排列，频度高的排在前，频度低的排在后。每个汉字前标明序号，在汉字后注音。

1 的 de	2 一 yī	3 是 shì
4 在 zài	5 不 bù	6 了 le
7 有 yǒu	8 和 hé	9 人 rén
10 这 zhè	11 中 zhōng	12 大 dà
13 为 wèi	14 上 shàng	15 个 gè
16 国 guó	17 我 wǒ	18 以 yǐ
19 要 yào	20 他 tā	21 时 shí
22 来 lái	23 用 yòng	24 们 men
25 生 shēng	26 到 dào	27 作 zuò
28 地 dì	29 于 yú	30 出 chū
31 就 jiù	32 分 fēn	33 对 duì
34 成 chéng	35 会 huì	36 可 kě
37 主 zhǔ	38 发 fā	39 年 nián
40 动 dòng	41 同 tóng	42 工 gōng
43 也 yě	44 能 néng	45 下 xià
46 过 guò	47 子 zǐ	48 说 shuō
49 产 chǎn	50 种 zhǒng	51 面 miàn
52 而 ér	53 方 fāng	54 后 hòu
55 多 duō	56 定 dìng	57 行 xíng
58 学 xué	59 法 fǎ	60 所 suǒ
61 民 mín	62 得 dé	63 经 jīng
64 十 shí	65 三 sān	66 之 zhī
67 进 jìn	68 着 zhe	69 等 děng
70 部 bù	71 度 dù	72 家 jiā

73 电 diàn	74 力 lì	75 里 lǐ
76 如 rú	77 水 shuǐ	78 化 huà
79 高 gāo	80 自 zì	81 二 èr
82 理 lǐ	83 起 qǐ	84 小 xiǎo
85 物 wù	86 现 xiàn	87 实 shí
88 加 jiā	89 量 liàng	90 都 dōu
91 两 liǎng	92 体 tǐ	93 制 zhì
94 机 jī	95 当 dāng	96 使 shǐ
97 点 diǎn	98 从 cóng	99 业 yè
100 本 běn	101 去 qù	102 把 bǎ
103 性 xìng	104 好 hǎo	105 应 yīng
106 开 kāi	107 它 tā	108 合 hé
109 还 hái	110 因 yīn	111 由 yóu
112 其 qí	113 些 xiē	114 然 rán
115 前 qián	116 外 wài	117 天 tiān
118 政 zhèng	119 四 sì	120 日 rì
121 那 nà	122 社 shè	123 义 yì
124 事 shì	125 平 píng	126 形 xíng
127 相 xiāng	128 全 quán	129 表 biǎo
130 间 jiān	131 样 yàng	132 与 yǔ
133 关 guān	134 各 gè	135 重 zhòng
136 新 xīn	137 线 xiàn	138 内 nèi
139 数 shù	140 正 zhèng	141 心 xīn
142 反 fǎn	143 你 nǐ	144 明 míng

145 看 kàn　146 原 yuán　147 又 yòu
148 么 me　149 利 lì　150 比 bǐ
151 或 huò　152 但 dàn　153 质 zhì
154 气 qì　155 第 dì　156 向 xiàng
157 道 dào　158 命 mìng　159 此 cǐ
160 变 biàn　161 条 tiáo　162 只 zhǐ
163 没 méi　164 结 jiē　165 解 jiě
166 问 wèn　167 意 yì　168 建 jiàn
169 月 yuè　170 公 gōng　171 无 wú
172 系 xì　173 军 jūn　174 很 hěn
175 情 qíng　176 者 zhě　177 最 zuì
178 立 lì　179 代 dài　180 想 xiǎng
181 已 yǐ　182 通 tōng　183 并 bìng
184 提 tí　185 直 zhí　186 题 tí
187 党 dǎng　188 程 chéng　189 展 zhǎn
190 五 wǔ　191 果 guǒ　192 料 liào
193 象 xiàng　194 员 yuán　195 革 gé
196 位 wèi　197 入 rù　198 常 cháng
199 文 wén　200 总 zǒng　201 次 cì
202 品 pǐn　203 式 shì　204 活 huó
205 设 shè　206 及 jí　207 管 guǎn
208 特 tè　209 件 jiàn　210 长 cháng
211 求 qiú　212 老 lǎo　213 头 tóu
214 基 jī　215 资 zī　216 边 biān

217 流 liú	218 路 lù	219 级 jí
220 少 shǎo	221 图 tú	222 山 shān
223 统 tǒng	224 接 jiē	225 知 zhī
226 较 jiào	217 长 zhǎng	228 将 jiāng
229 组 zǔ	230 见 jiàn	231 计 jì
232 别 bié	233 她 tā	234 手 shǒu
235 角 jiǎo	236 期 qī	237 根 gēn
238 论 lùn	239 运 yùn	240 农 nóng
241 指 zhǐ	242 几 jǐ	243 九 jiǔ
244 区 qū	245 强 qiáng	246 放 fàng
247 决 jué	248 西 xī	239 被 bèi
250 干 gàn	251 做 zuò	252 必 bì
253 战 zhàn	254 先 xiān	255 回 huí
256 则 zé	257 任 rèn	258 取 qǔ
259 据 jù	260 处 chù	261 队 duì
262 南 nán	263 给 gěi	264 色 sè
265 光 guāng	266 门 mén	267 即 jí
268 保 bǎo	269 治 zhì	270 北 běi
271 造 zào	272 百 bǎi	273 规 guī
274 热 rè	275 领 lǐng	276 七 qī
277 海 hǎi	278 地 de	279 口 kǒu
280 东 dōng	281 导 dǎo	282 器 qì
283 压 yā	284 志 zhì	285 世 shì
286 金 jīn	287 增 zēng	288 争 zhēng

289 济 jì
290 阶 jiē
291 油 yóu
292 思 sī
293 术 shù
294 极 jí
295 交 jiāo
296 受 shòu
297 联 lián
298 什 shén
299 认 rèn
300 六 liù
301 共 gòng
302 权 quán
303 收 shōu
304 证 zhèng
305 改 gǎi
306 清 qīng
307 己 jǐ
308 美 měi
309 再 zài
310 采 cǎi
311 转 zhuǎn
312 更 gèng
313 单 dān
314 风 fēng
315 切 qiè
316 打 dǎ
317 白 bái
318 教 jiào
319 速 sù
320 花 huā
321 带 dài
322 安 ān
323 场 chǎng
324 身 shēn
325 车 chē
326 例 lì
327 真 zhēn
328 务 wù
329 具 jù
330 万 wàn
331 每 měi
332 目 mù
333 至 zhì
334 达 dá
335 走 zǒu
336 积 jī
337 示 shì
338 议 yì
339 声 shēng
340 报 bào
341 斗 dòu
342 完 wán
343 类 lèi
344 八 bā
345 离 lí
346 华 huá
347 名 míng
348 确 què
339 才 cái
350 科 kē
351 张 zhāng
352 信 xìn
353 马 mǎ
354 节 jié
355 话 huà
356 米 mǐ
357 整 zhěng
358 空 kōng
359 元 yuán
360 况 kuàng

361 今 jīn	362 集 jí	363 温 wēn
364 传 chuán	365 土 tǔ	366 许 xǔ
367 步 bù	368 群 qún	369 广 guǎng
370 石 shí	371 记 jì	372 需 xū
373 段 duàn	374 研 yán	375 界 jiè
376 拉 lā	377 林 lín	378 律 lǜ
379 叫 jiào	380 且 qiě	381 究 jiū
382 观 guān	383 越 yuè	384 织 zhī
385 装 zhuāng	386 影 yǐng	387 算 suàn
388 低 dī	389 持 chí	390 音 yīn
391 众 zhòng	392 书 shū	393 布 bù
394 夏 xià	395 容 róng	396 儿 ér
397 须 xū	398 际 jì	399 商 shāng
400 非 fēi	401 验 yàn	402 连 lián
403 断 duàn	404 深 shēn	405 难 nán
406 近 jìn	407 矿 kuàng	408 千 qiān
409 周 zhōu	410 委 wěi	411 素 sù
412 技 jì	413 备 bèi	414 半 bàn
415 办 bàn	416 青 qīng	417 省 shěng
418 列 liè	419 习 xí	420 响 xiǎng
421 约 yuē	422 支 zhī	423 般 bān
424 史 shǐ	425 感 gǎn	426 劳 láo
427 便 biàn	428 团 tuán	429 往 wǎng
430 酸 suān	431 历 lì	432 市 shì

433 克 kè　434 何 hé　435 除 chú
436 消 xiāo　437 构 gòu　438 府 fǔ
439 称 chēng　440 太 tài　441 准 zhǔn
442 精 jīng　443 值 zhí　444 号 hào
445 率 lǜ　446 族 zú　447 维 wéi
448 划 huà　449 选 xuǎn　450 标 biāo
451 写 xiě　452 存 cún　453 候 hòu
454 毛 máo　455 亲 qīn　456 快 kuài
457 效 xiào　458 斯 sī　459 院 yuàn
460 查 chá　461 江 jiāng　462 型 xíng
463 眼 yǎn　464 王 wáng　465 按 àn
466 格 gé　467 养 yǎng　468 易 yì
469 置 zhì　470 派 pài　471 层 céng
472 片 piàn　473 始 shǐ　474 却 què
475 专 zhuān　476 状 zhuàng　477 育 yù
478 厂 chǎng　479 京 jīng　480 识 shí
481 适 shì　482 属 shǔ　483 圆 yuán
484 包 bāo　485 火 huǒ　486 住 zhù
487 调 tiáo　488 满 mǎn　489 县 xiàn
490 局 jú　491 照 zhào　492 参 cān
493 红 hóng　494 细 xì　495 引 yǐn
496 听 tīng　497 该 gāi　498 铁 tiě
499 价 jià　500 严 yán　501 首 shǒu
502 底 dǐ　503 液 yè　504 官 guān

505 德 dé　506 调 diào　507 随 suí
508 病 bìng　509 苏 sū　510 失 shī
511（尔）ěr　512 死 sǐ　513 讲 jiǎng
514 配 pèi　515 女 nǚ　516 黄 huáng
517 推 tuī　518 显 xiǎn　519 谈 tán
550 罪 zuì　521 神 shén　522 艺 yì
523 呢 ne　524 席 xí　525 含 hán
526 企 qǐ　527 望 wàng　528 密 mì
529 批 pī　530 营 yíng　531 项 xiàng
532 防 fáng　533 举 jǔ　534 球 qiú
535 英 yīng　536 氧 yǎng　537 势 shì
538 告 gào　539 李 lǐ　540 台 tái
541 落 luò　542 木 mù　543 帮 bāng
544 轮 lún　545 破 pò　546 亚 yà
547 师 shī　548 围 wéi　539 注 zhù
550 远 yuǎn　551 字 zì　552 材 cái
553 排 pái　554 供 gōng　555 河 hé
556 态 tài　557 封 fēng　558 另 lìng
559 施 shī　560 减 jiǎn　561 树 shù
562（溶）róng　563 怎 zěn　564 止 zhǐ
565 案 àn　566 言 yán　567 士 shì
568 均 jūn　569 武 wǔ　570 固 gù
571 叶 yè　572 鱼 yú　573 波 bō
574 视 shì　575 仅 jǐn　576 费 fèi

577 紧 jǐn
578 爱 ài
579 左 zuǒ
580 章 zhāng
581 早 zǎo
582 朝 cháo
583 害 hài
584 续 xù
585 轻 qīng
586 服 fú
587 试 shì
588 食 shí
589 充 chōng
590 兵 bīng
591 源 yuán
592 判 pàn
593 护 hù
594 司 sī
595 足 zú
596 某 mǒu
597 练 liàn
598 差 chā
599 致 zhì
600 板 bǎn
601 田 tián
602 降 jiàng
603 黑 hēi
604 犯 fàn
605 负 fù
606 击 jī
607 范 fàn
608 继 jì
609 兴 xīng
610 似 sì
611 余 yú
612 坚 jiān
613 曲 qǔ
614 输 shū
615 修 xiū
616 的 dì
617 故 gù
618 城 chéng
619 夫 fū
620 够 gòu
621 送 sòng
622 笑 xiào
623 船 chuán
624 占 zhàn
625 右 yòu
626 财 cái
627 吃 chī
628 富 fù
629 春 chūn
630 职 zhí
631 觉 jué
632 汉 hàn
633 画 huà
634 功 gōng
635 巴 bā
636 跟 gēn
637 虽 suī
638 杂 zá
639 飞 fēi
640 检 jiǎn
641 吸 xī
642 助 zhù
643 升 shēng
644 阳 yáng
645 互 hù
646 初 chū
647 创 chuàng
648 抗 kàng

649 考 kǎo	650 投 tóu	651 坏 huài
652 策 cè	653 古 gǔ	654 径 jìng
655 换 huàn	656 未 wèi	657 跑 pǎo
658 留 liú	659 钢 gāng	660 曾 céng
661 端 duān	662 责 zé	663 站 zhàn
664 简 jiǎn	665 述 shù	666 钱 qián
667 副 fù	668 尽 jìn	669 帝 dì
670 射 shè	671 草 cǎo	672 冲 chōng
673 承 chéng	674 独 dú	675 令 lìng
676 限 xiàn	677 阿 ā	678 宣 xuān
679 环 huán	680 双 shuāng	681 请 qǐng
682 超 chāo	683 微 wēi	684 让 ràng
685 控 kòng	686 州 zhōu	687 良 liáng
688（轴）zhóu	689 找 zhǎo	690 否 fǒu
691 纪 jì	692 益 yì	693 依 yī
694 优 yōu	695 顶 dǐng	696 础 chǔ
697 载 zài	698 倒 dǎo	699 房 fáng
700 突 tū	701 坐 zuò	702 粉 fěn
703 敌 dí	704 略 lüè	705 客 kè
706（袁）yuán	707 冷 lěng	708 胜 shèng
709 绝 jué	710 析 xī	711 块 kuài
712 剂 jì	713 测 cè	714 丝 sī
715 协 xié	716 重 chóng	717 诉 sù
718 念 niàn	719 陈 chén	720 仍 réng

721 罗 luó　722 盐 yán　723 友 yǒu
724 洋 yáng　725 错 cuò　726 苦 kǔ
727 夜 yè　728 刑 xíng　729 移 yí
730（频）pín　731 逐 zhú　732 靠 kào
733 混 hùn　734 母 mǔ　735 短 duǎn
736 皮 pí　737 终 zhōng　738 聚 jù
739 汽 qì　740 村 cūn　741 云 yún
742 停 tíng　743 既 jì　744 距 jù
745 卫 wèi　746 停 tíng　747 烈 liè
748 央 yāng　749 察 chá　750 烧 shāo
751 迅 xùn　752 行 háng　753 境 jìng
754 若 ruò　755 印 yìn　756 洲 zhōu
757 刻 kè　758 括 kuò　759 激 jī
760 孔 kǒng　761 搞 gǎo　761 甚 shèn
763 室 shì　764 待 dài　765 核 hé
766 校 xiào　767 散 sàn　768 侵 qīn
769 吧 bā　770 甲 jiǎ　771 游 yóu
772 久 jiǔ　773 菜 cài　774 味 wèi
775 旧 jiù　776 模 mó　777 湖 hú
778 货 huò　779 损 sǔn　780 预 yù
781 阻 zǔ　782 毫 háo　783 普 pǔ
784 稳 wěn　785 乙 yǐ　786 妈 mā
787 植 zhí　788 息 xī　789 扩 kuò
790 银 yín　791 语 yǔ　792 挥 huī

793 酒 jiǔ　794 守 shǒu　795 拿 ná
796 序 xù　797 纸 zhǐ　798 医 yī
799 缺 quē　800 雨 yǔ　801 吗 ma
802 针 zhēn　803 刘 liú　804 啊 a
805 急 jí　806 唱 chàng　807 误 wù
808 训 xùn　809 愿 yuàn　810 审 shěn
811 附 fù　812 获 huò　813 茶 chá
814 鲜 xiān　815 粮 liáng　816 斤 jīn
817 孩 hái　818 脱 tuō　819（硫）liú
820 肥 féi　821 善 shàn　822 龙 lóng
823 演 yǎn　824 父 fù　825 渐 jiàn
826 血 xuè　827 欢 huān　828 械 xiè
829 掌 zhǎng　830 歌 gē　831 沙 shā
832 著 zhù　833 刚 gāng　834 攻 gōng
835（谓）wèi　836 盾 dùn　837 讨 tǎo
838 晚 wǎn　839 粒 lì　840 乱 luàn
841 燃 rán　842 矛 máo　843 乎 hū
844 杀 shā　845 药 yào　846 宁 níng
847 鲁 lǔ　848 贵 guì　849 钟 zhōng
850 煤 méi　851 读 dú　852 班 bān
853 伯 bó　854 香 xiāng　855 介 jiè
856 迫 pò　857 句 jù　858 丰 fēng
859 培 péi　860 握 wò　861 兰 lán
862 担 dān　863 弦 xián　864 蛋 dàn

865 沉 chén	866 假 jiǎ	867 穿 chuān
868 执 zhí	869 答 dá	870 乐 yuè
871 谁 shuí	872 顺 shùn	873 烟 yān
874 缩 suō	875 征 zhēng	876 脸 liǎn
877 喜 xǐ	878 松 sōng	879 脚 jiǎo
880 困 kùn	881 异 yì	882 免 miǎn
883 背 bèi	884 星 xīng	885 福 fú
886 买 mǎi	887 染 rǎn	888 井 jǐng
889 概 gài	890 慢 màn	891 怕 pà
892 磁 cí	893 倍 bèi	894 祖 zǔ
895 皇 huáng	896 促 cù	897 静 jìng
898 补 bǔ	899 评 píng	900 翻 fān
901 肉 ròu	902 践 jiàn	903 尼 ní
904 衣 yī	905 宽 kuān	906 扬 yáng
907 棉 mián	908 希 xī	909 伤 shāng
910 操 cāo	911 垂 chuí	912 秋 qiū
913 宜 yí	914（氢）qīng	915 套 tào
916 笔 bǐ	917 督 dū	918 振 zhèn
919 架 jià	920 亮 liàng	921 末 mò
922 宪 xiàn	923 庆 qìng	924 编 biān
925 牛 niú	926 触 chù	927 映 yìng
928 雷 léi	929 销 xiāo	930 诗 shī
931 座 zuò	932 居 jū	933 抓 zhuā
934 裂 liè	935 胞 bāo	936 呼 hū

937 娘 niáng	938 景 jǐng	939 威 wēi
940 绿 lǜ	941 晶 jīng	942 厚 hòu
943 盟 méng	944 衡 héng	945 鸡 jī
946 孙 sūn	947 延 yán	948 危 wēi
949 胶 jiāo	950 还 huán	951 屋 wū
952 乡 xiāng	953 临 lín	954 陆 lù
955 顾 gù	956 掉 diào	957 呀 yā
958 灯 dēng	959 岁 suì	960（措）cuò
961 束 shù	962 耐 nài	963 剧 jù
964 玉 yù	965 赵 zhào	966 跳 tiào
967 哥 gē	968 季 jì	969 课 kè
970 凯 kǎi	971 胡 hú	972 额 é
973 款 kuǎn	974 绍 shào	975 卷 juǎn
976 齐 qí	977 伟 wěi	978 蒸 zhēng
979 殖 zhí	980 永 yǒng	981 宗 zōng
982 苗 miáo	983 川 chuān	984 炉 lú
985 岩 yán	986 弱 ruò	987 零 líng
988 杨 yáng	989 奏 zòu	990 沿 yán
991 露 lù	992 杆 gān	993 探 tàn
994 滑 huá	995 镇 zhèn	996 饭 fàn
997 浓 nóng	998 航 háng	999 怀 huái
1000 赶 gǎn	1001 库 kù	1002 夺 duó
1003（伊）yī	1004 灵 líng	1005 税 shuì
1006 了 liǎo	1007 途 tú	1008 灭 miè

1009 赛 sài	1010 归 guī	1011 召 zhào
1012 鼓 gǔ	1013 播 bō	1014 盘 pán
1015 裁 cái	1016 险 xiǎn	1017 康 kāng
1018 唯 wéi	1019 录 lù	1020 菌 jūn
1021 纯 chún	1022 借 jiè	1023 糖 táng
1024 盖 gài	1025 横 héng	1026 符 fú
1027 私 sī	1028 努 nǔ	1029 堂 táng
1030 域 yù	1031 枪 qiāng	1032 润 rùn
1033 幅 fú	1034 哈 hā	1035 竟 jìng
1036 热 rè	1037 虫 chóng	1038 泽 zé
1039 脑 nǎo	1040 壤 rǎng	1041（碳）tàn
1042 欧 ōu	1043 遍 biàn	1044 侧 cè
1045 寨 zhài	1046 敢 gǎn	1047 彻 chè
1048 虑 lǜ	1049 斜 xié	1050 薄 bó
1051 庭 tíng	1052 都 dū	1053 纳 nà
1054 弹 tán	1055 饲 sì	1056 伸 shēn
1057 折 zhé	1058 麦 mài	1059 湿 shī
1060 暗 àn	1061 荷 hé	1062 瓦 wǎ
1063 赛 sài	1064 床 chuáng	1065 筑 zhù
1066 恶 è	1067 户 hù	1068 访 fǎng
1069 塔 tǎ	1070 奇 qí	1071 透 tòu
1072 梁 liáng	1073 刀 dāo	1074 旋 xuán
1075 迹 jì	1076 卡 kǎ	1077（氯）lǜ
1078 遇 yù	1079 份 fèn	1080 毒 dú

1081 泥 ní	1082 退 tuì	1083 洗 xǐ
1084 摆 bǎi	1085 灰 huī	1086 彩 cǎi
1087 卖 mài	1088 耗 hào	1089 夏 xià
1090 择 zé	1091 忙 máng	1092 铜 tóng
1093 献 xiàn	1094 硬 yìng	1095 予 yǔ
1096 繁 fán	1097 圈 quān	1098 雪 xuě
1099（函）hán	1100 亦 yì	1101 抽 chōu
1102 篇 piān	1103 阵 zhèn	1104 阴 yīn
1105 丁 dīng	1106 尺 chǐ	1107 追 zhuī
1108 堆 duī	1109 雄 xióng	1110 迎 yíng
1111 泛 fàn	1112 爸 bà	1113 楼 lóu
1114 避 bì	1115 谋 móu	1116 吨 dūn
1117 野 yě	1118 猪 zhū	1119 旗 qí
1120 累 lěi	1121 偏 piān	1122 典 diǎn
1123 馆 guǎn	1124 索 suǒ	1125（秦）qín
1126 脂 zhī	1127 潮 cháo	1128 爷 yé
1129 豆 dòu	1130 忽 hū	1131 托 tuō
1132 惊 jīng	1133 塑 sù	1134 遗 yí
1135 愈 yù	1136 朱 zhū	1137 替 tì
1138 纤 xiān	1139 粗 cū	1140 倾 qīng
1141 尚 shàng	1142 痛 tòng	1143 楚 chǔ
1144 谢 xiè	1145 奋 fèn	1146 购 gòu
1147 磨 mó	1148 君 jūn	1149 池 chí
1150 旁 páng	1151 碎 suì	1152 骨 gǔ

1153 监 jiān	1154 捕 bǔ	1155 弟 dì
1156 暴 bào	1157 割 gē	1158 贯 guàn
1159 殊 shū	1160 释 shì	1161 词 cí
1162 亡 wáng	1163 壁 bì	1164 顿 dùn
1165 宝 bǎo	1166 午 wǔ	1167 尘 chén
1168 闻 wén	1169 揭 jiē	1170 炮 pào
1171 残 cán	1172 冬 dōng	1173 桥 qiáo
1174 妇 fù	1175 警 jǐng	1176（综）zōng
1177 招 zhāo	1178 吴 wú	1179 付 fù
1180 浮 fú	1181 遭 zāo	1182 徐 xú
1183 您 nín	1184 摇 yáo	1185 谷 gǔ
1186 赞 zàn	1187 箱 xiāng	1188 隔 gé
1189 订 dìng	1190 男 nán	1191 吹 chuī
1192 乐 lè	1193 园 yuán	1194 纷 fēn
1195 唐 táng	1196 败 bài	1197 宋 sòng
1198 玻 bō	1199 巨 jù	1200 耕 gēng
1201 坦 tǎn	1202 荣 róng	1203 闭 bì
1204 湾 wān	1205 键 jiàn	1206 凡 fán
1207 驻 zhù	1208 锅 guō	1209 救 jiù
1210 恩 ēn	1211 剥 bō	1212 凝 níng
1213（碱）jiǎn	1214 齿 chǐ	1215 截 jié
1216 炼 liàn	1217 麻 má	1218 纺 fǎng
1219 禁 jìn	1220 废 fèi	1221 盛 shèng
1222 版 bǎn	1223 缓 huǎn	1224 净 jìng

1225 睛 jīng　1226 昌 chāng　1227 婚 hūn
1228 涉 shè　1229 筒 tǒng　1230 嘴 zuǐ
1231 插 chā　1232 岸 àn　1233 朗 lǎng
1234 庄 zhuāng　1235 街 jiē　1236 藏 cáng
1237 姑 gū　1238 贸 mào　1239 腐 fǔ
1240 奴 nú　1241 啦 la　1242 惯 guàn
1243 乘 chéng　1244 伙 huǒ　1245 恢 huī
1246 匀 yún　1247 纱 shā　1248 扎 zhā
1249 辩 biàn　1250 耳 ěr　1251（彪）biāo
1252 臣 chén　1253 亿 yì　1254 璃 lí
1255 抵 dǐ　1256 脉 mài　1257 秀 xiù
1258（萨）sà　1259（俄）é　1260 网 wǎng
1261 舞 wǔ　1262 店 diàn　1263 喷 pēn
1264 纵 zòng　1265 寸 cùn　1266 汗 hàn
1267 挂 guà　1268 洪 hóng　1269 着 zhāo
1270 贺 hè　1271 闪 shǎn　1272（柬）jiǎn
1273 爆 bào　1274（烯）xī　1275 津 jīn
1276 稻 dào　1277 墙 qiáng　1278 软 ruǎn
1279 勇 yǒng　1280 像 xiàng　1281 滚 gǔn
1282 厘 lí　1283 蒙 méng　1284 芳 fāng
1285 肯 kěn　1286 坡 pō　1287 柱 zhù
1288 荡 dàng　1289 腿 tuǐ　1290 仪 yí
1291 旅 lǚ　1292 尾 wěi　1293 轧 zhá
1294 冰 bīng　1295 贡 gòng　1296 登 dēng

1297 黎 lí
1298 削 xuē
1299 钻 zuān
1300 勒 lè
1301 逃 táo
1302 障 zhàng
1303(氨) ān
1304(郭) guō
1305 峰 fēng
1306 币 bì
1307 港 gǎng
1308 伏 fú
1309 轨 guǐ
1310 亩 mǔ
1311 毕 bì
1312 擦 cā
1313 莫 mò
1314 刺 cì
1315 浪 làng
1316 秘 mì
1317 援 yuán
1318 株 zhū
1319 健 jiàn
1320 售 shòu
1321 股 gǔ
1322 岛 dǎo
1323 甘 gān
1324 泡 pào
1325 睡 shuì
1326 童 tóng
1327 铸 zhù
1328 汤 tāng
1329 阀 fá
1330 休 xiū
1331 汇 huì
1332 舍 shě
1333 牧 mù
1334 绕 rào
1335 炸 zhà
1336 哲 zhé
1337(磷) lín
1338 绩 jì
1339 朋 péng
1340 淡 dàn
1341 尖 jiān
1342 启 qǐ
1343 陷 xiàn
1344 柴 chái
1345 呈 chéng
1346 徒 tú
1347 颜 yán
1348 泪 lèi
1349 稍 shāo
1350 忘 wàng
1351(泵) bèng
1352 蓝 lán
1353 拖 tuō
1354 洞 dòng
1355 授 shòu
1356 镜 jìng
1357 辛 xīn
1358 壮 zhuàng
1359 锋 fēng
1360 贫 pín
1361 虚 xū
1362 弯 wān
1363 摩 mó
1364 泰 tài
1365 幼 yòu
1366(廷) tíng
1367 尊 zūn
1368 窗 chuāng

1369 纲 gāng	1370 弄 nòng	1371 隶 lì
1372 疑 yí	1373 氏 shì	1374 宫 gōng
1375 姐 jiě	1376 震 zhèn	1377 瑞 ruì
1378 怪 guài	1379 尤 yóu	1380 琴 qín
1381 循 xún	1382 描 miáo	1383 膜 mó
1384 违 wéi	1385 夹 jiā	1386 腰 yāo
1387 缘 yuán	1388 珠 zhū	1389 穷 qióng
1390 森 sēn	1391 枝 zhī	1392 竹 zhú
1393 沟 gōu	1394 催 cuī	1395 绳 shéng
1396 忆 yì	1397(邦) bāng	1398 剩 shèng
1399 幸 xìng	1400 浆 jiāng	1401 栏 lán
1402 拥 yōng	1403 牙 yá	1404 (贮) zhù
1405 礼 lǐ	1406 滤 lǜ	1407 (钠) nà
1408 纹 wén	1409 弹 dàn	1410 罢 bà
1411 拍 pāi	1412 咱 zán	1413 喊 hǎn
1414 袖 xiù	1415 (埃) āi	1416 勤 qín
1417 罚 fá	1418 焦 jiāo	1419 潜 qián
1420 伍 wǔ	1421 墨 mò	1422 欲 yù
1423 缝 féng	1424 姓 xìng	1425 刊 kān
1426 饱 bǎo	1427 仿 fǎng	1428 奖 jiǎng
1429 (铝) lǚ	1430 鬼 guǐ	1431 丽 lì
1432 跨 kuà	1433 默 mò	1434 挖 wā
1435 链 liàn	1436 扫 sǎo	1437 喝 hē
1438 袋 dài	1439 炭 tàn	1440 污 wū

1441 幕 mù
1442 诸 zhū
1443（弧）hú
1444 励 lì
1445 梅 méi
1446 奶 nǎi
1447 洁 jié
1448 灾 zāi
1449 舟 zhōu
1450 鉴 jiàn
1451（苯）běn
1452（讼）sòng
1453 抱 bào
1454 毁 huǐ
1455 率 shuài
1456 懂 dǒng
1457 寒 hán
1458 智 zhì
1459（埔）pǔ
1460 寄 jì
1461 届 jiè
1462 跃 yuè
1463 渡 dù
1464 挑 tiǎo
1465 丹 dān
1466 艰 jiān
1467 贝 bèi
1468 碰 pèng
1469 拔 bá
1470 爹 diē
1471 戴 dài
1472 码 mǎ
1473 梦 mèng
1474 芽 yá
1475 熔 róng
1476 赤 chì
1477 渔 yú
1478 哭 kū
1479 敬 jìng
1480 颗 kē
1481 奔 bēn
1482 藏 zàng
1483 铅 qiān
1484 熟 shú
1485（仲）zhòng
1486 虎 hǔ
1487 稀 xī
1488 妹 mèi
1489 乏 fá
1490 珍 zhēn
1491 申 shēn
1492 桌 zhuō
1493 遵 zūn
1494 允 yǔn
1495 隆 lóng
1496 螺 luó
1497 仓 cāng
1498（魏）wèi
1499 锐 ruì
1500 晓 xiǎo

II 级常用字表

ai　①哀挨（～近）唉（～声叹气）②挨（～打）③矮④唉（叹

词）碍

ang ②昂

ao ③袄④傲奥

ba ①扒吧疤④坝把（刀～）

bai ③柏④拜

ban ①斑搬④扮伴拌瓣

bang ③绑榜膀④棒傍

bao ①炮（～羊肉）剥（～花生）②雹薄（～片）③堡（城～）

bei ①杯背（～东西）悲碑

ben ④奔（投～）笨

beng ④蹦

bi ①逼②鼻③彼鄙④闭毙秘（～鲁）辟碧蔽弊臂

bian ①鞭③扁④辨辫

bie ④别（～扭）

bin ①宾滨

bing ③丙柄饼

bo ①拨玻菠②伯驳泊柏（～林）脖博搏膊④薄（～荷）

bu ③卜堡（用于地名）④怖

cai ①猜③睬踩

can ①餐②蚕惭③惨④灿

cang ①苍舱②藏

cao ②槽

ce ④册厕

cha ①叉（刀～）③叉（～着腿）④叉（劈～）岔差（～不多）

chai ①拆差（出～）

chan ②单（～于，匈奴君主的称号）馋缠③铲④颤

chang ②场（～院）肠尝偿③敞④畅倡

chao ①抄钞③吵炒

che ③扯④撤

chen ②尘辰沉晨④衬称（～心）趁

cheng ①撑②诚城盛（～饭）惩④秤

chi ②驰迟匙（汤～）③耻④斥翅

chong ②种（姓）崇④冲（～劲）

chou ②仇绸酬稠愁筹③丑④臭

chu ②厨锄③处（～理）储楚④畜

chuan ③喘④串

chuang ①创（～伤）疮③闯

chui ①炊②锤

chun ②唇③蠢

ci ①差（参～）②辞慈

cong ①匆葱聪②丛

cou ④凑

cu ④醋

cuan ④窜

cui ①摧④脆翠

da ①搭②打（一～为十二）答

dai ①呆③逮（～住）④大（～夫）贷怠逮（～捕）

dan ①耽③胆④石（十斗为一～）担诞弹（子～）

dang ③挡④当（～真）档

dao ①叨（～唠）②叨（～咕）③蹈倒（摔～）④倒盗悼

de ○得

dei ③得（我～走了）

deng ①灯④凳

di ①堤提（～防）滴②的（～确）笛④帝递

dian ①颠④垫殿

diao ①叼雕④吊钓

die ①爹跌②叠蝶

ding ①叮盯钉（～子）④钉（～钉子）

dong ③董④冻栋

dou ③斗（星～）抖陡④逗

du ①督③肚（羊～）赌堵④肚（～脐）杜

duan ③短④锻缎

dun ①蹲

duo ②度（揣～）③朵躲

e ①阿（～谀）②鹅俄④饿

fa ②伐④发（理～）

fan ①帆番②烦③返④贩

fang ①坊（牌～）②防坊（磨～）妨

fei ①飞③匪④肺沸

fen ①芬吩②坟④分（成～）粪愤

feng ①疯蜂②逢③讽④凤奉缝（～隙）

fo ②佛

fu ①肤②伏

ga ①夹（～肢窝）

gai ④溉

gan ①干甘肝竿③杆秆

gang ①冈扛（力能～鼎）缸③岗④杠钢(把刀～一～)

gao ①膏（牙～）糕③稿④膏（～笔）

ge ①格（～～,象声词）胳鸽搁②阁葛（～布）③合（一升十～）葛（姓,包括单姓、复姓）盖（姓）

gen ①跟

geng ①更（～换）③颈（脖～儿）

gong ①弓功恭躬③巩④供（～词）

gou ①勾（～画）钩③狗④勾（～当）

gu ①估孤骨（～碌）辜③古股④估（～衣）

gua ①瓜刮

guai ①乖③拐

guan ①冠（衣～）④观（道～）贯冠（～军）灌罐

gui ①龟④柜桂跪

gun ④棍

guo ①过（姓）

ha ③哈（～达）④哈（～什蚂）

hai ①咳（叹词）

han ②汗（可～,古代突厥、蒙古等族的最高统治者的称号。“可”读 kè)④旱

hang ④巷（～道）

hao　②号（～叫）毫④好（～奇）浩

he　②禾盒④吓（恐～）和（一唱百～）荷喝（～采）

hen　②痕③狠④恨

heng　②恒衡④横（蛮～）

hong　①轰哄(～堂大笑）烘②宏虹③哄（～骗）④哄（起～）

hou　②喉猴③吼

hu　①糊（～了一层泥）②狐壶核（桃～）蝴糊（～信封）

hua　①哗（～啦）②划（～船）哗（～然）滑④华（～山）

huai　②槐

huan　④幻唤患

huang　①荒慌②煌③晃（～眼）谎④晃（～动）

hui　①辉③悔④绘贿惠慧

hun　①昏②浑混（～蛋）魂

huo　②和（～面）④和（～药）祸惑

ji　①几（～乎）饥圾肌奇（～数）② 吉疾籍③纪（姓）挤给（供～）脊④系（～鞋带）忌济（救～）

jia　①茄（雪～）佳嘉②夹（～袄）④ 驾假（请～）嫁稼

jian　①奸歼肩兼渐（东～于海）煎③拣茧俭捡剪④间（～隔）荐贱剑监（国子～）舰箭

jiang　①将（～信～疑）姜僵疆③桨④匠虹（出～了）强（倔～）酱

jiao　①郊浇娇骄教（～书）椒蕉②嚼③狡饺绞搅缴④觉（睡～）校（～对）轿（～车）嚼（倒～）

jie　①节（～子）皆②劫杰结捷竭④戒解（～送）

jin ①巾筋禁（～受）③尽（～管）锦谨④劲（干～）晋浸

jing ①茎③颈④劲（刚～）径经（～纱）竞

jiu ①纠揪④舅

ju ①车（～马炮）拘据（拮～）鞠②菊橘③矩（～形）④句拒俱惧锯

juan ①捐圈（把牲口～起来）④卷（试～）倦绢圈（猪～）

jue ②角（～色）嚼（咀～）掘

jun ①龟（～裂）④俊菌（～肥）

kai ③慨

kan ①看（～守）堪③ 砍

kang ①糠②扛④炕

kao ③烤

ke ①棵颗②壳（鸡蛋～）咳③渴④可（～汗，参见"汗"）

ken ③肯垦恳

keng ①坑

kong ③恐④空（～白）

kou ④扣寇

ku ①枯④裤酷

kua ①夸③垮④挎

kuai ④会（～计）块快

kuang ①筐②狂④旷框

kui ①亏②葵④愧

kun ①昆③捆

kuo ④阔

la ②拉（手上～了个口子）③拉（半～）喇④落（～下很远）腊蜡辣

lai ④赖

lan ②拦篮③览懒④烂滥

lang ②郎（女～）狼廊④郎（屎壳～）

lao ①捞②牢③姥④络（～子）涝落（～枕）

lei ①勒②累（～赘）雷④累（劳～）

li ②狸梨犁④厉栗

lia ③俩

lian ②怜帘莲廉镰④恋

liang ②凉粱④凉（把热水～凉了）谅辆量（数～）

liao ②辽疗僚

lie ④劣猎

lin ②邻淋（～湿了）④淋（过～）

ling ②令（姓）伶铃陵龄③令（原张纸 500 张为一～）岭

liu ①溜（～冰）②榴③柳④陆（“六”字的大写）碌（～碡）溜（一～烟跑了）

long ①隆（黑咕～咚）②聋笼（～屉）③拢垄笼（～罩）

lou ①搂（～柴火）③搂（～抱）④漏露（～马脚）

lu ②芦（～苇）③芦（油葫～）虏④六（～安，安徽地名）鹿绿（～林）碌（忙～）

lü ②驴③屡

luan ③卵

lüe ④掠

lun ②论（～语）

luo ②萝锣箩骡④骆络落（～后）

ma ①抹（～布）摩③吗（～啡）蚂④骂

mai ②埋④迈

man ②埋（～怨）蛮馒瞒④漫

mang ②芒盲茫

mao ①猫②茅④茂冒帽貌

mei ②眉煤霉

men ①闷（～热）④闷（～～不乐）

meng ①蒙（～骗）②萌③猛蒙（～族）④孟

mi ①眯（～缝着眼）②迷眯（～了眼）谜④蜜

mian ②眠棉③勉

miao ③秒④妙庙

mie ④蔑

min ③敏

ming ②鸣

mo ①摸③抹（～黑）④万（～俟 qi,复姓）没（沉～）抹（～墙）沫脉漠磨（推～）

mu ④墓幕慕暮

na ①那（姓）④纳〇哪

nai ③乃

nan ④难（灾～）

nang ①囊（～揣）②囊（皮～）

nao ②挠③恼脑

ne ②哪（～吒）〇呢

nen ④嫩

ni ②呢（～绒）④泥（～墙）逆

nian ②粘

niang ④酿

niao ③鸟④尿

nie ①捏

ning ④宁（～可）

niu ②牛③扭纽

nu ④怒

nuan ③暖

nuo ②挪

ou ①区（姓）③偶

pa ①趴②扒爬

pai ②牌③迫（～击炮）

pan ①番（～禺，广东地名）攀②胖（心广体～）④盼叛

pang ①乓（乒～球）膀（～肿）②膀（～胱）④胖

pao ①抛泡（眼～）②袍炮（～制）

pei ②陪赔④佩

pen ②盆④喷（～香）

peng ②棚蓬膨③捧

pi ①披劈（～木柴）②疲脾③匹否（～极泰来）劈（～柴）④ 辟僻

pian ①扁（～舟）②便（～宜）④片骗

piao ①漂（～流）飘②朴（姓）③漂（～白）④票漂（～亮）

pie ①撇（～开）③撇（～嘴）

pin ①拼

ping ①乒②苹凭瓶萍

po ①朴（～刀）④魄

pou ①剖

pu ①仆（前～后继）扑铺（～床）②仆（～人）葡③朴谱④铺（杂货～）堡（地名字）暴（一～十寒）

qi ①妻戚欺漆②骑棋③乞岂④弃砌

qia ③卡（发～）④洽恰

qian ②钳③浅遣④欠纤歉

qiang ①枪腔③抢强（勉～）

qiao ①悄（～～）雀（～子）锹敲②乔侨瞧③巧悄（～然）④壳（地～）

qie ①切（～割）②茄（～子）④窃

qin ②芹禽

qing ①顷蜻②晴④亲（～家）

qiu ①丘龟（～兹，古代国名）②仇（姓）

qu ①曲（～折）驱屈趋②渠④趣

quan ②泉拳③犬④劝券

que ④雀鹊

qun ②裙

rang ①嚷（～～）③嚷（～叫）

rao ②饶③扰

re　③惹

ren　②仁任（姓，地名）③忍④刃

reng　①扔

rong　②绒融

rou　②柔揉

ru　③乳辱

sa　①撒（～手）③洒撒（～种）

sai　①塞（～子）

san　③伞散（～漫）

sang　①丧（～事）桑③嗓④丧（～失）

sao　③嫂④扫（～帚）

se　④塞（～音）

sha　③傻④厦

shai　①筛③色（掉～）④晒

shan　①删衫扇③陕④单（姓）扇（～子）

shang　③上（～声）晌（～午）赏

shao　①捎（～带）烧梢②勺④少（～年）捎（马车后～）哨稍

she　②舌折（～本）蛇④舍（宿～）摄

shen　①参（人～）③沈婶④肾渗慎

sheng　①牲④圣乘（古代四匹马拉的车一辆为一～）

shi　①尸狮②什（～锦）拾 蚀③驶④侍似（～的）饰柿逝誓○匙

shou　④寿兽瘦

shu　①叔梳舒疏蔬③暑鼠数（～一～）薯④树竖

shua ①刷③耍

shuai ①衰摔③甩④帅

shuan ①栓

shuang ①霜③爽

shui ④说（游～）

shuo ④数（～见不鲜）

si ①撕④寺肆

song ④诵颂

sou ①搜艘④嗽

su ②俗④肃宿（～舍）缩（～砂密）

suan ④蒜

sui ①尿（尿了一泡～）④穗

sun ③笋

suo ③锁

ta ①塌③塔④踏

tai ②抬

tan ①贪摊滩②坛谈痰③毯④叹炭

tang ①趟（～水）②塘膛③倘躺④烫趟（去了一～）

tao ①叨（～教）涛掏滔②桃陶萄淘

teng ②疼腾

ti ①梯踢②蹄④剃惕替

tian ①添②甜填

tiao ①挑②调(～整）

tie ①帖（妥～）贴③帖（请～）④帖（习字～）

ting ①厅②亭蜓③挺艇

tong ②桐③桶④同（胡～）

tou ①偷②投

tu ①秃②涂屠③吐（～痰）④吐（呕～）兔

tun ①吞②屯

tuo ②驼③妥

wa ①蛙②娃④瓦（～刀）袜

wai ①歪

wan ②丸玩顽③挽晚碗

wang ①汪④妄旺

wei ②为（～难）③伪④畏胃喂慰

wen ②蚊

weng ①翁

wo ①窝④沃卧

wu ①乌（～黑）呜③午伍侮④勿乌（～拉）恶（好～）悟雾

xi ②袭④戏隙

xia ①虾瞎②峡狭霞④吓厦（～门）

xian ①仙掀鲜②闲贤咸衔嫌③冼（姓）④馅羡献

xiang ①香②详降（投～）祥③享④巷相（～貌）橡

xiao ①削宵④孝

xie ①歇②叶（～韵）邪胁携鞋③血（流～）④泄泻卸解（姓）屑

xin ①欣薪

xing ①腥③省（反～）醒④兴（～趣）

xiong ①凶兄胸②熊

xiu ①羞③朽宿（住了一～）④臭（无色无～）绣宿（星～）锈

xu ④叙畜（～牧）绪絮蓄

xuan ①宣②悬④券（拱～）旋（～风）

xue ②穴

xun ②旬寻巡询循④讯

ya ①押鸦哑（～～，象声词）鸭②崖③哑（～巴）④轧（～棉花）亚压（～根儿）

yan ①咽（～喉）淹燕（姓）②炎铅（～山，江西地名）③掩④厌咽（吞～）艳宴雁焰燕

yang ①殃秧②羊洋③仰痒

yao ①妖要（～求）邀②窑谣遥③咬③钥耀

ye ②邪（莫～，古代宝剑名）③冶④页咽（哽～）

yi ①椅（山桐子，也叫～）②姨③尾（马～儿，马尾巴上的毛）蚁倚椅④役译疫谊毅翼

yin ①姻③饮隐④饮（～牲口）

ying ①樱鹰②盈蝇赢④应（～付）

yong ①佣（雇～）庸③咏泳涌④佣（～金）

you ①忧悠②邮犹④有（三十～八）诱

yu ②娱愉榆愚③屿宇羽④与（参～）狱浴御裕誉

yuan ①冤④怨院

yue ④钥（北门锁～）阅悦

yun ①晕（～头转向）④孕员（姓）晕（～车）韵

za　①扎（腰～皮带）

zai　①栽③载（一年半～）宰

zan　④暂

zang　①脏（肮～）④脏（～腑）葬

zao　①遭糟③枣澡④皂灶燥躁

zei　②贼

zeng　①曾（～祖）④赠

zha　①查（姓）渣②闸炸（～油条）③眨④榨

zhai　①摘②宅择（～菜）③窄④债

zhan　①占（～卜）沾粘（～贴）③斩盏崭④颤（～栗）

zhang　③涨（水～船高）④丈仗帐胀涨（头晕脑～）

zhao　①朝（～霞）②着（～急）③爪（～牙）④兆罩

zhe　①折（～腾）遮④ 浙（～江）

zhen　①贞侦③诊枕

zheng　①正（～月）挣（～扎）症（～结）睁筝④郑挣（～钱）症（～状）

zhi　①只（两～手）汁芝肢蜘②侄③止旨址④识（款～）帜秩

zhong　①忠③肿④中(～毒）种（～地）

zhou　①粥④宙昼皱骤

zhu　①蛛②术（苍～）烛③煮属（～望）嘱④祝

zhua　③爪（～子）

zhuai　③转（～文）

zhuan　①砖④传（～记）转（旋～）赚

zhuang　④撞（～击）

zhuo ①捉②浊啄着（～重）

zi ①姿滋③仔紫○子

zong ①棕踪

zu ①租

zuan ④钻（～石）

zui ④醉

zuo ①作（～坊）②昨

III 级常用字表

ai ①哎②癌③蔼④艾隘

an ①庵鞍③俺

ang ①肮

ao ①凹熬（～豆腐）②熬（～粥）④拗澳懊

ba ①叭芭捌笆②跋③靶④耙

bai ①掰

ban ①扳颁④绊

bang ①邦梆④蚌谤磅

bao ①苞褒④刨豹

bei ①卑④狈惫焙

beng ①崩绷（～带）③绷（～脸）④泵蚌（～埠，安徽地名）绷（～硬）

bi ②荸③匕秕④庇泌（～阳，河南地名）蓖痹璧

bian ①蝙③贬匾

biao ①膘

bie ①憋瘪（～三）鳖③ 瘪（乒乓球～了）

bin ①彬缤濒④鬓

bing ③秉屏禀

bo ②勃舶渤③跛簸（～谷子）④簸（～箕）

bu ③哺④埠（外～）簿

cang ①沧

cao ①糙②曹

ceng ④蹭

cha ①杈（一种农具）喳②茬碴③衩（裤～）④杈（树～子）刹衩（开～）

chai ②豺

chan ①掺搀②蝉③阐

chang ①猖

chao ①绰（～起棍子）剿（～袭）②巢嘲

che ④澈

chen ②忱

cheng ①铛②澄（～清）橙（～子）③逞

chi ①嗤痴②驰③侈

chong ③宠

chou ②畴

chu ②雏橱④矗

chuai ①揣（怀～）③揣（～测）④揣（挣～）

chuang ②幢（人影～～）

chui ②捶

chun ①椿②淳醇

chuo ①戳④绰(～～有余)

ci ②祠磁雌④伺赐

cong ①囱

cu ④簇

cuan ②攒④篡

cui ①崔④悴粹

cuo ①搓撮④挫措锉

da ②瘩

dai ③歹

dan ③掸④氮

dang ①铛裆

dao ③捣祷

deng ①蹬(义同"登"dēng)④邓澄(～沙)瞪蹬(蹭～)

di ①嘀(～嗒)②涤嘀(～咕)嫡④蒂缔

dian ①掂③碘④佃甸玷淀惦奠

diao ①刁碉

die ②谍碟

ding ③鼎④锭

dou ①兜③蚪④痘

du ②渎③睹④妒镀

dui ④兑

dun ①敦墩③盹④囤钝

duo	①哆②踱③垛(城～子)④驮(～子)垛(麦～)舵堕跺
e	②讹俄④扼遏愕噩鳄
er	③饵④贰
fa	②筏
fan	②矾樊
fang	②肪
fei	①菲(芳～)啡③诽菲(～薄)④吠
fen	①氛②焚④忿
feng	①枫②冯
fu	①麸孵敷②凫芙拂袱辐蝠③甫脯④赋缚
ga	①咖(～喱)
gai	④丐芥钙
gan	①柑③橄
gang	①肛
gao	①羔篙③镐
ge	①戈疙②蛤
geng	①羹③埂耿梗
gong	①蚣③汞拱
gou	③苟④垢
gu	①咕沽菇箍③贾(商～)④雇
gua	③寡④卦褂
guan	①棺
guang	④逛
gui	①闺硅瑰③诡④刽

guo ①郭涡(～河,源于河南,流入安徽)

ha ②蛤(～蟆)

hai ④亥骇

han ①酣憨②函涵韩③罕④捍悍焊撼翰憾

hang ①夯②吭(引～高歌)杭

hao ①蒿②壕嚎④镐(古代国都名)

he ①呵(～斥)④赫褐鹤

hei ①嘿

heng ①哼

hong ②鸿

hou ②侯(～爵)④侯(闽～,福建地名)

hu ②弧葫③唬④沪

hua ④桦

huai ②徊淮

huan ④宦涣焕痪

huang ②凰惶蝗磺③恍幌

hui ①徽②茴蛔④讳诲晦秽

hun ①荤

huo ①豁(～口)④霍豁(～亮)

ji ①讥叽唧畸箕稽②棘辑嫉④妓荠祭寂鲫冀

jia ①枷②荚颊③贾钾

jian ④涧溅

jiang ①缰③蒋

jiao ①礁③侥矫剿(围～)④窖酵

jie ①秸④芥诫

jin ①襟

jing ①荆兢鲸③阱④靖

jiong ③窘

jiu ①鸠③玖灸韭④臼疚

ju ①驹③沮（～丧）④炬沮（～洳，潮湿的地方）

juan ①鹃④眷

jue ②诀倔（～强）爵④倔（～头～脑）

jun ①钧④峻骏竣

ka ①咖（～啡）

kai ①揩③楷

kan ①勘③坎

kang ①慷

kao ③拷④铐

ke ①坷（～垃）苛呵（～叻，泰国地名）磕蝌③坷（坎～）

ken ③啃

keng ①吭（～声）

kou ①抠

ku ①窟

kua ④胯

kuai ④筷

kuang ④眶

kui ①盔窥②魁③傀④溃

kun ①坤

kuo　④廓

lai　②莱④癞

lan　②澜③揽缆榄

lang　②琅榔

lao　②唠④烙酪

lei　②擂(～鼓)③蕾儡④肋擂(打～)

leng　②棱楞

li　①哩(～～啦啦)②漓篱③鲤④吏沥荔俐莉砾雳痢

lian　③敛

liang　④晾

liao　①撩(～起帘子)②聊寥撩(～拨)潦嘹缭燎(～原)③燎(烟熏火～)④瞭镣

lie　③咧

lin　②琳磷鳞③凛檩④吝赁躏

ling　②玲凌菱蛉瓴棱(穆～,黑龙江地名)

liu　②琉硫馏(～分)瘤④馏(～一～馒头)

long　②咙胧窿

lou　②娄③篓④陋

lu　②卢(～布)庐颅③卤④赂

lü　③吕侣铝缕履④氯

luan　②峦

lun　①抡(～起拳头)②仑伦抡(～材)沦

luo　①啰②逻③裸④洛烙(炮～)

ma　②蟆③玛

man ④曼蔓幔
mang ②氓③莽
mao ②锚③铆
mei ②玫枚媒楣④昧媚
meng ②檬朦③锰
mi ①咪②弥靡(～费)縻③靡(～～之音)④觅泌
mian ③娩冕缅
miao ②瞄③渺藐
min ③皿闽悯
ming ②铭螟
miu ④谬
mo ②馍摹蘑④茉陌寞
mu ③牡拇姆④沐募睦穆
na ④呐钠娜捺
nai ④奈
nei ③馁
ni ③拟④昵匿腻溺
nian ①蔫③捻撵碾
nie ④聂镊孽
ning ②狞柠③拧④泞
niu ③钮④拗
nong ②脓
nüe ④疟虐
nuo ②娜(婀～)④诺懦糯

ou ①殴鸥③呕藕

pa ②耙④帕

pai ②徘④湃

pan ①潘④畔

pang ②庞磅(～礴)螃

pao ②刨(～坑)咆

pei ①胚④沛

peng ①砰烹②彭硼鹏澎篷

pi ①坯霹②啤④屁譬

pian ①翩

piao ②瓢

pin ②频④聘

ping ②冯(暴虎～河)坪屏

po ①颇

pu ②菩脯(胸～)蒲(～公英)③圃浦④瀑

qi ①柒栖凄嘁②歧祈荠脐畦崎鳍③稽(～首)④迄泣契

qia ①掐(～头去尾)

qian ②乾黔③谴④嵌

qiang ①呛(小心～着)④呛(～得直咳嗽)

qiao ①跷②荞翘(～首)憔④俏峭窍翘(～尾巴)撬

qie ④怯

qin ①钦②秦擒③寝

qing ①氢卿②擎

qiong ②琼

qiu ①蚯②囚

qu ①岖蛆躯③娶

quan ②痊

que ②瘸

rang ②瓤③攘

ren ④纫韧

rong ②茸蓉溶榕③冗

rou ②蹂

ru ②儒蠕④褥

rui ③蕊

run ④闰

sa ④飒萨

sai ①鳃

san ①叁

sao ①搔骚臊（腥～）④臊（害～）

se ④涩瑟

seng ①僧

sha ①杉（～篙）刹砂煞（～车）②啥④煞（～费苦心）

shan ①杉（～树）苫（草～子）珊栅③掺（～手）④苫（～布）擅膳赡

shao ②芍

she ①奢赊④赦

shen ①呻绅

sheng ①笙甥

shi　①虱③矢屎④试恃嗜

shu　①抒枢淑②秫赎③黍署蜀曙④恕庶墅漱

shuai　④蟀

shuan　①栓④涮

shun　③吮④瞬

shuo　④烁硕

si　①嘶④伺(～机)

song　③耸④讼

su　①酥④粟溯

sui　②遂③髓④祟遂隧

suo　①唆梭嗦③琐

ta　④拓(～片)踢

tai　①苔(舌～)胎②苔(～藓)④汰

tan　①瘫②昙谭潭檀③袒④碳

tang　②棠搪③淌

teng　②誊藤

ti　①剔②啼④屉涕

tian　②恬③舔

tiao　②笤

ting　②廷

tong　②彤瞳③捅

tu　①凸

tui　②颓④蜕褪

tun　②囤臀④褪(～下一只袖子)

tuo ②驮鸵③椭④拓(开～)唾

wa ①洼

wan ①豌③宛惋婉④腕蔓(瓜～)

wang ③枉

wei ①偎薇巍②桅③苇纬萎④尉猥蔚

wen ①瘟③吻紊

weng ①嗡④瓮

wo ①涡蜗

wu ①巫诬②芜梧蜈③捂鹉④坞晤

xi ①昔晰犀熙嬉蟋②媳③铣(～床)徙

xia ②匣侠暇辖

xian ①锨②涎舷③铣(～铁)④腺

xiang ①厢湘镶②翔

xiao ①萧硝箫嚣②淆④肖哮啸

xie ①楔蝎②挟谐④懈蟹

xin ①芯(灯～)锌④芯(～子)衅

xing ①猩②邢

xiong ①匈汹

xiu ④嗅

xu ①吁(长～短叹)④旭恤酗婿

xuan ①轩喧②玄漩③癣④炫

xue ①靴薛

xun ①勋熏(～陶)④汛驯逊殉

ya ②蚜涯衙④讶

yan ①殷（～红）腌②阎蜒檐③奄衍④砚唁谚堰

yang ①鸯④漾

yao ①夭吆②侥肴姚③舀④疟（发～子）

ye ①掖（把书～在怀里）椰④掖（扶～）谒腋

yi ①伊揖壹②夷胰④艾（自怨自～）屹抑邑绎奕逸肄溢

yin ①茵殷②吟淫③蚓瘾

ying ①莺婴缨鹦②荧莹萤③颖

yong ③蛹踊

you ①幽④佑

yu ①迂淤②隅逾舆④芋吁（呼～）郁尉喻寓蔚（～县，在河北）豫

yuan ①鸳渊②猿辕

yue ④岳粤

yun ②耘③陨④酝蕴

za ②砸

zan ③攒（积～）

zang ①赃

zao ②凿③蚤藻④噪

zeng ①憎

zha ①喳②铡④乍诈栅（～栏）

zhai ①斋

zhan ①毡瞻④栈绽蘸

zhang ①彰樟④杖账

zhao ①昭③沼

zhe ②辙④蔗

zhen ①斟榛③疹

zheng ①怔狰③拯

zhi ①吱(嘎～)③趾④挚掷窒滞稚

zhong ①盅衷④仲

zhou ②轴(车～)③肘帚④咒轴(压～子)

zhu ③拄④贮蛀

zhuan ④撰

zhuang ①妆桩④幢

zhui ①椎锥④坠缀赘

zhun ①谆

zhuo ①拙②卓灼茁酌琢(精雕细～)

zi ①吱(老鼠～～地叫)咨③姊籽滓

zong ①综

zou ④揍

zu ②卒③诅

zuo ②琢(～磨)③撮(一～儿)

六、常用词表

本表列入常用词 3730 多个。

本表不注明词性。不同词性的词，读音完全相同的只列一个。除写法相同读音不同的单音节词注音外，其余的词不逐一注音。为了便于学习使用，按词的第一个音节的汉语拼音字母顺序排列。

A

a　阿姨　啊

ai　挨　唉　哎呀　矮　爱　爱好　爱护　爱情　爱人

an　安　安定　安静　安排　安全　安慰　安心　按　按时　按照　暗　暗暗　岸

B

ba　八　扒　拔　把　爸爸　罢了　吧

bai　白　白菜　白茫茫　白色　白天　百　摆　败

ban　班　班长　般　搬　板　板凳　办　办法　办公　办公室　半　半天　半夜　瓣

bang　帮　帮忙　帮助　绑　榜样　棒　傍晚

bao　包　包含　包括　包围　包子　薄(báo)　宝　宝贵　宝石　保　保持　保存　保护　保留　保守　保卫　保证　饱　抱　抱歉　报　报到　报道　报仇　报告　报名　报纸　爆发

bei　杯　杯子　背(bēi)　悲哀　悲愤　悲痛　碑　北　北边　北方　北面　背(bèi)　背后　背诵　背心　倍

被　被子

ben　奔(bēn)　奔驰　奔跑　本　本来　本领　本事
本质　本子　笨　奔(bèn)

beng　蹦

bi　逼　鼻孔　鼻子　比　比较　比例　比如　比赛　笔
笔记　彼此　必　必然　必须　必要　闭　毕业　避
避免

bian　边　编　扁　扁担　变　变成　变化　变为　便　便条
遍　遍地　辩证　辫子

biao　标点　标志　标准　表　表达　表面　表明　表示　表现
表演　表扬

bie　别　别的　别人

bin　宾馆

bing　冰　冰箱　兵　饼干　并　并且　病　病房　病号
病菌　病人

bo　波浪　波涛　玻璃　剥削　伯伯　伯父　伯母　脖子
博物馆

bu　补　补充　捕　不　不安　不必　不错　不大　不但
不得不　不得了　不敢当　不断　不顾　不管　不过
部长　不好意思　不见　不仅　不禁　不久　不可　不料
不论　不然　不如　不少　不是　不停　不同　不行
不幸　不许　不要　不要紧　不用　不由得　不至于
不住　布　布置　步　步枪　部　部队　部分　部门

C

ca　　擦

cai　　猜　才　材料　采　采取　采用　彩色　踩　菜

can　　参观　参加　餐厅　残酷　蚕　惭愧　灿烂

cang　　苍蝇　苍白　舱　藏

cao　　操场　草　草地　草原

ce　　册　厕所　侧　测验

ceng　　层　层次　曾　曾经

cha　　叉子　插　茶　差(chà)　差不多　差点儿　拆

chan　　产量　产品　产生　铲　颤动　颤抖

chang　　长　长久　长期　长途　长征　尝　常　常常　厂
场(chǎng)　场面　唱

chao　　抄　抄写　超过　朝　吵

che　　车　车间　车站　车子　扯　彻底　撤

chen　　尘土　沉　沉静　沉默　沉思　沉重　沉着　衬衫
衬衣　趁

cheng　　称　称为　称赞　撑　成　成分　成功　成果　成绩
成就　成立　成熟　成长　承认　城　城市　乘　盛
程度　诚恳　诚实

chi　　吃　吃惊　池　迟　迟到　尺　翅膀

chong　　充分　充满　充足　冲(chōng)　冲锋　冲击　虫　虫子
重(chóng)　重新　崇高　冲（chòng)

chou　　抽　抽象　仇恨　愁　臭

chu　　出　出版　出发　出口　出来　出去　出身　出生

出神　出事　出席　出现　出院　初　初步　初级　除
除了　厨房　处（chǔ）　处分　处于　处理　处（chù）
处处
chuan　穿　传　传播　传说　传统　船　喘　喘气　串
chuang　窗户　窗口　床　闯　创造　创作
chui　吹　垂
chun　春　春节　春天
ci　词　词典　磁带　此　此后　此外　次　刺
cong　从　从不　从此　从来　从前　从容　从事　匆匆
匆忙　聪明　丛
cou　凑
cu　粗　促进　醋
cuan　窜
cui　催
cun　村　村庄　村子　存　存在　寸
cuo　措施　错　错误
D
da　搭　答应　达　达到　答　答案　打　打扮　打倒
打击　打量　打扰　打扫　打算　打听　打仗　打针　大
大半　大胆　大地　大队　大多数　大概　大哥　大众
大海　大会　大伙儿　大家　大街　大量　大陆　大门
大米　大娘　大批　大人　大嫂　大声　大使馆　大小
大型　大学　大衣　大爷　大约　大自然
dai　呆　大夫　代　代表　代替　带　带领　带头　待　袋

戴

dan 担 担任 担心 单 单纯 单词 单位 耽误 但
但是 担子 淡 蛋 蛋糕

dang 当(dāng) 当初 当地 当年(dāngnián) 当前
当时(dāngshí) 当中 挡 党 党员 当(dàng)
当天(dàngtiān) 当做

dao 刀 岛 岛屿 导师 倒(dǎo) 到 到处 到达 到底
倒(dào) 倒是 道 道德 道理 道路 道歉

de 得(de) 得到 得意 地(de) 的(de) 的话

dei 得(děi)

deng 灯 灯笼 登 登记 蹬 等 等待 等候 等于
凳子 瞪

di 低 堤 滴 的确 敌人 抵抗 底 底下 地 地点
地方(dìfāng) 地方(dìfang) 地面 地球 地区 地图
地位 地下 地形 地址 地质 地主 弟弟 弟兄
递 第

dian 点 点心 电 电报 电车 电池 电灯 电话 电扇
电视 电梯 电线 电影 电影院 电子 店

diao 吊 钓 调 调查 掉

die 爹 跌

ding 叮 顶 定 订

diu 丢

dong 东 东北 东方 东面 东南 东西(dōngxi) 冬 冬天
懂 懂得 动 动静 动人 动身 动手 动物 动物园

动员　动作　冻　洞

dou　都　抖　陡　斗　斗争　豆　豆腐　逗

du　毒　独立　读　读书　读者　堵　肚皮　肚子(dùzi)

度　度过　渡

duan　端　端正　短　短期　短工　段　断　锻炼

dui　堆　堆积　队　队伍　队长　对　对比　对不起　对待

对方　对付　对话　对面　对象　对于

dun　吨　蹲　顿时

duo　多　多半　多么　多少(duōshǎo)　多少(duōshao)　多数

哆嗦　夺　夺取　朵　躲

E

e　鹅　额　恶(è)　饿

er　儿女　儿童　儿子　而　而且　而已　耳　耳朵　二

F

fa　发(fā)　发表　发出　发达　发动　发抖　发挥　发觉

发明　发烧　发生　发现　发言　发扬　发音　发展

法　法律　法子　发(fà)

fan　番　翻　翻身　翻译　凡　凡是　繁荣　反　反动　反对

反而　反复　反抗　反应　反映　犯　饭　饭店　范围

fang　方　方案　方便　方法　方面　方式　方向　方针　防

防止　妨碍　房　房间　房屋　房子　仿佛　访问　纺

纺织　放　放大　放假　放弃　放心　放学

fei　飞　飞机　飞快　飞舞　飞行　非　非常　肥　肺　沸腾

费　费用

fen 分 分配 分明 分析 分为 分子(fēnzǐ) 吩咐 纷纷 坟 粉笔 粉碎 分量 份 奋斗 奋勇 愤怒 粪

feng 丰产 丰富 丰收 风 风车 风力 风景 风气 风沙 风俗 风雨 封 封建 封锁 逢 凤凰 缝

fou 否定 否则

fu 夫人 伏 扶 服从 服务 服务员 浮 符合 幅 斧子 辅导 父亲 付 负 负伤 负责 妇女 附近 复述 复习 复杂 副 富

G

gai 该 改 改变 改革 改进 改善 改造 改正 盖 概括 概念

gan 干(gān) 干杯 干脆 干净 干燥 杆 肝 竿 赶 赶紧 赶快 赶忙 敢 敢于 感到 感动 感激 感觉 感冒 感情 感想 感谢 感兴趣 干(gàn) 干部 干活儿

gang 刚 刚才 刚刚 缸 钢 钢笔 钢铁 港

gao 高 高大 高度 高粱 高尚 高兴 高原 搞 稿子 告 告别 告诉

ge 哥哥 胳膊 搁 割 歌儿 歌唱 革命 格外 隔 个 个人 个性 个别 个人 个体 个子 各 各种 各种各样 各自

gei 给

gen 根 根本 根据 跟

geng 更 更加

gong　工　工厂　工程　工程师　工地　工夫　工会　工具　工钱　工人　工业　工作　弓　公　公共汽车　公斤　贡献　公开　公里　公路　公社　公司　公用电话　公元　公园　功夫　功课　攻　攻击　供　供给　宫　巩固　共　共产党　共产主义　共同

gou　沟　钩　狗　构成　构造　够

gu　估计　姑娘　古　古代　古迹　古老　谷子　股　骨　骨头　骨骼　鼓　鼓动　鼓励　鼓舞　鼓掌　固然　故事　故乡　故意　顾　顾客　雇

gua　瓜　刮　寡妇　挂　挂号

guai　拐　怪

guan　关　关怀　关键　关系　关心　关于　关照　观测　观察　观点　观众　官　馆　管　管理　冠军　贯彻　罐头　灌溉

guang　光　光彩　光滑　光辉　光景　光亮　光芒　光明　光荣　光线　广播　广场　广大　广泛　广告　广阔　逛

gui　归　规定　规律　规模　鬼　柜台　贵　贵姓　跪

gun　滚　棍子

guo　锅　国　国际　国家　果然　果实　果子　裹　过　过程　过来　过年　过去

H

ha　哈哈

hai　还　还是　孩子　海　海关　海面　海洋　害　害处　害怕

han　含　寒假　寒冷　喊　汉语　汉字　汗　旱

hang　行(háng)　航空　航行

hao　毫不　毫无　好(hǎo)　好吃　好处　好好儿　好久
好看　好容易　好像　好些　号　号召　好(hào)

he　喝　合　合乎　合理　合适　合同　合作　何　和　和平
河　河流　荷花　盒(儿)　盒子

hei　黑　黑暗　黑板　黑夜　嘿

hen　痕迹　很　狠　狠狠

heng　哼　横

hong　红　红旗　红色　宏伟　洪水

hou　喉咙　猴子　吼　后　后边　后代　后悔　后来　后面
后年　后天　厚

hu　呼　呼呼　呼吸　呼啸　忽然　胡子　壶　湖　糊涂
蝴蝶　虎　互相　户　护士　护照

hua　花　花儿　花白　花朵　花园　哗　划(huá)　滑　滑冰
化　化学　化验　划(huà)　画　画报　话

huai　怀　怀念　坏

huan　欢呼　欢乐　欢送　欢喜　欢迎　还(huán)　环境　缓缓
缓慢　换

huang　荒　慌　慌忙　慌张　皇帝　黄　黄瓜　黄昏

hui　灰　灰尘　挥　恢复　辉煌　回　回答　回来　回去
回头　回想　回信　回忆　毁　汇　会　会场　会话
会见　会客　会谈　会议

hun　昏　昏暗　昏迷　浑身　混(hùn)

huo　活　活儿　活动　活泼　活跃　火　火柴　火车　火力　火焰　伙　伙伴　伙计　伙食　或　或是　或者　获得　货

J

ji　几乎　饥饿　机场　机床　机关　机会　机器　机械　鸡　鸡蛋　积极　积极性　积累　基本　基础　激动　寄　激烈　激情　及　及格　级　极　极了　极其　即　即使　急　急忙　集　集合　集体　集团　集中　几　挤　计　计划　计较　计算　记　记得　记号　记录　记忆　记载　记者　纪律　纪念　技术　技术员　季　季节　既　既然　继承　继续　寂静　寂寞

jia　加　加强　加以　夹　家　家伙　家具　家庭　家乡　甲　假(jiǎ)　假条　价格　价钱　价值　嫁　驾驶　架　架子

jian　尖　尖锐　歼灭　坚持　坚定　坚固　坚决　坚强　间　肩　肩膀　艰巨　艰苦　艰难　监狱　捡　检查　检验　剪　减　减轻　减少　简单　简直　见　见面　件　建　建立　建设　建议　建筑　健康　渐渐　溅　箭

jiang　江　江山　将　将近　将军　将来　讲　讲话　讲究　讲义　讲座　奖　降　降低　酱油

jiao　交　交换　交际　交流　交通　郊区　浇　骄傲　教(jiāo)　焦急　角(jiǎo)　角落　脚　脚步　脚跟　饺子　叫　叫做　觉(jiào)　较　教材　教导　教条　教师　教室　教训　教学　教育　教员

jie 阶段 阶级 结(jiē) 结实 接 接触 接待 接到 接见 接近 接受 接着 揭 街 街道 节 节目 节日 节省 节约 洁白 结(jié) 结构 结果 结合 结婚 结论 结束 截 姐姐 解 解答 解放 解决 解剖 解释 介绍 届 借

jin 斤 今后 今年 今日 今天 金 金属 金光 金黄 金色 金属 金子 禁不住 仅 仅仅 尽(jǐn) 尽管 紧 紧急 紧张 锦 尽(jìn) 禁止 尽量 进 进步 进攻 进化 进军 进口 进来 进去 进入 进行 进修 进一步 近 近来 劲 浸

jing 京剧 经 经常 经过 经济 经理 经历 经验 惊 惊奇 惊人 惊异 精彩 精力 精神 井 景色 景物 景象 警察 竞赛 竟 敬爱 敬礼 静 镜子

jiu 究竟 纠正 揪 九 久 酒 旧 救 就 就是 就是说

ju 居然 居住 局面 局长 橘子 举 举行 巨大 句 句子 拒绝 具备 具体 具有 俱乐部 剧场 据 据说 距离 聚集

juan 卷

jue 决 决定 决心 觉得 觉悟 绝 绝对 军 军队 军事

K

ka 咖啡

kai 开 开动 开放 开会 开辟 开始 开玩笑 开学

开演　开展
kan　看（kān）　砍　看（kàn）　看病　看不起　看法　看见　看来　看样子
kang　扛　抗　抗战　炕
kao　考　考虑　考试　烤　靠　靠近
ke　科学　科学家　科学院　科研　科长　棵　颗　壳（ké）　咳嗽　可　可爱　可见　可靠　可怜　可能　可怕　可是　可惜　可以　渴　克　克服　刻　刻苦　客　客观　客气　课　课本　课程　课文
ken　肯　肯定　啃
keng　坑
kong　空（kōng）　空洞　空间　空气　空中　孔　恐怖　恐怕　空（kòng）　空儿　控制
kou　口　口袋　口号　口语　扣
ku　枯　哭　窟窿　苦　裤
kua　挎　跨
kuai　块　快　快活　快乐　筷子
kuan　宽　宽大　宽阔　款
kuang　筐　狂　狂风　矿
kun　昆虫　捆　困　困难
L
la　拉　垃圾　啦
lai　来　来不及　来到　来得及　来回　来往　来信　来自
lan　拦　蓝　篮球　篮子　懒　烂

lang　狼　朗读　浪　浪费　浪花

lao　捞　劳动　劳驾　牢　牢房　老　老百姓　老板　老大娘　老大爷　老虎　老实　老婆　老人　老人家　老师　老家　老太太　老头儿　老乡　老爷

le　乐　乐观　了（le）

lei　雷　泪　泪水　类　类型　累

leng　冷　愣

li　厘米　离　离婚　离开　梨　黎明　礼拜天　礼貌　礼堂　礼物　里　里边　里面　里头　理　理发　理解　理论　理想　理由　力　力量　力气　历来　历史　立　立场　立方　立即　立刻　厉害　利　利益　利用　例　例如　例子　粒　哩

lia　俩

lian　连　连忙　连续　联合　联欢　联系　脸　脸色　练　练习　恋爱

liang　良好　凉　凉快　量（liáng）　粮食　两　两旁　亮　亮光　辆　量（liàng）

liao　聊天儿　了（liǎo）　了不起　了解　了望　料

lie　列　列车　烈火　烈士　猎人

lin　邻居　林　临　临时　淋

ling　灵活　铃　零　零钱　领　领导　领袖　另　另外　令

liu　溜　流　流传　流利　流水　留　留念　留学生　六

long　龙　拢　笼罩

lou　楼　楼梯　楼下　搂　漏

lu　陆续　录像　录音　录音机　路　路程　路上　路线　露（lù）

lü　旅馆　旅客　旅途　旅行　绿　绿色

luan　乱

lun　轮船　论　论文

luo　萝卜　锣　骆驼　落（luò）　落后

M

ma　妈妈　麻烦　马　马虎　马路　马上　码头　骂　吗　嘛

mai　埋　买　迈　麦子　卖

man　瞒　馒头　满　满意　满足　慢

mang　忙

mao　猫　毛　毛病　毛巾　毛衣　矛盾　冒　帽　帽子　贸易

me　么

mei　没　没关系　没什么　没有　没用　眉毛　眉头　煤　每　美　美好　美丽　美术　妹妹

men　闷（mēn）　门　门口（儿）　们

meng　蒙（méng）　猛　猛烈　梦

mi　迷　迷糊　迷信　米　米饭　秘密　密　密切　蜜　蜜蜂

mian　棉花　棉衣　勉强　面　面包　面对　面积　面貌　面前　面条儿

miao　苗　描写　秒　妙　庙

mie　灭
min　民兵　民主　民族
ming　名　名胜　名字　鸣　明　明白　明亮　明明　明年
　明确　明天　明显　命　命令　命运
mo　摸　摸索　模范　模仿　摩托车　模型　磨（mó）　抹
　末　陌生　墨　墨水儿　默默　磨（mò）
mou　某
mu　模样　母　母亲　亩　木　木头　目　目标　目的　目光
　目前　墓

N

n　嗯
na　拿　哪　哪儿　哪个　哪里　哪怕　哪些　那　那边
　那个　那里　那么　那些　那样
nai　奶奶　耐烦　耐心　耐用
nan　男　男人　南　南边　南方　南面　难　难道　难过
　难看　难受　难以
nao　脑　脑袋　脑筋　脑子　闹
ne　呢
nei　内　内部　内容　内心
nen　嫩
neng　能　能干　能够　能力　能源
ni　泥　泥土　你　你们
nian　年　年代　年级　年纪　年龄　年轻　念
niang　娘

niao　鸟(儿)

nie　捏

nin　您

ning　拧

niu　牛　牛奶　扭

nong　农村　农民　农业　浓　弄

nu　奴隶　努力

nü　女　女儿　女人

nuan　暖　暖和

O

o　噢　哦

ou　偶尔　偶然

P

pa　扒　爬　怕

pai　拍　排　排列　排球　徘徊　牌　派

pan　攀　攀登　盘　盘旋　盘子　判断　盼　盼望　叛徒　畔

pang　旁　旁边　胖

pao　抛　跑　跑步　泡　炮　炮弹　炮火

pei　陪　赔　培育　佩服　配合

pen　喷　盆

peng　澎湃　朋友　棚　捧　碰　碰见

pi　批　批判　批评　批准　披　皮　皮肤　疲倦　疲劳　啤酒　脾气　匹

pian　偏　篇　便宜　片　片面　骗
piao　飘　飘扬　票　漂亮
pin　拼　拼命　拼音　贫苦　品质　品种
ping　乒乓球　平　平安　平常　平等　平地　平凡　平方　平静　平均　平时　平坦　平行　平原　苹果　凭　瓶　瓶子
po　坡　泼　迫切　破　破坏　破烂
pu　扑　铺（pū）　葡萄　朴素　普遍　普通　铺（pù）

Q

qi　七　妻子　期　期间　欺骗　漆黑　齐　其　其次　其实　其他　其余　其中　奇怪　奇迹　骑　旗帜　旗子　企图　企业　启发　起　起初　起床　起飞　起伏　起来　起义　起源　气　气概　气候　气力　气温　气象　汽车　汽水儿　汽油　砌
qia　恰当
qian　千　千万　牵　签订　铅笔　前　前边　前方　前后　前进　前面　前天　前头　前途　前线　前沿　钱　浅　欠
qiang　枪　强　强大　强盗　强调　强度　强烈　墙　墙壁　抢
qiao　悄悄　敲　桥　桥梁　瞧　巧　巧妙　翘
qie　切（qiē）　且
qin　侵略　侵入　亲　亲爱　亲笔　亲戚　亲切　亲人　亲手　亲眼　亲自　琴　勤劳

qing　青　青年　青蛙　轻　轻快　轻松　轻易　清　清晨　清楚　清晰　清早　情　情景　情况　情形　情绪　晴　晴朗　请　请假　请客　请求　请问　庆祝

qiong　穷　穷人

qiu　秋　秋天　求　球　球场

qu　区　区别　区域　曲折　渠　取　取得　取消　娶　去　去年

quan　圈　全　全部　全面　全体　劝

que　缺　缺点　缺乏　缺少　却　确定　确实

qun　裙子　群　群岛　群众

R

ran　然而　然后　燃烧　染

rang　嚷　让

rao　绕

re　惹　热　热爱　热烈　热闹　热情　热水瓶　热心

ren　人　人才　人工　人家（rénjiā）　人家（rénjia）　人间　人口　人类　人们　人民　人群　人物　人员　人造　忍　忍不住　认　认得　认识　认为　认真　任何　任务

reng　扔　仍　仍旧　仍然

ri　日　日常　日程　日记　日期　日夜　日子

rong　容　容易

rou　揉　肉

ru　如　如此　如果　如何　如今　入

ruan　软

ruo 若 若干 弱

S

sa 撒 洒

sai 塞 赛

san 三 伞 散（sǎn） 散文 散（sàn） 散步

sang 嗓子

sao 扫 嫂子

se 色 色彩

sen 森林

sha 杀 沙发 沙漠 沙滩 沙子 纱 傻 啥

shai 晒

shan 山 山峰 山谷 山脉 山区 山脚 山头 山腰
山野 闪 闪电 闪闪 闪烁 闪耀 扇子 善于

shang 伤 伤口 伤心 伤员 商场 商店 商量 商人 上
上班 上边 上当 上级 上课 上来 上面 上去
上午 上学 上衣

shao 稍 稍微 烧 烧饼 勺子 少（shǎo） 少数 少年
少女 哨兵

she 舌头 蛇 舍不得 社会 射 射击 设 设备

shen 伸 身 身边 身材 身体 身子 深 深厚 深刻
深情 深入 深夜 什么 神 神经 神情 神仙 甚至

sheng 升 生 生病 生产 生存 生动 生活 生命 生怕
生气 生日 生物 生长 声 声调 声音 牲口
绳子 省 胜 胜利 剩

shi　失败　失去　失望　失业　师傅　施工　湿　诗　诗人　狮子　十　十分　石头　石油　时　时代　时候　时间　时节　时刻　时期　时时　实际　实践　实事求是　实现　实行　实验　实用　实在　拾　食品　食堂　食物　使　使劲　使用　始终　驶　士兵　市　世代　世纪　世界　式　似的　势力　事　事迹　事件　事情　事实　事物　事先　事业　室　是　是否　适当　适合　适应　适用　逝世　试　试卷　试验

shou　收　收获　收入　收拾　收音机　熟（shóu）　手　手表　手段　手工　手绢儿　手枪　手术　手套儿　手续　手指　守　首　首都　首先　首长　受　瘦

shu　书　书包　书本　书店　书籍　书记　书架　叔叔　梳　舒服　蔬菜　输　熟（shú）熟练　熟悉　暑假　数（shǔ）　属于　树　树林　树木　数（shù）　数量　数学　数字

shua　刷

shuai　摔　甩　率领

shuan　栓

shuang　双　双方

shui　谁　水　水稻　水果　水泥　水平　睡　睡觉

shun　顺　顺便　顺利

shuo　说　说明

si　司机　司令　私人　思索　思想　丝　撕　死　死亡　四　四周　似乎

song　松　送　送行

su　速度　宿舍

suan　酸　算　算了　算是

sui　虽　虽然　随　随便　随时　岁　岁月　碎

suo　缩　所　所谓　所以　所有　所在

T

ta　它　它们　他　他们　她　她们　塌　塔　踏

tai　台　台阶　抬　太　太太　太阳　态度

tan　摊　谈　谈话　谈判　弹（tán）　坦克　毯子　叹气　探

tang　汤　糖　倘若　躺　趟　烫

tao　掏　逃　桃　讨论　讨厌　套

te　特　特别　特点　特殊　特务

teng　疼

ti　踢　提　提倡　提高　提供　提前　题　题目　体会　体积　体系　体育　体育场　体育馆　替

tian　天　天空　天气　天然　天色　天上　天天　天文　天下　天真　添　田　田地　田野　甜　填　舔

tiao　挑（tiāo）　挑选　条　条件　条约　调整　跳　跳舞

tie　贴（tiē）　铁　铁路

ting　厅　听　听见　听讲　听说　听写　停　停止　挺

tong　通　通过　通讯　通知　同　同伴　同情　同时　同屋　同学　同样　同意　同志　铜　桶　筒　统一　统治　痛　痛苦　痛快

tou　偷　偷偷　头　头发　头脑　投　投入　投降　透

tu　突出　突击　突然　图　图案　图画　图书馆　徒弟
涂　土　土地　土豆　土壤　吐（tǔ）　兔子

tuan　团　团结　团长

tui　推　推动　推广　推荐　腿　退

tun　吞

tuo　托　拖　拖拉机　脱　脱离　驮

W

wa　挖　瓦　袜子　哇

wai　歪　外　外边　外地　外国　外界　外面　外语

wan　弯　弯曲　完　完成　完全　完整　玩儿　顽强　挽救
晚　晚饭　晚会　晚上　碗　万　万分　万岁　万万

wang　网　往　往往　忘　忘记　望

wei　危害　危机　危险　威胁　微笑　为（wéi）　为难　唯一
围　围绕　违反　维持　维护　尾巴　委员　伟大　卫生
卫星　为（wèi）　为了　为什么　未　未必　未来　位
位置　味道　胃　喂

wen　温度　温和　温暖　文化　文件　文明　文物　文字
文艺　文章　文字　蚊子　闻　闻名　稳　问　问好
问候　问题

weng　嗡嗡

wo　我　我们　卧　卧室　握　握手

wu　污染　屋　屋子　无　无比　无产阶级　无法　无论
无数　无限　五　午饭　武器　武术　武装　捂　物价
物理　物质　雾　误会

X

xi　西　西北　西边　西方　西服　西瓜　西红柿　西南　吸　吸收　吸引　希望　牺牲　稀　习惯　媳妇　洗　洗衣机　喜爱　喜欢　戏　系统　细　细菌　细心

xia　虾　瞎　下　下班　下边　下来　下面　下去　下午　吓　夏　夏天

xian　先　先后　先进　先生　掀　鲜　鲜红　鲜花　鲜明　鲜血　鲜艳　纤维　咸　闲　嫌　显　显得　显然　显示　显著　险　县　县城　限制　陷　现　现成　现代　现代化　现实　现象　现在　献　线

xiang　乡　乡村　乡亲　乡下　相　相当　相对　相反　相互　相似　相同　相信　香　香肠　香蕉　香皂　箱　箱子　详细　享受　响　响亮　响声　响应　想　想法　想念　想像　向　向导　项　项目　象　象征　像

xiao　消费　消化　消灭　消失　消息　小　小便　小孩儿　小伙子　小姐　小麦　小米　小朋友　小时　小心　小学　小组　晓得　效果　效率　校长　笑　笑话　笑容

xie　些　歇　斜　鞋　写　写作　血（xiě）　卸　谢谢

xin　心　心爱　心得　心情　心脏　辛苦　新　新年　新闻　新鲜　信　信封　信号　信心

xing　兴奋　星期　星期天　星星　行　行动　行李　行星　形成　形容　形式　形势　形象　形状　醒　兴趣　性格　性质　幸福　姓　姓名

xiong　凶　兄弟　汹涌　胸　雄

xiu　休息　修　修改　修建　修理　绣

xu　虚心　须　需要　许　许多

xuan　宣布　宣传　悬崖　选　选举　选择

xue　学　学费　学期　学生　学术　学问　学习　学校　雪　雪白　雪花　血液

xun　寻　寻找　询问　迅速　训练

Y

ya　压　压迫　押　鸭子　牙　牙齿　牙膏　牙刷　呀

yan　烟　烟雾　淹　淹没　言　严格　严厉　严密　严肃　严重　延长　岩石　研究　研究所　盐　颜色　掩护　眼　眼光　眼镜　眼睛　眼看　眼泪　眼前　演　演出　演说　演员　咽　宴会　燕子

yang　羊　阳光　洋　扬　仰　养　养成　样　样子

yao　要求　腰　摇　摇晃　咬　舀　药　要　要不　要紧　要是　钥匙

ye　爷爷　也　也许　野兽　业务　业余　叶子　夜　夜间　夜里　夜晚　页　液体

yi　一　一般　一半　一辈子　一边　一带　一道　一点　一定　一共　一会儿　一口气　一块儿　一连　一路上　一面　一齐　一起　一切　一生　一时　一同　一下　一下子　一向　一些　一样　一阵子　一直　一致　衣服　衣裳　医生　医院　依靠　依然　仪器　移　移动　疑问　疑心　遗憾　已　已经　以　以后　以及　以来　以前　以上　以外　以为　以至　椅子　亿　艺术　异常　抑制

意见　意思　意外　意义　意志　议论

yin　因　因此　因而　因素　因为　阴　阴谋　音乐　银　银行　引　引导　引起　隐约　印　印刷　印象

ying　应　应当　应该　英明　英雄　英勇　英语　迎　迎接　营养　营业　赢　影响　影子　应用　硬

yong　拥抱　拥护　永　永远　勇敢　勇气　用　用不着　用处　用功　用力

you　优点　优良　优美　优秀　悠久　尤其　由　由于　邮局　邮票　犹豫　油　游　游览　游泳　游泳池　友好　友谊　有　有的　有的是　有点儿　有关　有力　有利　有名　有趣　有时　有时候　有效　有些　有益　有意思　有用　又　右　右边

yu　于　于是　余　鱼　愉快　与（yǔ）　宇宙　羽毛球　雨　雨衣　语调　语法　语气　语文　语言　语音　玉米　遇　遇到　遇见　预备　预先

yuan　元　园　原　原来　原谅　原料　原因　原则　圆　圆珠笔　缘故　远　院长　院子　愿　愿望　愿意

yue　约　约会　月　月光　月亮　跃进　越　阅读　阅览室

yun　云　允许　运　运动　运动会　运动员　运输　运用

Z

za　杂　杂技　杂志　砸

zai　灾　灾害　灾难　栽　再　再见　再三　再说　在　在于　载

zan　咱　咱们　暂时　赞成　赞叹

zang 脏

zao 遭 遭到 遭受 糟糕 凿 早 早晨 早饭 早已 造 造句

ze 则 责任

zen 怎么办 怎么样 怎样

zeng 增加

zha 扎 眨眼 炸（zhá） 炸（zhà）

zhai 摘 窄

zhan 沾 展出 展开 展览 盏 崭新 占 占领 战 战场 战斗 战略 战胜 战士 战术 战线 战友 战争 站

zhang 张 长（zhǎng） 掌握 涨（zhǎng） 丈 丈夫 帐

zhao 招 招待 招呼 着（zhao） 着急 找 召开 照 照常 照顾 照片 照相 照样 照耀 罩

zhe 遮 折 折磨 哲学 这 这边 这个 这里 这么 这些 这样 着（zhe）

zhen 珍贵 珍珠 真 真理 真实 真正 针 阵 阵地 震

zheng 正月 争 争论 争取 征求 睁 整 整个 整理 整齐 正 正常 正好 正确 正式 正在 证明 政策 政府 政治 挣（zhèng）

zhi 之 之后 之间 之类 之前 之外 之中 支 支持 支援 只（zhī） 枝 知 知道 知识 织 执行 直 直到 直接 值得 职工 职业 植物 止 只（zhǐ）

只好　只是　只要　只有　指　指出　指导　指点
指挥　指示　纸　至　至今　至少　至于　志愿　治
治疗　制　制定　制度　制造　质量　秩序　智慧

zhong　中（zhōng）　中间　中年　中午　中心　中学　中央
中药　钟　钟头　终于　种（zhǒng）　种子　中（zhòng）
种（zhòng）　种植　重　重大　重点　重量　重视
重要

zhou　周　周密　周围　粥　皱

zhu　珠　株　猪　竹子　逐步　逐渐　主动　主观　主力
主人　主任　主席　主要　主意　主张　煮　嘱咐　助手
住　住院　注视　注意　祝　祝贺　柱子　著名　著作

zhua　抓　抓紧

zhuan　专　专家　专门　专心　专业　专政　砖　转（zhuǎn）
转变　转动　转移　转（zhuàn）

zhuang　庄稼　庄严　装　装饰　壮　壮丽　状况　状态　撞

zhui　追

zhun　准　准备　准确　准时

zhuo　捉　桌子　着重

zi　姿态　资本　资本家　资料　资源　子弹　仔细　紫
字　字典　自　自从　自动　自费　自己　自觉　自然
自我　自行车　自学　自言自语　自由

zong　综合　总　总结　总理　总是　总算　总之

zou　走

zu　租　足　祖国　祖先　组　组长　组织

zuan　钻　钻研

zui　嘴　嘴唇　最　最初　最后　最近　醉

zun　尊重　遵守

zuo　昨天　左　左边　左右　坐　作　作风　作家　作品
作为　作文　作业　作用　作战　作者　座　座谈　座位
做　做法　做梦

七、主要参考书目

1.《普通语音学纲要》罗常培　王均编著　　商务印书馆 1981.12

2.《普通话发音图谱》周殿福　吴宗济编著　　商务印书馆 1963.7

3.《普通话语音知识》徐世荣编著　　文字改革出版社 1980.10

4.《汉字改革概论》周有光著　　文字改革出版社 1979.10

5.《普通话正音手册》徐世荣编著　　文字改革出版社 1980.6

6.《拼音字母发音辨正》徐世荣撰写　　1959—1961 年《文字改革(月刊)》连载(共 17 次)

7.《语音常识》(增订版)董少文编　　上海教育出版社 1988.12

8.《实验语音学概要》吴宗济　林茂灿主编　高等教育出版社 1989.1

9.《语音学教程》林焘　王理嘉著　　北京大学出版社 1992.11

10.《音系学基础》王理嘉编著　　语文出版社 1991.12

11.《现代汉语常用字表》国家语言文字工作委员会汉字处编　　语文出版社 1988.1

12.《汉语方言概要》(第二版)袁家骅等著　　文字改革出版社 1989.2

13.《汉语方音字汇》(第二版)北京大学中文系语言学教研室编　　文字改革出版社 1989.6

14.《语言文字规范手册》(增订本)　　语文出版社编 1991.6

15.《现代汉语频率词典》北京语言学院语言教研所编　　北京语言学院出版社 1986.6

16.《常用字和常用词》北京语言学院语言教研所编　　北京语言学院出版社 1985.4

17. 《汉语水平考试大纲》国家对外汉语教学领导小组办公室汉语水平考试部编制 现代出版社 1989.11

18. 《中国语言地图集》中方总编辑：李荣、熊正辉、张振兴、傅懋勣、王均、道布 香港朗文出版公司出版 1988

19. 参考 1955—1992 年期间有关推广普通话的方针、政策的若干文件

20. 参考《学习普通话手册》若干种